科学、文化与人 经典文丛

书林漫步

金涛 著

——金涛书话续编

科学普及出版社

·北京·

图书在版编目（CIP）数据

书林漫步：金涛书话续编/金涛著.－－北京 ： 科学普及出版社，2018.11
（科学、文化与人经典文丛）
ISBN 978-7-110-09596-6

Ⅰ.①书… Ⅱ.①金… Ⅲ.①书评-中国-现代-选集 Ⅳ. ①G236

中国版本图书馆CIP数据核字(2017)第169601号

书林漫步——金涛书话续编

策划编辑：徐扬科
责任编辑：吕 鸣 许 倩
装帧设计：耕者设计工作室
手绘插图：金 涛
责任校对：凌红霞
责任印制：徐 飞

出　　 版：科学普及出版社
发　　 行：中国科学技术出版社发行部
地　　 址：北京市海淀区中关村南大街16号
邮　　 编：100081
发行电话：010-63583170
传　　 真：010-62173081
投稿电话：010-62176522
网　　 址：http://www.cspbooks.com.cn

开　　 本：787毫米×960毫米 1/16
字　　 数：320 千字
印　　 张：22.25
版　　 次：2018年11月第1版
印　　 次：2018年11月第1次印刷
印　　 刷：北京盛通印刷股份有限公司

书　　 号：ISBN 978-7-110-09596-6/G·4066
定　　 价：65.00 元

作者简介

金涛 原名金春麟，祖籍安徽黟县，世居江西省九江市，1940年生。1957年毕业于九江二中，同年入北京大学地质地理系自然地理专业。

1963年毕业，先后任高级党校教员，《光明日报》编辑、记者、记者部主任，中国科学技术出版社（科学普及出版社）社长兼总编辑，高级编辑，中国作家协会会员。

1991年获首届"范长江新闻奖"提名荣誉。1996年被授予全国先进科普工作者称号。2014年获首届王麦林科学文艺奖。

主要作品有科幻小说《月光下的幻梦》、科学童话《魔盒》、科学考察记《向南向南——中国人在南极》（获2013年第三届出版政府奖图书奖）、《林下书香——金涛书话》（获2015年第五届中华优秀出版物奖图书奖）等。

目录
CONTENTS

目录
CONTENTS

历史寻梦

文明之思

目录
CONTENTS

环球采风

附录

人物春秋

書林漫步
——金涛书话续编

2

梁思成的人生轨迹

　　我曾经有幸参与一个特别的评审项目，感触很深。该项目是为了"抢救"年事已高的老院士的历史资料，组织专人对他们进行访谈，录音录像，最后整理成文正式出版。这当然是件功德无量的好事，可归于口述科技史的范畴。

　　不过在评议时，也听到参与该项目的人员反映：在采访过程中，一涉及"文化大革命"期间受到的冲击、迫害、批斗和种种屈辱，很多老院士都抑制不住内心的激动，但表现的形式却是闭口不谈，不愿触动心灵的疮疤。这种心态当然可以理解，然而对于口述历史而言，将给至少十年的岁月留下了无法填补的空白，这不能不说是个很大的缺憾。随着时间推移，老人们相继离世，一部分历史记忆将会消失殆尽，这是可以预见的。

　　我由此想到历史、人生与细节的关联。

　　最近读了《困惑的大匠——梁思成》（林洙著，山东画报出版社，1997年），从这本传记中我看到了一个真实的梁先生。正是透过一个个生动的细节，这位建筑大师（包括林徽因）的人生轨迹，他的追求、理想，他的感情世界，他的困惑和他的不幸，几乎全方位地呈现在了读者眼前。

　　这首先要归功于本书作者林洙，梁先生的第二任妻子。她从1948年就结识林徽因，1952年入清华大学建筑系，先在梁思成主持的中国建筑史编纂小组，后担任资料室主任，与梁先生有所接触。林徽因1955年去世。1962年她与梁思成结婚，陪他走完人生之旅最困苦的日子（1972年梁思成逝世）。正如作者在"楔子"中所言："我与梁思成共同生活的时间，大部分在'文化大革命'期间，那是痛苦与恐怖的10年。"正是缘于如此特殊的经历，《困惑的大匠——梁思成》为读者提供了梁先生一生、尤其是后半生弥足珍贵的许多细节。

　　1966年"文化大革命"开始，梁思成是清华第一批被批斗的"反动学术权威"，遭到最大冲击。挂黑牌子批斗，红卫兵抄家，停发工资，受尽了折磨与人格侮辱。书中透露了一些鲜为人知的细节：当红卫兵将家里的字画抄走，梁先生没有动心，但看到他与林徽因为人民英雄纪念碑设计的草图被毁，他忍不住伤心落泪了。最具讽刺意味的是，这位世界级建筑大师，一生为保护祖国古建筑到处奔走，培育了大批学生，营造了广厦千万间，却无栖身之地，一再被迫搬家，最后被赶到清华北院一间阴暗潮湿没有暖气的房屋，度过了他的余生……

有时不免想到，林徽因也是"有福之人"，她虽英年早逝，但毕竟没有经受"文化大革命"的屈辱，以她的刚烈，结果无法想象。

梁思成、林徽因的一生是鲜丽光彩、充满传奇的。他们是始终走在时代前列而学术思想不为世俗所容的伟大的殉道者。我有时想，我们影视界的大腕们为什么不拍摄一部梁思成、林徽因的影片呢！他们的一生，有多少闪光的细节：他们乘马车在月夜游览阿兰布拉宫（西班牙格拉纳达），兵荒马乱的年月到穷乡僻壤寻找各地的古建筑，北平北总布胡同的"太太客厅"高朋满座的激情岁月，抗战岁月在李庄的清贫日子与学术丰收，还有林徽因以最后的生命之火参与新中国国徽的设计……最重要的是，梁思成为北京城（包括一切古建筑）的保护发出的呐喊，从观念到理论，随着时间推移，正在变成我们民族的智慧——当然也并非都能如此。

《困惑的大匠——梁思成》还确认了坊间流传的梁思成保护历史古建筑一些精彩的细节：

一是1944年冬，日寇投降前夕，为了反击日军，并在盟军对日军占领区空袭时避免轰炸文物建筑，时任国民政府教育部战区文物保存委员会副主任的梁思成紧张地工作了两个月，编制了一份沦陷区文物建筑表，对每个建筑的建造年代、特点、价值做了简单的介绍，并在军用地图上标出位置。为了与盟军配合作战的需要，全部资料均采用汉英对照两种文字。梁思成还将这份资料转交给当时在重庆的周恩来一份。

林洙说，1987年她访问美国，当年与梁思成、林徽因过从甚密的美国友人费慰梅将她保存的这套资料送给林洙一份。由此可知，这套资料还在。

另外一件事就是1948年冬，清华园已解放，北平仍在傅作义军队的控制下。一天晚上，清华教授张奚若带着两位解放军找到梁家。他们说明来意，是为攻占北平作准备，万一谈判失败，与傅作义的部队打起来，要尽可能保护古建筑。他们摊开一张军用地图，请梁思成在图上标出重要的古建筑，并划出禁止炮击的地区。这件事深深打动了梁思成和林徽因。

　　当然，他们也无法预知后来发生的许多令人困惑的憾事。

　　历史也好，人生也好，都是由一个个鲜活的、生动的细节构筑的，如同宏伟的建筑离不开一个个精巧的构件。

《胡适口述自传》

胡适与苹果的故事

牛顿与苹果的故事，尽人皆知。虽然也有不少科学史家对于牛顿因苹果砸在头上而悟出万有引力表示怀疑，但这个故事流传很广，这就不好深究了。历史上许多传闻也多半如此，铁板钉钉的事情有时经不住穷根究底。人们往往以讹传讹，把想象的幻影当作历史的真相，这当然也是很有趣味的现象。

不过，这里所说的胡适与苹果的故事，并非杜撰，而是确有其事。

胡适1910年到美国康奈尔大学，原是学农科的。

说起留学美国，不能不提到美国国会对中国人民做的一件好事：1908年美国国会通过一项法案，决定退回中国在1901年（庚子年）《辛丑条约》的赔款余额，即美国扣除事变中所受的生命财产损失以后的额外赔款，作为派遣赴美留学生的学杂费，这就是"庚款留学生"的来由（美国这笔退款自1909年至1917年为6156370.34美元）。当然，有人会提醒我，不要忘记，这是帝国主义的文化侵略。这也言之成理，不必与之争论。第一届的"庚款留学生"有47人，第二届有70人，是1910年在北京考试录取，保送到美国大学深造的。此外还有备取70人，录入"清华学校"，作为留美预备班。胡适是第二届第一批录取70人之一。

他在康奈尔大学附设的纽约州立农学院学到第三个学期时，发生的一件事使他决定放弃农学，改换另一个完全不同的专业。究竟是发生了什么呢？

胡适读得好好的，为什么要"跳槽"呢？

在《胡适口述自传》（胡适口述，唐德刚译注，广西师范大学出版社，2005年）中，胡适谈到，促使他改变专业的诱因，是当时有一门课名为"果树学"，"这在当时的纽约州简直便是一门专门培育苹果树的课程，在我们课堂学习之外，每周还有实习，就是这个'实习'，最后使我决定改行的。"胡适如是说："实习时，每个学生大致分得三十个或三十五个苹果，每个学生要按一本培育学指南上所列举的项目，把这三十来个苹果加以分类。例如茎的长短，果脐的大小，果上棱角和圆形的特征，果皮的颜色，和切开后所测出的果肉的韧度和酸甜的尝试、肥瘦的记录……这叫做苹果的分类，而这种分类也实在笼统。我们这些对苹果初无认知的外国学生，分起来实在头痛。"

面对这几十个令人头痛的苹果，胡适陷入沉思。据说当时有400多种苹果的分类，胡适认为要记住这些分类知识实在是没有必要，而且"我们中国，实际上也没有这么多种苹果。所以我认为学农实在违背了我个人的兴趣。勉强去学，对我来说实在是浪费，甚至愚蠢。"

正是这次实习课改变了胡适的一生。他说："这门果树学的课——尤其是这个实验——帮助我决定如何面对这个实际问题。"于是，他毅然决定放弃农学，转入该校的文理学院，改学文科。

在谈到留学期间弃农学文的经历时，胡适也认为"苹果事件"只是一个诱因，从深层次来看，促使他彻底改行还有一些主客观因素：一个很重要的原因是胡适的个人兴趣偏重于哲学、中国哲学和研究史学，"中国古代哲学的基本著作，及比较近代的宋明诸儒的论述，我在幼年时，差不多都已读过。我对这些学科的兴趣，也就是我的文化背景。"他这样说。另一个原因是他对文学的兴趣，除了有中国古典文学的功底外，在康奈尔学农时，在英文必修课之外还选修的两门外语——德文和法文，使他对德国、法国和英国文学发生了浓厚的兴趣。此外，"使我改行的另一原因是辛亥革命，打倒满清，建立民国。"胡适说："中国当时既然是亚洲唯一的一个共和国，美国各地的社区和民众对这一新兴的政府发生了浓厚的兴趣"，纷纷邀请中国留学生去演讲。胡适正是在这种形势下，积极参与演讲活动，并且对中国革命的背景和中国的政治进行研究，从而促使他转向了政治学。

胡适留学美国时的改行，是他一生的一个重要转折点，尽管这纯属个人行为，却有着深远的影响。中国因此而少了一位果树专家，但是胡适对文化的卓越贡献，却是不容否定的。这一点他和鲁迅有着惊人的相似。当年的"清国留学生"周树人在日本仙台医学专门学校学医，因为看了日俄战争的新闻电影，看到影片中被杀头的中国人和一旁围观喝彩、表情麻木的同胞，因而受到深深的刺激，感悟到用医学治疗国人身体虽然需要，但是眼下急需的却是用文学治疗国人思想的疾病，于是从此弃医从文。中国少了一位良医，却诞生了思想文化领域的巨匠鲁迅。

　　胡适后来在向青年学生的多次讲演中，结合切身体验，奉劝他们应该以自己的兴趣和禀赋作为选科的标准才是正确的。

《21世纪中国最佳文史精品》

沈从文与博尔赫斯

沈从文（1902—1988），中国著名作家，以《边城》等描写湘西风土民情的小说而享誉文坛，新中国成立后告别文坛，在中国历史博物馆当解说员，后来在中国社会科学院历史研究所从事中国古代服饰研究，卓有成就。1988年病逝后，他的著作风行于世。

博尔赫斯（1899—1986），阿根廷著名诗人、小说家、散文家兼翻译家，被誉为魔幻现实主义的奠基人。历任布宜诺斯艾利斯市公共图书馆职员和阿根廷国立图书馆馆长。

这两位大师级的著名作家，生活在不同文化背景的国家，创作的风格各异，但他们毕竟处在同一时代，在人生际遇上竟然有某些相似之处，也是饶有趣味的。

在中国近代著名的作家中，沈从文的"改行"恐怕是文学史上绕不开的话题。1949年沈从文才47岁，正是创作成熟、精力旺盛的最佳年龄，为何突然弃文而去呢？据傅国涌在《沈从文的"疯"》（收入《21世纪中国最佳文史精品》，贵州人民出版社，2011年）中指出：1948年3月，郭沫若在香港《大众文艺丛刊》发表《斥反动文艺》一文，以红黄蓝白黑五色对一些著名作家妄加定性，称沈从文为"桃红色作家"、朱光潜为"蓝色作家"、萧乾为"黑色作家"，宣称"我们今天打击的主要对象是蓝色的、黑色的、桃红色的作家"，扬言要"毫不容情地举行大反攻"。同期刊登的其他与郭文相互呼应的文章将沈从文的作品斥为"地主大资产阶级的帮凶和帮闲文艺"，扣上一顶顶吓人的政治帽子。此时即将赴京充任高官的郭沫若，在新中国成立前夕发表此文，当然是有深意的。从北大左翼分子在校园内以大字报形式抄录此文公之于众，不难看出此举大有来头。身为教员的沈从文，所受的刺激与压力不难想象。这种

"文化大革命"时期惯用的批判方式，出现在共和国即将诞生、正值需要团结各方力量共同建国的历史时刻，颇为耐人寻味。

从此，沈从文在中国文坛上消失了，在故宫午门的历史博物馆，在冷清空寂的文物堆里，这位中国最有才华的大作家度过了沉默的后半生。当然，沈从文的改行有多种原因，郭沫若的一纸宏文肯定是致命的一击。不过，话说回来，从长远来看，从中国许多作家的遭遇来看，比起老舍、胡风，甚至沈从文的老友丁玲，沈从文还算是幸运的。

比较而言，博尔赫斯的境况比沈从文要好过一些。不过，在1946年至1955年，阿根廷独裁者庇隆执政期间，因为在反对庇隆的宣言上签名，博尔赫斯也面临被迫"改行"的威胁：独裁政府为了报复他，革去他担任的图书馆管理员职务。不仅如此，为了从人格上侮辱这位著名作家，庇隆政府勒令他去当市场家禽检查员，手段真是卑鄙之极！

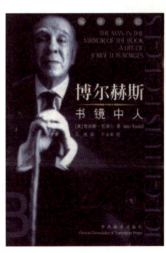

博尔赫斯不畏强权，不惜因失去公职在生活上陷于窘境，提出辞呈，维护了一个知识分子的尊严。"庇隆堵不了博尔赫斯的嘴。他在《南方》杂志上写道：'独裁扶植了压迫、奴役、残暴，更可恶的是独裁扶植了愚蠢……向独裁政权的愚蠢行为展开斗争是作家的诸多责任之一。'"（《博尔赫斯——书镜中人》，〔美〕詹姆斯·伍德尔著，王纯译，王永年校，中央编译出版社，1998年）他的抗议得到广泛的同情与声援，庇隆下台后，博尔赫斯重新被起用为阿根廷国立图书馆馆长。

《博尔赫斯——书镜中人》

沈从文与博尔赫斯都是当代最有才华的作家，诺贝尔文学奖的热门人选。遗憾的是，由于种种原因，他俩终于与诺奖无缘。

本著名作家小林照幸处女作！
届日本开高健文学奖获奖作品！

《毒蛇》

与毒蛇较量的日本科学家

我对蛇类一向没有好感，原因是从小生活在南方乡村，毒蛇伤人甚至致人丧命的事儿时有耳闻。当你到山野草丛中去时，就得时时提防蛇的突然袭击，尤其是竹叶青、金环蛇、银环蛇等毒蛇，因此进入山林草丛，神经总是绷得紧紧的，目光四下张望，手里拎着一根竹棍，"打草惊蛇"是一刻不能忘记的。后来在北方野外实习，毒蛇伤人的事也时有发生。一次在晋北，听说一位农妇到地里干活，将年幼的婴儿放在田边的树下，不料被一条蝮蛇咬伤，致使婴儿死亡。

也许是这些经历的缘故，我对《毒蛇》（〔日〕小林照幸著，王乃平译，中国中医药出版社，2012年）一书甚感兴趣，因为这本书介绍了人与毒蛇较量的故事。

《毒蛇》是著名作家小林照幸的一本科学史实录，曾获首届日本高开健文学奖。作品讲述了泽井芳男教授为了救治被毒蛇咬伤的患者，毕生从事抗毒血清的改进与预防疫苗开发的感人事迹。

该书内容看似寻常，却真实地记述了一位富有责任感和同情心的医学家，为了将解除蛇毒的血清制品普及到偏远的海岛乡村，深入基层，调查各种毒蛇的危害，进而根据需求不断改进血清制品的有效性。泽井芳男的研究成果不仅限于日本，而且惠及有毒蛇出没、危及人类安全的世界其他地区。

《毒蛇》涉及蛇的分类学和蛇毒如何伤害人体的神经系统和血液系统等人体医学知识，但读起来并不枯燥。这是由于作者并非孤立地普及知识，而是随着本书主人公的足迹，深入海岛乡野调查毒蛇对人的伤害，通过这些富有传奇色彩和地方风情的故事，自然而然地展开有关知识的话题，使人印象很深。

日本的奄美大岛有一种名为"烙铁头"的毒蛇，对岛民有巨大威胁，伤者一旦被"烙铁头"咬伤，如无抗毒血清治疗，严重的24小时之内就会痛苦地死去。1957年，一个偶然的机会，时任东京大学附属传染病研究所实验制造所主任的泽井芳男，第一次造访奄美大岛。此前，他们研制的抗毒血清已经推广使用。然而泽井芳男没有料到，作为抗毒血清的研制专家，在此之前，他并没有见过"烙铁头"这种毒蛇，更不了解被毒蛇咬伤的患者的状况，甚至也不了解他们生产的抗毒血清的疗效和在基层的使用状况。作者在此提出的是一个科学研究成果与使用根本脱节的问题。

奄美大岛之行，使泽井芳男受到极大震撼，他不仅亲眼目睹了被"烙铁头"咬伤的患者的悲惨状况，而且根据岛上许多医生反映，因当时岛上不少地方电力不足，无法配备冰箱冷藏抗毒血清，等到有人被毒蛇咬伤需要紧急处理时，由政府发下来的抗毒血清也已经过了有效期，起不到抢救的作用。正是通过广泛调查、与基层乡村医生的接触，泽井芳男深深感到抗毒血清必须研制干燥型的，另外他还发现，抗毒血清的注射方法也需改变。

《毒蛇》一书就是由此展开的，正是怀着对患者的高度责任感，泽井芳男倾其一生，坚持干燥血清的研制及推广，对防止毒蛇咬伤后重症坏死与抗毒血清的注射量的研究，以及由原先的肌内注射改为静脉注射等，都获得重大突破，并引起国际上的重视。

这本书在介绍泽井芳男一生的科学探索经历时，有几点是感人至深的。

第一，这位医学家极其重视深入基层，他先后到奄美大岛、冲绳、中国的台湾和广西，巴西等地调查，亲自到乡村医院与医务人员交流、接触患者，了解各种毒蛇咬伤后的不同症状，开发针对不同毒蛇的抗毒血清。他的抗毒血清正是通过实践检验不断改善的。

第二，日本乡村医院有很好的学术传统，医生对毒蛇咬伤患者的症状有详细的体征记录，并留下了珍贵的档案。这些原始记录使得泽井芳男的研究有了可靠的依据，研究成果发表后引起了国际学术界的重视。

第三，从书中提供的资料可知，日本各级政府、议会和大学，对于与人民生命健康有关的科研项目，在经费上是极力支持的，申报手续也不烦琐。

这些，也是泽井芳男的研究得以顺利开展的原因吧。

《从元素到基本粒子》

阿西莫夫的智慧

　　著名的美国科学作家阿西莫夫堪称20世纪的奇才，杰出的科学大师，著作等身，出版了近500种著作。他生于1920年，卒于1992年，按他的第一批系列故事发表于1939年算起直到逝世，他写作了整整50多年，粗略统计，平均每年出书10种，也即是说达到了一月个一本书。而且，他写作的题材十分广泛，大体上分为非小说类和小说类，前者又可分为科学总论、数学、天文、地学、生物学、化学和生物化学、物理等，仅科幻小说就有38部、科学随笔40种，还有涉及历史、文学、《圣经》等著作，他的充满智慧的大脑催生了大量优秀作品以及全球范围大量的"阿西莫夫迷"，影响深远。

　　我接触阿西莫夫作品很晚。1977年，科学出版社推出他的《阿西莫夫新科学指南》，中译本改名为《自然科学基础知识》丛书，共4分册，即《宇宙、地球和大气》《从元素到基本粒子》《生命的起源》《人体和思维》（我的这套书，还是科学出版社翻译编辑室的老友所赠），使我对阿西莫夫科普读物的风格留下很深的印象。不过对我影响至深的却是他的科幻小说。1980年，王逢振和我主编的西方著名科幻小说选《魔鬼三角与UFO》（海洋出版社），收有阿西莫夫的《镜像》（顾丽萍译）。在这篇小说中，阿西莫夫提出的著名的"机器人三法则"再次出现（这或许是国内读者第一次知悉阿西莫夫独创的有关机器人的这一"戒律"）。后来由我主编的外国科幻小说选《真实的幻想》（湖北人民出版社，1983年），收入阿西莫夫写机器人的《罗比》，另有一篇《谁是凶手？》（李德恩译）。记得当时香港作家李文健翻译的阿西莫夫长篇机器人小说《钢窟》已出版。我后来写的机器人小说是受阿西莫夫的启发而创作的。

　　需要指出的是，1981年中国科学作家、科学记者代表团访问美国，时任《科学画报》主编的饶忠华和《中国青年报》副刊主编赵之采访了阿西莫夫。

据我所知，饶忠华当时对我国科幻小说的现状是比较了解的，我们之间有过交流，他们是基于推动中国科幻小说发展的深谋远虑，向阿西莫夫提出很有针对性的问题（如科幻小说要不要和社会现实联系、科幻小说是不是担负正确传播科学的任务），而阿西莫夫的回答，对于处在探索中的中国科幻界也是宝贵的启示。此后，饶忠华致力于科幻小说理论研究，出任《中国科幻小说大全》的主编，大概也是访问阿西莫夫的间接成果。作为我个人来说，在1984年冬天赴南极洲的漫漫旅途中，携带的不多的几本书中，有一本是阿西莫夫的《我们怎样发现了南极洲》，这本薄薄的小册子一直陪伴我在冰海的风浪中航行……

《不羁的思绪——阿西莫夫谈世事》（江向东、廖湘彧译，尹传红校，上海科技教育出版社，2014年）是我最近读到的阿西莫夫的另一类科学随笔。短小精悍，内容广泛，题材新颖，处处闪耀着作者睿智而独到的眼光，是其重要特色。我感兴趣的主要是其中关于对未来的科学预测，这是最能体现阿西莫夫的智慧之处。他依据社会与科技发展趋势，敏锐而精准地对未来作了大胆的科学推断，包含深刻的哲理。其中有的预测实际上可以看作是科幻小说的科学构思，只要赋予人物和故事情节，就是一部精彩的科幻小说了。

"人类未来的探险，带着它全部的魅力和危险，定位于太空探险。"在"未来的探险"一节中，阿西莫夫如是说。由于他又是杰出的科幻小说家，写过许多脍炙人口的太空旅行和太空移民的作品，因此他关于太空探险的话题并非人云亦云，而是有独到的见解和科学的解析。在他看来，太空探险与太空移民的可行性，必须建立在人类的天文学认知与人体适应能力的把握上，当然科技发展水平是前提。到月球去是比较容易的，按照目前火箭的速度，只需3天时间。他认为，除了月球外，最邻近的行星是金星，与地球的距离是地月距离的109倍，一艘火箭飞船到金星至少要花费半年时间（还必须考虑每19个月只有很短的时间靠近地球），另外，金星上有毒

13

《不羁的思绪——阿西莫夫谈世事》

气体的含量是地球上的90倍，而且温度每时每处都在475℃以上，这都是人类难以适应的不利因素。

再一个适合探险的是火星，目前人类积累了对火星详细的认识，火星探测器已着陆，"一旦人类来到火星上，他们就没有理由不能在它上面待上一段适当的时间，火星的环境并不很适合人类逗留，但它比月球更接近地球的状况。它有一个很小的（虽然不利于呼吸）大气层，一天也是24小时，引力场比月球上强，某些地方不会比南极洲冷。"但是到火星去旅行也有一个必须考虑的问题，阿西莫夫说："进行一次往返火星的旅行可能需要大约一年半的时间"，因此他认为"没有迹象表明，一次载人火星游是有可能实现的"。

阿西莫夫谈到的太空探险，我理解是载人的宇宙航行，而不是现在实施的发射探测器的太空探索，这完全是不同层面的两码事，因此他的结论是，由于到达比火星更远的地方将要花费更长的时间，如木星及其以外的区域，需要花费5年至30年不等的时间，"这种旅行看来不是很有可能。"阿西莫夫很谨慎地说。

关于太空移民，阿西莫夫比较倾向在绕月轨道上建立太空居民点，另外在火星外层的小行星带有10万个由金属、岩石或冰块构成的资源丰富的小行星，那里将是未来太空移民理想的落脚地。据阿西莫夫推断，那些离开地球已经习惯新生活的太空移民的后代，将成为太空海洋的伟大航海家，"他们是未来的腓尼基人、波利尼西亚人和斯堪的纳维亚人。"

阿西莫夫对未来的展望令人憧憬，也激发人们的无限想象。当然，21世纪科技的飞速发展和人类对宇宙奥秘的认识不断深化，也会修正阿西莫夫的某些看法，但这丝毫不会影响他的思想的巨大魅力。

《珍稀野生动物丛谈》

谭邦杰的贡献

日前在天通苑旧书摊上觅宝，忽地眼睛一亮，一本旧书引起了我的极大兴趣。书的封面设计别致，一头矫健的花豹从封底奔往封面，背景底色为热带草原的草绿，突出《珍稀野生动物丛谈》的书名。这本书由科学普及出版社1995年9月列入"科普文库"出版。该书作者谭邦杰先生是我所尊敬的前辈，与这本书的不期而遇，如故人相逢，不由地使我忆起许多往事。

谭邦杰（1915—2003），广东南海人，著名动物学家，曾任北京动物园科学组组长、中国动物园协会理事、中国自然科学博物馆协会常务理事、世界自然保护联盟（IUCN）专家组成员、国际雪豹保护联合基金会（ISLT）顾问委员会委员。查互联网，可以查到谭先生详细的生平介绍，可见社会没有忘记他。

我和谭老相识，起初也是文字之交。粉碎"四人帮"后，我在一家报馆主持一版"科学"副刊，当时保护珍稀野生动物、回归大自然是科普的一个热门话题，谭老以他渊博的动物学知识和对国外保护珍稀野生动物现状的了解，成为我们经常联系的作者。这以后，我到科学普及出版社供职，他也是我社重要的作者。

谭老著述甚多，有不少学术专著或科学论著。《珍稀野生动物丛谈》仅收录了他自20世纪50年代至90年代发表的科普代表作。全书分11个专题，大体上涵盖了他一生的重要贡献。例如，开宗明义第一章"四不像回归祖国"，详细介绍了北京南海子皇家猎苑饲养的"四不像"（即麋鹿）如何流落到英国贝福特公爵的乌邦寺别墅放养，以及1985年8月22头麋鹿由英国空运到北京回归南海子的过程。谭老为"四不像"回归祖国做了不懈的努力。他也在多篇文章中介绍了这一濒危动物的分类学特征和生态习性，并且指出："关于它的历史，至今研究得不深不透，以致有些问题仍然是学术上的空白。比如，当初南海子猎

苑中的麋鹿群的来历，至今尚未查明。"

　　谭老出自一位动物学家的良知，根据国际保护濒危动物的现状，有针对性地提出保护我国独有的濒危动物的具体对策。在"野骆驼、野马、野驴""狮、虎、豹""熊和熊猫及其他中国的熊"等各章中，他从不同角度对这些珍稀濒危动物的险恶处境，不断发出呼吁。他被誉为我国老虎的"保护神"，最早提出保护野生东北虎、华南虎。然而当年他的呼吁湮没在一阵愚昧的"打虎运动"狂热中。等到国人醒悟过来，神州大地已经难觅虎踪。1986年4月12日至17日，谭老出席在美国明尼苏达州举行的"世界老虎保护战略学术会议"，将华南虎濒危现状报告给大会。经过几番争议，终于把这种中国特产的亚种作为"最优先需要国际保护的濒危动物"。他在会上会下的呼吁，为濒临灭绝的华南虎带来一线希望，因此他也赢得了国际同行的称赞，被称为"Tiger Tan"（谭老虎）。3年后，中国政府终于把华南虎列入国家一级保护动物名单。

　　谭老对动物学和濒危野生动物保护的贡献是多方面。书中收有一篇《我怎样发现白头叶猴》，记述了20世纪50年代初谭邦杰第一个发现这一新物种的经过。经过5年的系列研究，他完成了提交给世界自然保护联盟的科学研究报告。

1957年"白猿"终于被确定为一个过去未曾描述过的新物种，由谭邦杰定名为白头叶猴。这是中国学者首先发现的，也是唯一一种由中国人发现和命名的灵长目动物。这是谭老对动物分类学的重大贡献。

《珍稀野生动物丛谈》的内容广泛，我觉得有两点是值得决策者注意的。一是谭老根据国外动物园的发展趋势，提出传统的以分类学为依据展览动物的动物园已经过时了，今后的"设计思想是配合自然保护事业，在动物展览中以生态学代替分类学""重点突出珍贵动物，突出动物生态的景观，突出稀有濒危动物的危机自然保护"，使自然保护成为动物园的首要任务。二是应为大型展览动物建立"动物档案"，即动物谱系簿，对珍贵的、著名的，尤其是濒危种类建立全国性乃至国际性的一套完整的登记，在这方面，需要做切实的工作！不知谭老生前有关这方面的呼吁，至今是否有所落实。

谭老的一生富有传奇色彩，且命运坎坷，但他执着于保护野生动物的精神和杰出的贡献，是值得我们永远学习的。为此，我建议中国科学技术协会等有关部门资助支持出版一套《谭邦杰文集》，整理谭老的传记，这也是对谭老最好的纪念，也是治中国现代科学史不可或缺的内容。

《何泽慧传》

何泽慧的人格魅力

读科学家的传记，我们固然对他们在某个科学领域做出的前所未有的发现及特殊贡献很有兴趣，但是感动我们，令人难忘的，往往是一些别的东西，比如他们在选择职业时的思考，在研究过程中坚持的思维方式，在逆境中的淡定，以及他们的人生哲学，等等。这些，都是发人深省的，我想应当归之为科学家的人格魅力吧。

读《何泽慧传》（孙汉城、刘晓、钱思进编著，山西教育出版社，2015年，该社同时出版《何泽慧文选与纪念文集》），我就有这种印象。掩卷之余，挥之不去的一个细节一直在眼前重现：

那是十年浩劫的岁月，何泽慧（1914—2011）和丈夫钱三强（1913—1992），这一对世界一流的核物理学家也难逃厄运，被打成"资产阶级反动学术权威"，扣上很多吓人的政治帽子，遭到批斗，被抄了家，三个孩子下乡插队……1969年冬，他们夫妇双双进了二机部在陕西合阳的"五七干校"劳动。书中写道：钱三强什么活儿都干，养猪、施肥、锄地、打场，何泽慧身体老弱，分配她看场、打钟、看水的活儿。身处逆境的她心胸坦荡，处之泰然，不仅认真做好分配的活儿，还在黄土高原上找到了探索宇宙的乐趣。

夜深人静时，当其他人进入梦乡，在荒凉的山梁上，只有何泽慧一个人仰望着满天星斗。

她虽然并非天文学家，然而科学家的敏锐观察力使她无意间捕捉到一次天文奇观：这就是1970年3月20日前后在东方出现的一颗彗星。何泽慧怀着浓厚的兴趣逐日跟踪观测，用北斗星座（可能是指大熊星座）和仙后座对这颗彗星进行定位，记下它的运动轨迹是椭圆形的，初步判断它是一颗长周期或者是不再回归的彗星。何泽慧把她的"发现"悄悄告诉钱三强，钱三强也加入观测行列，并在日记本上作了观测记录。她还给在农村插队的孩子们写信，孩子们也证实了母亲的观测。多年后，何泽慧进一步证实，她当年观测的这颗彗星是南非天文学家贝内特1969年12月28日用望远镜在离南天极仅24度位置发现的，命名为"贝内特"彗星，是20世纪最壮观的大彗星之一。

这件事发生在何泽慧身处逆境之时，体现了这位女科学家不论在任何情况下，宠辱不惊的高尚品格，以及对科学探索的热忱。这是非常难能可贵的。

生于1914年的何泽慧受家庭影响，早早树立了献身科学的宏大理想，是走在时代前列的举动，在那个歧视妇女、缠足、童养媳仍然盛行的旧中国，她以优异成绩考上清华大学物理系，本身就是一件了不起的女性解放的实例。而且在她求学期间，物理系一些著名教授也有重男轻女的陈旧观念，对女生学物理持反对态度。为此何泽慧据理力争，终于说服了系主任，并以优异成绩争取到继续学下去的权利。这是何泽慧人生的第一个胜利，以实际行动争取到男女平等的权利。

1938年，24岁的何泽慧到德国留学，进入柏林高等工业学院技术物理系从事弹道研究。这个系对外保密，一般不接收外国人学习，主任克里茨教授曾在中国兵工总署工作过，当克里茨拒绝何泽慧的请求时，她动情地说："你可以到我们中国来，当我们军工署的顾问，帮我们打日本侵略者。我为了打日本侵略者，到这里来学这个专业，你为什么不收我呢？"克里茨无言以对，终于被眼前这个小女子的爱国热忱打动了，何泽慧成了该系第一个外国留学生。

她之所以选择弹道学专业，目的很明确：为了打败日本侵略者。

何泽慧的科学生涯最光辉的一章，是她到法国巴黎法兰西学院的居里实验室，与钱三强一道，发现铀核的三分裂变和四分裂变现象，他们还解释了反应机制，并预言裂片的质量分布。这些重大发现，由他们的导师、著名物理学家约里奥在巴黎国际快讯会议宣布，称"这是第二次世界大战以后物理学上一项有意义的工作。"从此，三分裂和四分裂的现象为各国科学界所知。

何泽慧1948年与钱三强一道回到阔别多年的祖国，投入新中国的核物理研究和涉及两弹一星的科研，做出了巨大贡献。然而，她始终默默奉献，从不张扬，直到暮年仍坚持工作，正如王大珩院士所言："春光明媚日初起，背着书包上班去，尊询大娘年几许，九十高龄有童趣。"永葆童心，终生奉献，这也是何泽慧的人格魅力吧！

2003年9月20日，在《科技日报》社举行的郭梅尼从事新闻工作50周年座谈会上，我有幸见到89岁的何泽慧院士。

从她身上，我看到中国女性的伟大、坚韧和自强不息，她和许多女科学家如林巧稚、谢希德、屠呦呦一样，不愧是中华民族的脊梁！

《人生永远没有太晚的开始》

摩西奶奶的成功和她的哲学

　　1938年复活节这天，纽约的收藏家路易斯·卡尔多路过一家乡村药店，突然，窗户旁边的几幅画吸引了他的眼球。那几幅画和一些工艺品都是当地农家妇女的作品，药店老板娘提供交易场地，帮助妇女们赚几个零花钱以贴补家用。不过，卡尔多感兴趣的是那几幅色彩明快、反映农家生活场景的画作，他进到药店，不仅把画作全部买下，而且要求面见画家本人。

　　这一天，对于默默无闻的乡村画家，是不寻常的，它改变了画家的一生，在某种意义上也改写了美国的美术史。

　　出乎卡尔多的意料，这位乡村业余画家并非人面桃花的村姑，而是年近80的老奶奶，她就是后来闻名遐迩的摩西奶奶，一位自学成才、大器晚成的农民画家。

　　原名安娜·玛丽·罗伯森·摩西的摩西奶奶，生于1860年，生平很平凡，出生于纽约州农家，12岁起就当女佣，27岁与一个农民结婚，过着农家妇女的生活，终生劳作。1932年，摩西奶奶去照顾生病的女儿安娜，安娜给母亲看了一幅刺绣画，让她也制作一幅一模一样的。这大概是摩西奶奶第一次从事艺术创作，不过并不成功，由于患有关节炎，老人家握不住绣花针，于是她拿起画笔，画起了她熟悉的农家生活和乡野风光，一发而不可收。

　　除了自娱自乐外，摩西奶奶还曾把画作和一些自制的食品送去参加乡间展览会，"我的水果罐头和果酱获了奖，但是画作并没有。"摩西奶奶说。

　　卡尔多的来访和对摩西奶奶作品的赞赏，并没有使一家人高兴起来，反而认为来了个疯子。

　　接下来几年，卡尔多的多方努力也屡屡碰壁。到了1940年，奇迹终于出现了。这当然主要是摩西奶奶的画以其质朴的风格、原生态的美和源自生活的泥

摩西奶奶的画作

土香味，激起人们心灵深处对乡村生活的向往。很久以来，人们开始对专业画家矫揉造作的题材感到太厌烦，而摩西奶奶的画使观众想起美好的童年，欢乐的富有人情味的乡居生活和没有污染、没有水泥森林的乡野风光。这是久违的田园交响诗，这是抚慰心灵的思乡曲。它的题材很平凡，但蕴含着无法抗拒的感染力和震撼力。

当然，摩西奶奶的成功，离不开美国艺术承包商巧妙包装、运用各种手段和媒体进行宣传所发挥的巨大作用。

长话短说，1939年，纽约现代艺术博物馆展出了摩西奶奶的三幅画。1940年10月，摩西奶奶在圣艾蒂安画廊亮相，命名为《一个农妇的画》的作品引起了广泛注意。尤其是她本人第一次出席由吉姆贝尔斯百货在纽约举办的大型组画"感恩节庆典"活动，摩西奶奶的演讲和她的作品一炮走红。画作《老橡木桶》被纽约州一家美术博物馆收藏，并获纽约州奖。许多名人竞相收藏她的作品。此后，摩西奶奶的作品长期在美国和欧洲10个国家巡回展览。出版界也不甘落后，《摩西奶奶：美国原始主义者》由卡里尔编辑出版。

摩西奶奶为千家万户所熟知的另一个方式，是发行了1600万张摩西奶奶画作的圣诞卡。1949年，她获得女性全国新闻俱乐部奖，受到杜鲁门总统的接见。纽约州的拉塞尔·塞奇学院授予她名誉博士学位。1950年，费城摩尔学院授予她名誉艺术博士学位。她的生平上了电视，她的自传《摩西奶奶：我的生活的历史》出版。1953年10月，她被选为《时代》杂志封面人物。1960年，纽约州州长宣布她的100岁生日为该州的"摩西奶奶日"。1961年12月13日，享年101岁的摩西奶奶辞世，肯尼迪总统致悼词，称她是"深受美国人民爱戴的艺术家"，她的过世成为当时美国和欧洲大部分地区媒体报道的头版新闻。

从一个普通农妇成为美国家喻户晓、备受欢迎的艺术家，摩西奶奶的艺术成就当然是第一位的，但是不容忽视的是，她的成长经历，她对生活的乐观、随遇而安和对艺术的执着追求，使许多在人生旅途拼搏的美国人，尤其是生活在底层的弱势群体获得了生活的勇气和力量，也看到了成功的希望。

在中译本《人生永远没有太晚的开始》（摩西奶奶著，老姜、张美秀编译，新星出版社，2015年）中，我们可以看到这位农民画家许多充满智慧的至理名言：

"人的一生，能找到自己喜欢的事情是幸运的。有自己真兴趣的人，才会生活得有趣，才可能成为一个有意思的人。当你不计功利地全身心做一件事情时，投入时的愉悦、成就感，便是最大的收获和褒奖。"

"你要去相信，你最愿意做的那件事，才是你真正的天赋所在。"

"世界上，最公平和最不公平的，都是时间。别人偷不走它，而你却也留不住它。你拥有它，却不能改变它……身处其中的你我，年轻或是衰老，所能做的，都是充分去享用它，享受每一个生命时期，收藏每一个年龄段带给你的感动与美好。"

"让过去的过去，让未来的到来，爱你现在的时光，也许是最好的选择。"

这朴素的语言，道出了人生哲理，也因此打动人心。

《林屋山民送米图卷子》

"止饮太湖一杯水"的廉吏

《林屋山民送米图卷子》（以下简称《送米图卷子》）不是一本书，顾名思义，这是一幅图画，加上许多名人的题跋。不过，经过编辑注释，影印出版，便是一本颇具特色的古籍珍本的普及版。《送米图卷子》原藏苏州图书馆，现列为苏州图书馆古籍珍本丛刊之一出版。

《送米图卷子》包含着一个相当感人的真实故事，讲的是清光绪十一年任苏州府太湖厅甪里司巡检的暴式昭的事迹。暴式昭，河南滑县人氏，巡检为从九品，是个比九品芝麻官还要小的小吏，位卑权微。此人清正廉洁，刻苦自励，恪尽职守，"君官山中有年矣，止饮太湖一杯水。"为百姓排忧解难，在他的职权范围内为老百姓办了不少好事，赢得了当地百姓的高度信赖。这在当时和现今都是不容易的。

终于，世道人心得到了验证。光绪十六年，暴式昭因维护山民利益而被撤职，卸任后困在洞庭西山，无钱搬家，时值隆冬，炊烟无温，家人饥寒，陷于绝境。消息传开，穷乡僻壤的西山百姓争相伸出援手，一传十，十传百，农夫村妇，老翁童子，庵尼禅僧，有的肩挑于山道，有的驾舟渡湖而来，或送米送柴，或送肉、鱼、蔬菜、年糕、水果、山茶，也有人送钱……短短一个月，共收米一百零四石八斗，柴约十倍于米，其他还有鱼肉鸡鸭、糕酒果蔬，等等。暴式昭感动万分，一一登记造册，除留下部分自用，其余周济贫困户和慈善机构，仅转赠继善堂就有大米六十石、柴草数百担。暴式昭感慨万分："此乃万众心情所愿，怨者不能阻，爱者不能劝，非势驱利诱所能至，亦非乞求讨索所能得也。"当他携眷返回老家河南时，出现了西山百姓四五百人自动至码头跪送泣别的场面。

这件感人的政坛新闻传播开来，于是有一位西山人秦敏树感动之余画了一幅《林屋山民送米图》，并题诗咏之，俞樾、吴大澂、吴昌硕等名士也纷纷题咏，称颂暴氏的道德操守，成一长卷。1947年岁末，暴式昭的孙子暴春霆在北平持长卷遍请名家题咏。因名士郑叔问绘《雪篷载米图》埋于地下多年，字迹模糊，复请徐悲鸿又绘《雪篷载米图》。于是我们可以看到当年许多名士的手迹，其中有胡适、朱光潜、冯友兰、游国恩、俞平伯、浦江清、朱自清、马衡、于海晏、张东荪、徐旭生、陈垣、沈从文、黎锦熙、李石曾、张大千等人或长或短的题咏。1948年，《送米图卷子》装订成书册，印了100本，分赠题咏作者。据称，原作已毁于"文化大革命"，流传的印本现今也很少见了。

《送米图卷子》的价值在于给后人留下了一位清廉正直的官吏的史迹，也深刻地反映了民心向背和中国底层老百姓对于官员道德操守的看重，"谁道人间无是非，口碑载路妇孺泣"（薛勉题诗）。只是像暴式昭这样的廉吏，古往今来实在太少了。

《送米图卷子》的历史与文献价值，还在于保存了一批近现代名人名士对于反腐倡廉、廓清官场风气的渴望。俞曲园老人赞暴式昭的诗中写道："乌呼！君官山中有年矣，止饮太湖一杯水。不媚上官媚庶人，君之失官正坐此。乃从官罢见人情，直道在人心不死。"

历史学家陈垣说："因忆《旧唐书·崔玮传》载辛玄驭之言，谓：'儿子从宦者，有人来云贫乏不能存，此是好消息。若闻赀货充足，衣马轻肥，此是恶消息。'凡世当大乱之后，恶消息必多，然好消息亦自不少。"

哲学家冯友兰说："这图的流传，也未尝不可与我们眼前的腐败贪污的政治以一个有力的讽刺。"

作家沈从文说："暴方子为官清廉，作人有骨气，曲园老人尝为文称之为古君子。此送米图犹可仿佛见前贤行谊，观之生钦敬心。"

《送米图卷子》现由中共苏州市纪律检查委员会和苏州市监察局编辑出版，从"重印《送米图卷子》序（杜国玲作）"可知，这本内部发行的出版物，成书大约为2007年。该出版物也可视为古籍出版史上一个很有研究价值的例子。

《中国科幻小说大全》

饶忠华：传播科学的一生

在如今信息迅疾的互联网时代，我得知饶忠华仙逝的消息，却是在他远走高飞之后整整一个月，这真是不可思议，令我格外难过。这迟到的消息是上海市科普作家协会的老秘书长李正兴传递过来的。饶忠华走得这么匆忙，走得这么快，莫非是想让我们这些老友快快地将他忘却吗？如今他在哪里，我不知道。倘若按照光的速度，这一个月，他早已脱离了太阳系，遨游在浩渺无垠的遥远的太空了……

饶忠华（1932—2010）在我们这个星球上生活了近80年，他的一生是传播科学的一生，过得很充实，很有价值。我认识他的时候，是20世纪70年代后期，他是著名的《科学画报》的主编。每次到上海出差，我总要去他的办公室看他。那个年月，办公条件差，《科学画报》编辑部十来个人也是桌子挨着桌子，挤在不大的办公室里。大热天，办公室就如上海的弄堂闷热难耐，西晒的骄阳烤着墙壁，一台有气无力的老电扇在墙角喘息。饶忠华人很瘦，热得只穿一件背心，仍然挥汗如雨，他的桌上稿件堆积如山，一部老式电话响个不停。这一切给我留下的印象很深。

就是在这样的工作条件下，饶忠华带领编辑部年轻的团队，辛勤地耕耘着，默默地传播科学技术，一干就是几十个春秋。

我听他不止一次说过，《科学画报》拥有庞大的作者队伍，许多都是著名的科学家，不过不论是组稿还是自由投稿，文章反复修改是免不了的。因为许多稿件是科技人员或专家写的，内容固然不错，但专业名词多，读者看不懂，就没有阅读兴趣。因此编辑们包括主编在内，经常下基层，到工厂学校，到研究所的实验室，一方面熟悉文章所写的专业知识，另一方面和作者一起推敲、修改，使之通俗化，这也是《科学画报》在众多科学期刊中脱颖而出的原因所在。这份创刊于1933年的我国历史最悠久的科学期刊在50周年生日时，发行量达到100多万册，是当时国内发行量最大的科普刊物。这个成绩来之不易，当然是和主编饶忠华的编辑理念和办刊宗旨分不开的。他为这份刊物倾注了毕生精力和全部心血。1983年在北京人民大会堂举办了《科学画报》创刊50周年纪念会，许多著名科学家和学者聚集一堂，盛赞《科学画报》半个世纪以来在我国传播科学技术取得的功绩，其思想启蒙影响了几代人。

这次纪念会也是对饶忠华的最高褒奖。

饶忠华是知名的科普大家，长期担任中国科普作家协会和上海市科普作家协会的领导职务。他不光在团结、组织广大科普工作者开展各种活动方面做了大量工作，而且在科普理论、科普创作、编辑学方面也卓有建树，很多成果都是开创性的。我印象比较深的一件事，是1979年8月9日《光明日报》发表了他的一篇文章《从科学史的两种接力看科普学的诞生》，这是国内对科普学最早的理论探索，对于粉碎"四人帮"后中国科普的迅速复兴起到了推动作用。饶忠华思维敏锐，勤于思考，他在那个时期投入很多精力，将自己从事编辑工作几十年的亲身实践，加以概括总结上升到理论，归纳出作为一个科普作家和科普编辑必须具备的《编创十功》。这本书和他的其他有关编创理论著作的问世，对于科普界年轻一代的迅速成长，尤其是科普理论建设起到了很大的推动作用。

1981年，饶忠华随中国科学作家、科学记者代表团访问美国，其间他和赵之同志专程采访了科幻大师阿西莫夫。我想这次访问不是偶然的心血来潮，而是基于推动中国科幻小说发展的深谋远虑。他们向阿西莫夫提出的问题很有针对性，而阿西莫夫的回答，对于处在探索中的中国科幻界也是很宝贵的启示。

饶忠华一生最大的成就之一，是他始终不渝地从事中国科幻小说的研究，任何时候都没有中断过，从而为后人留下了宝贵的遗产。

鉴于这个领域的空白，他应海洋出版社之邀，与林耀琛先生一道，担任《中国科幻小说大全》的主编。这是一项浩大且繁难的工程，他们组成人数可观的团队，夜以继日，从浩若烟海的旧报刊中钩沉梳理，终于将自清末以来一直到20世纪70年代末散见于各种出版物的科幻小说全部整理出来，摸清了近

百年来中国科幻小说的家底和发展脉络，仅此一点就功不可没。其中对中国古代典籍中涉及科学幻想的有关文献的发掘整理，具有很高的学术价值。

不仅如此，根据出版社要求，他们又把每一篇科幻小说浓缩改编，精练成几百字至几千字，既压缩篇幅又保留了故事情节，这本身也是再创作；然后，按照年代顺序、内容分类加以编排，由出版社分若干册出版，这就是20世纪80年代陆续问世的《科学神话》（共3卷），后来合为一册，名曰《中国科幻小说大全》。

20世纪末，应我之请，饶忠华担任主编，又增补了近20年的新内容，广为收罗港澳台和海外华人作家的科幻小说，由科学普及出版社以"中国科幻小说精品屋系列"（共10册）出版。这是他晚年的一大工程。在此基础上，饶忠华还主编了多套面向青少年的科幻精品图书，撰写了很有分量的关于科幻小说的论著，为科幻小说在中国的崛起和传播，做出了巨大贡献。

饶忠华一向关心高科技的进展，在科普作家中是最早玩电脑、使用电脑写作的，他是最早鼓励我使用电脑的人。这几年，每次道别，他都情不自禁地嚷道："老金，给我发伊妹儿呀……"我也是微笑着一个劲儿地点头。

如今，忠华兄，你在哪里？伊妹儿发到哪里啊……

《神奇的"鸟叔叔"》

有感于"鸟叔叔"死了

2012年冬季的某一天，与中国少年儿童出版社王洪涛兄通电话，得知一个不幸的消息——"鸟叔叔"死了，我顿时一惊，脱口而出："他才多大呀？""58岁，太可惜了……"王洪涛不胜唏嘘。

我是从《神奇的"鸟叔叔"》（霞子著，中国少年儿童出版社，2012年）得知人世间有这样一位神奇的人物，虽然《神奇的"鸟叔叔"》是一部童话，但是书中的主人公"鸟叔叔"并非虚构的人物，而是有生活原型的，他就是辽宁省葫芦岛兴城市的阎福兴，一位身怀绝技、享有"中国鸟王"之称的传奇人物。

说来也巧，12月23日，北京入冬以来顶冷的一天，我和《神奇的"鸟叔叔"》的作者、女作家霞子，儿童文学评论家安武林在一起小聚，话题不由地谈起这位鸟王的身世和他的绝技。

阎福兴的身世极具童话色彩，霞子谈起当年她去辽宁兴城采访"鸟叔叔"的所见所闻，仍然激动不已。出生在辽西山村的阎福兴是满族，由于家境贫寒，从8岁起就整天在大山里放羊。但是天资聪颖的他在大自然的怀抱中与鸟儿为伴，以山林为师，渐渐学会用手指吹奏模仿多种鸟鸣和乐曲，用吹笛子与鸟儿交流的本领。最不可思议的是，这个在山林中长大的放羊娃真正做到了古人所说的"近山识鸟音"，他能听懂70多种鸟语，模仿的鸟语能达到与鸟类对话交流的程度。他还极有音乐天赋，在后来的岁月，他能娴熟地吹奏笛子、箫、巴乌、葫芦丝等乐器。霞子说，有一次阎福兴参观玛雅人遗址，发现有一种土陶的古代乐器，他拿起来看了看，说："这是我的乐器呀！"当地人说："这怎么会是你的？这是玛雅人的……"他笑笑问："你们会吹奏吗？"对方如实相告，从来没有人吹奏过。阎福兴拿起古代乐器吹奏起来，一曲美妙的旋律飞

阎福兴

扬开来，令人惊叹不已。

阎福兴不仅懂得鸟语，而且有很多与鸟儿交往的感人故事，他救过受伤的鸟儿，感恩的鸟儿也救过他的命，正是人与鸟类之间这种可贵的、纯真的、富有童话色彩的故事，深深感动了女作家霞子，驱使她走入鸟儿的神奇世界，以阎福兴的身世为原型，创作了《神奇的"鸟叔叔"》。在书中，作家不仅仅描写了"鸟叔叔"童年成长的故事和绝活儿，而且也用大量笔墨刻画了"鸟叔叔"献身于保护鸟类的公益事业，成为传播爱鸟护鸟知识的形象大使的感人事迹。

这恰恰是这部童话主题的升华。

霞子认为，《神奇的"鸟叔叔"》虽然是童话，但又不同于传统的童话，因为主人公的原型是现实中活生生的人物，许多故事情节也来自生活，虽然其中不乏虚构和大胆的想象，所以她称之为游走于纪实与虚幻之间的"纪实童话"。

这是一种有益的尝试，甚至可以说是成功的创新。

正如霞子在"后记"中所说："阎福兴是一个对大自然充满爱心的大地之子，是满族人民的骄傲。没有谁赋予他宣传爱鸟的职责，可他却把呼吁热爱大自然和爱护鸟类当做义不容辞的责任。他是全国第一个将自家电话开通为'爱鸟热线'的爱鸟志愿者。每年在候鸟迁徙季节，他经常去周围的海岛上演出，告诉大家不要伤害来落脚觅食的候鸟。他连续十几年参加全国青少年'手拉手夏令营'，曾用'指哨'引来千只白鹭翩翩起舞，让孩子们亲眼目睹人鸟和谐相处的奇迹。孩子们为之陶醉，纷纷要求学鸟语，成了'鸟叔叔'的忠实粉丝。"

"他在众多幼小的心灵里，播下热爱自然、珍惜生命的种子。孩子们放飞自家笼养的野生鸟，组成爱鸟组、爱鸟班以及爱鸟大队，纷纷走入保护鸟类的志愿者队伍中。阎福兴说：孩子们是最有希望的一代，也是最有爱心的一代，他们是未来环境的保护神，我喜欢孩子们叫我'鸟叔叔'，这是对我最大的奖赏。"

如今，"鸟叔叔"飞走了，他像一个神奇的精灵，带着许许多多鸟儿的秘密匆匆离去。

霞子说，他没有传人，他熟悉的鸟语也没有来得及整理，也无人继承。

这是遗憾也是幸事，因为阎福兴生前就遇到过捕鸟者向他求教鸟语以便诱捕鸟儿的尴尬。他拒绝了残杀鸟类的人向他学习鸟语的企图，也将这一绝技带走了（当然我至今也不知道，我们的鸟类学家是否早已破译了鸟类的语言）。

在这个滥捕鸟类、以鸟为美食的地方，还是让贪婪的人类以不懂鸟语为妙啊……

《李善兰华蘅芳詹天佑诗文选译》

詹天佑如是说

　　著名的铁路工程师、京张铁路等重大工程的总设计师詹天佑先生的事迹，我过去也多少知道一点，但一直没有机会看过詹天佑的文字。最近在天通苑旧书肆意外淘得一套《近代文史名著选译丛书》（戴逸主编，巴蜀书社，1997年），其中《李善兰华蘅芳詹天佑诗文选译》卷（陈亚兰选译），内中收有詹天佑《修造京张全路办法》（光绪三十一年，1905年）、《致美国诺索夫人信》（1906年10月24日）、《任学部考试归国留学生主考官对考生的谈话》（宣统二年，1910年）、《京张路张绥路酌订升转工程司品格程度章程及在工学生递升办法》（宣统二年，1910年）等九篇文章。这些珍贵的文献再现了詹天佑主持我国第一条自办铁路的始末，展示了詹天佑可贵的创新思维，以及他对中国年轻一代工程技术人员的期望。

　　这些一百年前的历史文献，今天读来依然令人感动，发人深省，显示了作者深邃的思想和强大的感染力。

　　自张家口至京城的京张铁路，是联结华北和西北的大动脉，具有重要的政治经济和军事意义。当时正值国势衰弱的清末，英、俄帝国主义国家为自身利益都在争夺筑路权，"如此中国受双方之逼迫，乃知解决此问题，必须自行修筑，否则即作罢论，终遂议定自行试办。"［见《在旅汉美国各大学校联合同学会新年大会的演说词》（1914年1月）］正是在这样的复杂国际背景下，清政府决定自办铁路，于是修建京张铁路的历史重任落在詹天佑的肩上。由此一事我们也可得知，当时的清政府也并非事事仰仗洋人鼻息，简单地斥之为卖国政府，恐怕也有失公允。

　　当时西方各国对于清政府自办铁路的决定，肯定是不满的，于是挖苦者有之，等着看笑话、幸灾乐祸者必也不在少数。詹天佑说："京张之间工程最难之点在南口关沟，曾经测勘七八条线之多，始定一线。时有一英国友人曾在伦敦演说，谓中国工程司能建筑铁路通过南口者，此人尚未出世云云。"

听，这是多么熟悉的声音！近百年来，乃至今日，诸如此类的外国友邦人士，在各种场合，针对中华民族为了改变自己的命运和振兴国家的努力，不是一次又一次以轻蔑的口吻说过类似的预言吗，他们狂妄地宣称中国人是劣等民族，中国人没有创造力和创新思维，等等，等等。翻来覆去就这几句话，他们的想象力实在太贫乏了。

詹天佑继续说："这位英国友人在伦敦说这番话，'当时吾等亦不究其意旨何苦，惟因此英友所言之激刺，彼等乃必欲显明其不仅已经出世，且现存于世也。'"外国人的嘲讽，不仅没有达到目的，反而激发了詹天佑和全路员工的勇气："于是上自工程司，下至工人，莫不发奋自雄，专心致意，以求达其工竣之目的。"京张铁路的修建是中国铁路史上的奇迹，不是偶然的。1905年5月开始测勘，由于当时懂铁路工程技术的人才奇缺，"仅择谙习工程之学生二人，牵同履勘"，詹天佑不得不带着两个年轻人亲自勘测线路，翻山越岭，"昼则手胼足胝，夜则绘图计工，困苦经营，"一个月就完成了线路勘测，提交了工程预算报告。10月插标，旋即开工，至1909年9月，"一百廿五英里之路竟告成功。不逾四年限期，不过预算七百万两之定数，且为今日全国第三获利之铁路也。"

当然，詹天佑在京张铁路修建过程中，最为杰出的创新思维表现在，"自居庸关以至八达岭，路线不长而高度相差甚远，无地旋车"的情况下，因地制宜，在关沟段以1/30的坡度引入青龙桥东沟，然后折返八达岭，形成"之"字形线路，运行时头尾各用一台机车牵引，从而较好地解决了不必耗费巨资开掘隧洞的难题，保障了工程如期完工。

更重要的是，这种从国情出发，同时又符合工程质量的举措，经受了时间的考验，对今天从事工程建设的技术人员是重要的启示。

詹天佑对后辈寄予厚望，他对青年工程技术人员提出的希望和要求，在《敬告青年工学家》（1918年2月）一文中作了充分阐述。他指出："二十世纪

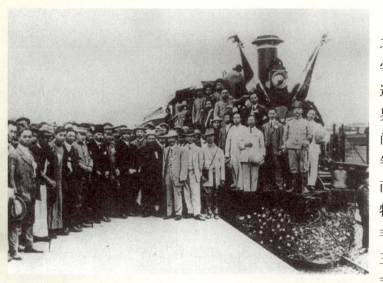

1912年9月6日，孙中山视察詹天佑设计修建的京张铁路

之世界，实赖工学家以左右之。返观乎我国工学界，则所发明者尚稀有所闻，岂智力不欧美者，而司梯芬生、瓦特、弗兰克林、毛利（此四人前三位尽人皆知，毛利是谁，望知者告我——本文作者注）之流，不能产于中国耶？"詹天佑的答案是："否。惟怠于探求，研究不足所致耳。"（当然不是。这只能是懒于深入探索，研究不够造成的。）并进一步指出："青年子，一出校门，辄辍学业，得一位置，已自满足。及至实地工作，亦惟求称职而已。至于退食之暇，尚发奋求学者实为少数。于是囿于旧闻，不求精益，甚至自矜一得，迹近持盈，而彼邦日有发明，我则瞠乎其后，如是而望工学之进步，不亦难乎？"为此詹天佑希望中国青年工程技术人员"精研学术以资发明""崇尚道德而高人格""循序渐进，毋越范围""筹画须详，临事以慎""以发扬国人技术，增进国家利益为目的"这些谆谆告诫，至今也未过时啊！

春天来了！当人们从西直门火车站乘旅游专列前往八达岭寻觅春天芳踪时，在那长城蜿蜒的群山之间，在陡崖深涧的峡谷之中，有一座詹天佑的铜像屹立在火车站台之上。

他时刻聆听着火车头发出的阵阵吼声，关注着时代前进的步伐……

《苏东坡传》

苏东坡在黄州

林语堂先生的《苏东坡传》（百花文艺出版社，2000年），原是英文写的，我所看到的是中译本（张振玉译）。林语堂对苏东坡很钦佩，认为这位宋代大文豪、大诗人"是人间不可无一难能有二的。""苏东坡是个秉性难改的乐天派，是悲天悯人的道德家，是黎民百姓的好朋友，是散文作家，是新派的画家，是伟大的书法家，是酿酒的实验者，是工程师，是假道学的反对派，是瑜伽术的修炼者，是佛教徒，是士大夫，是饮酒成癖者，是心肠慈悲的法官，是政治上的坚持己见者，是月下的漫步者，是诗人，是生性诙谐爱开玩笑的人。"他用这么多的排比句形容苏东坡，也很精确地概括了东坡先生非凡的一生，古往今来，能够有此成就的诗人，恐怕是"不可无一难能有二的"，在群星灿烂的历史星空，苏东坡无疑是一颗光彩夺目的恒星！

我最欣赏、钦佩的，是逆境中的苏东坡。

"心似已灰之木，身如不系之舟。问汝平生功业？黄州惠州儋州。"这是诗人为他的画像的题诗，也是晚年回顾一生的小结。值得注意的是，在个人生命旅程即将走向幻灭之际，他没有炫耀当年青云直上的辉煌，也没有谈及位居一方的功业，却偏偏把自己一生最潦倒的流放岁月视作"平生功业"的难忘经历。诗人的获罪，简而言之，是政坛小文莫须有的政治迫害。在他64年的一生中，居然三次被流放，一次比一次偏远。即谪居湖北黄州4年（1080年2月至1084年4月）；谪居广东惠州3年（1094年3月至10月往惠州贬所，1094年10月至1097年4月谪居惠州）；最后是谪居海南儋州3年（1097年4月至7月往海南，1097年7月至1100年6月谪居海南儋州）。

这首诗，无疑饱含了诗人内心深处的忧愤和不平，但是从另一方面来看，似乎存在另一种解释：对于参透了人生真谛，对世事了然于心的东坡先生，这十年的逆境，对他一生是最为宝贵的磨砺。他由此在社会底层的烈焰中，灵魂得以净化，思想得到飞跃，从而使他的文学艺术达到时代的巅峰，他的灵魂也升华到洞悉宇宙的境界，从某种意义上说，十年逆境造就了苏东坡。

"自我来黄州，已过三寒食。年年欲惜春，春去不容惜。今年又苦雨，两月秋萧瑟。卧闻海棠花，泥污燕支雪。暗中偷负去，夜半真有力，何殊病少年，病起头已白。春江欲入户，雨势来不已。小屋如渔舟，蒙蒙水云里。空庖煮寒菜，破灶烧湿苇。那知是寒食，但见乌衔纸。君门深九重，坟墓在万里。也拟哭途穷，死灰吹不起。"这首《黄州寒食》，写尽了他贬官黄州（今湖北省黄冈市）的窘境。

从三州太守一落千丈，成了戴罪之臣（名义上还有个无职无权、"不签书公事"的"团练副使"的虚衔），一家老小也蒙受屈辱，随同放逐到长江北岸这个"乱山环合水侵门"的荒僻小镇。

黄州太守非常钦佩苏东坡，破例将城东一处约五十亩的荒地拨给他耕种，于是大诗人率领家人拿起农具，开辟草莱，清除瓦砾，挖掘水渠，真正过起了田园生活。那些远近慕名前来的朋友也加入了耕作的队伍。这里是山麓东坡，诗人盖了几间草屋，一曰居士亭，一曰雪堂，四壁皆是雪中寒林与寒江垂钓的雪景，为诗人的画作。另一山丘之上建远景亭，以一览四野景色。"去年东坡拾瓦砾，自种黄桑三百丈。今年刈草盖雪堂，日炙风吹面如墨。"诗中记述了农耕的艰辛，也描写了诗人身心的变化。从此先生物我两忘，诗酒自娱，别号东坡居士，苏东坡的大名响彻四海，贯通古今。这也是黄州历史上最为骄傲的一页。黄州是值得庆幸的。

在黄州，东坡先生向乡民老农请教种庄稼的学问，和他们一起饮村醪水酒，了解民生疾苦；他还自己酿酒，独出心裁烹饪菜肴，招待慕名而来的朋友，过着清风明月、闲云野鹤的生活。不过，如果仅仅如此，那就不是苏东坡了。

尽管日子过得紧巴巴的，民间甚至流传一家食无盐的故事，诗人却在辛勤的劳作中，从佛学、黄老哲学的思想宝库中汲取智慧，回顾昔日官场倾轧、文坛风云以及人间善恶的较量。他的精神为之振奋，心胸顿时开朗。历史与现实的交织，在他的心中激起万丈狂澜，他不再沉浸于个人的遭际，而是站在思维的云端，俯仰波谲云诡的历史风云，纵观无边无涯的浩渺宇宙，"蜗角虚名，蝇头微利，算来著甚干忙。事皆前定，谁弱又谁强。且趁闲身未老，尽放我，些子疏狂。百年里，浑教是醉，三万六千场。"（《满庭芳·蜗角虚名》，元丰七年作）于是，数千年往事涌上心头，他的思绪超越了时空阻隔，他的笔端画出了华丽豪迈的诗章，至此，升华的思想孕育了伟大的、千古一绝的艺术精华，这即是诞生在黄州的众多作品。

东坡先生1082年（宋神宗元丰五年七月）作《前赤壁赋》（来黄州第三年夏），同年十月作《后赤壁赋》。又有《念奴娇·赤壁怀古》："大江东去，浪淘尽，千古风流人物……"以及许多记述在黄州生活、感悟、触景生情的动人诗章，为中华文化宝库献上了千古流传的艺术珍藏。

就连我的故乡庐山，也因为一首《题西林壁》（作于元丰七年。"横看成岭侧成峰，远近高低各不同。不识庐山真面目，只缘身在此山中。"）而遐迩闻名，大为增色，真是不胜荣幸之至。

落魄无须颓丧，厄运促人奋起！乐观豪放、热爱生活的东坡先生永远是我们的楷模。

《戴东原的哲学》

胡适对戴震的评价

我的童年大半时间是在"隆阜"这个乡村度过的。

那里是皖南一处开阔的山间平原，水田纵横，点缀着低缓的丘岗。到处是徽派风格的民居：青砖黑瓦粉墙的老屋，檐角高挑的风火墙；青石雕花门额和厚重的大门；高墙夹峙的窄巷，铺着麻石条的小路，留下岁月的脚印，是典型的徽州村落的特色。

我家借住一幢很大但已颓败的老屋，村民俗称戴家老屋，相传是清代大儒戴震的宅第。有前后院，高高的照壁上镶着斗大的福字，当初想必是很有气派的。门外不远，有一方池塘和青青的草地，点缀着枝丫纵横的乌桕树。那乌桕树一到秋天便染成好看的红色，深浅不一，正是胜似二月花的霜叶。

说起戴家老屋，不能不费点笔墨谈谈戴震。

戴震（1724—1777），字东原，安徽休宁隆阜（今黄山市屯溪区）人，清代著名语言文字学家、哲学家、思想家，梁启超称之为"前清学者第一人"。乾隆三十八年被召为《四库全书》纂修官。戴震治学广博，音韵、文字、历算、地理无不精通，对晚清以来的学术思潮产生了深远影响。戴震在校勘《水经注》时，分别经、注，订正经、注之互伪。他用赵一清校本《水经注释》《永乐大典》本和其他善本校勘《水经注》武英殿聚珍本（殿本），补其缺漏2128个字，删其妄增1448个字，改正臆改者3715个字。《水经注》是我国一部重要的地理经典，成书后历代传抄，造成经注混淆，错漏连篇，以致不忍卒读。戴震的校本成就非凡，具有重大学术价值，获得乾隆帝的嘉赏，也是我国《水经注》研究史上一件大事。

这位清代大儒一生著述甚丰。胡适在《戴东原的哲学》（安徽教育出版社，2006年）一书中对戴震评价很高，认为戴震建立起"清朝学术全盛时代的哲学"，"可说是宋明理学的根本革命，也可以说是新理学的建设——哲学的中兴。""在治学的方法方面，他更是顾炎武、阎若璩的嫡派传人。"胡适特别赞赏戴震的，是他的哲学思想始终贯穿着对周敦颐、朱熹为代表的宋儒理学的批判，对他们宣扬的"存天理""去人欲"的封建礼教的残忍本质及极端虚伪性，做了尖锐、深刻的揭露和抨击。这是自宋代以来对旧礼教第一次有力的反抗和清算。胡适指出："这种排斥人欲的哲学在七八百年中逐渐造成了一个不近人情、冷酷残忍的礼教。""八百年来，一个理学遂逐渐成了父母压儿子、公婆压媳妇、男子压女

戴震

子、君主压百姓的唯一的武器；逐渐造成了一个不人道、不近人情、没有生气的中国。"

　　戴震是反抗这种排斥人欲的礼教的第一个人。他大声疾呼："酷吏以法杀人，后儒以理杀人，浸浸乎舍法而论理，死矣！更无可救矣！"戴震最大的理论贡献在于打破了"天理"的神圣性、神秘性，指出所谓"天理"就是天然的、自然而然的道理。宋儒将"理"与"欲"截然对立，戴震则认为，"理"与"欲"是统一的，欲望的适当满足就是"理"。"理者，存乎欲者也。"他认为，"人生而有欲、有情、有知，三者，血气心知之自然也。惟有欲有情而又有知，然后欲得遂也，情得达也。"欲、情、知是天赋的人性，人欲并不可怕，也不是邪恶的，追求人欲的满足是正当的人性要求。

　　胡适根据戴震对理欲之辨的三大害处，进而指出："譬如爱生而怕死，乃是人的真情；然而理学先生偏说'饿死事极小，失节事极大。'他们又造出

人物春秋

贞节牌坊一类的东西来鼓动妇女的虚荣心。于是节妇坊、贞女坊底下就埋葬了无数的'饥寒愁怨，饮食男女，常情隐曲'的叹声。甚至于寡妇不能忍受饥寒寂寞之苦的，或不能忍公婆虐待之苦的，也只好牺牲生命，博一个身后的烈妇的虚荣……"以宋儒理学为理论支柱的封建礼教，就是这样禁锢国人思想，扼杀人性，世世代代将国人变得麻木、愚昧、心理扭曲、失去活力。戴震在18世纪敢于挑战泯灭人性的封建礼教，大声疾呼尊重人性、主张社会应该允许人对自由、对生存权、对个人幸福的追求，这无疑是一次伟大的思想解放。我不知道这位乡贤先哲超越时代的呐喊究竟产生了多大作用，但是正如胡适所言："戴氏的主张颇近于边沁（Bentham）、密尔（J.S.Mill）一派的功利主义（Utilitarianism）。功利主义的目的是要谋'最大多数的最大幸福'。"

倘若联想到鲁迅的小说《狂人日记》《祝福》和他大声疾呼"救救孩子"，以及20世纪中国仍然盛行"狠斗私字一闪念""五不怕"这类愚民（也愚官）观念，不难看出戴震的启蒙思想的可贵。他称得上是中国思想解放的先驱。

隆阜这个小山村出了一个戴震，是值得自豪的。

《马可·波罗游记》

来自马可·波罗故乡的消息

近日，我"神游"了一趟水城威尼斯。

说是"神游"而非旅游，读者诸君定能理会老汉又在神侃，不过这次"神游"绝非纸上谈兵，而是两位朋友在威尼斯给我发来许多照片，使我有旧地重游之感。一位是老友吴岩教授，他不久前调到南方科技大学，前些日子告诉我将有一次跨国学术活动，主题还是他的专业——科幻研究。真快，话音刚落，人已飞往威尼斯，于是我随着他的视线，徜徉在大运河、贡多拉（威尼斯的一种游船）、码头、狭窄的街道和拱桥。另一位新朋友是湖北长江少儿出版社的宋珠珠，她是我的一本探险家传记故事《阿蒙森》的责任编辑。她年轻而热情，9月末告诉我，她将去巴黎旅游，过了几天，微信中陆续传来罗马、梵蒂冈、比萨、威尼斯的精美照片，她的行踪甚广，很是令人羡慕。在威尼斯，她除了发照片，还发了几个视频，一是随游船畅游大运河，可见岸边鳞次栉比的楼群，很是壮观。另一是乘"贡多拉"在楼房的夹缝间漫游的实况，听得见划破水波的桨声和船夫的低唱……

老汉足未出户，几千里之外"神游"世界，真要感谢高科技的通信手段，得益手机的普及！这在几年前简直不可思议！

我去威尼斯，距今快30年了！

那次，是应罗马《团结报》之邀赴意大利。在威尼斯安排了两个采访：一是穆拉诺岛的玻璃加工场，这是威尼斯的传统工艺，是古代威尼斯的"国粹"；另一个是一家大型化工厂的环境保护，很前卫的现代题材。我在威尼斯忙完两个采访，自由活动的时间不多了。除了在圣马可广场看看黯淡的晚霞中满天的鸽子，乘"贡多拉"在夜色中漫游外，威尼斯留给我的时间不够睡觉了。

威尼斯可圈可点的地方很多，但旅途匆匆，也只能蜻蜓点水，遗漏的地方实在太多，这也是人生的无奈。不过，我没有时间去寻访马可·波罗的旧居，乃是记忆中最为遗憾的事。因为在此之前，我写过马可·波罗的小传。

这位大旅行家1254年生于威尼斯一个从事外贸的商人之家。1271年，17岁的马可·波罗随父亲和叔父，经"丝绸之路"前往蒙古人统治下的中国。他们历经艰险，用了三年半的时间，来到元帝国的上都（今内蒙古多伦附近），晋见了元世祖忽必烈，受到蒙古统治者的厚爱。此后，马可·波罗在元朝生活了17年，足迹遍及中国各地。1292年受忽必烈之命，护送一位远嫁波斯的公主，马可·波罗终于盼来回乡的机会。由于战争，陆路受阻，马可·波罗一行这次走的是海上丝绸之路，由福建泉州启程，经苏门答腊、锡兰、抵波斯湾的霍尔木兹。完成了护送公主的使命，马可·波罗回到威尼斯已是1295年，离开故乡整整24年！三年后，威尼斯与热那亚两个城邦之间发生激烈海战，威尼斯惨败，马可·波罗也成了热那亚人的俘虏。在狱中，在一位难友的帮助下，马可·波罗完成了足以改变世界的名著《马可·波罗游记》，向西方人传递了神秘的东方世界的种种见闻，激发了欧洲人对东方的向往。一个世纪后，当欧洲进入地理大发现的时代，许多勇敢的航海家、探险家正是从《马可·波罗游记》中受到启示，在马可·波罗精神鼓舞下，去开拓他们改变世界的探险事业。

《马可·波罗游记》初印本中的马可·波罗像

我在马可·波罗的故乡，失之交臂，没能去他的故居，真是终生莫大的遗憾。

收到吴岩发自威尼斯的微信，起初我并未在意，过了几天，忽然，灵光一闪，立即给吴岩发一微信："找找马可·波罗在威尼斯的故居、纪念馆等遗迹，弄几张资料、明信片，拍照发来！"我还不放心，又补发一信："旧居在利亚尔多的商业闹市区，附近有一座同名的桥，在圣赫奥瓦尼·克利索多麦教堂旁边。多拍些照片，搜集资料！谢谢了！"

但是晚了一步，很快收到吴岩的回复："啊，抱歉金老师，已经离开威尼

马可·波罗故居陈旧的外观

斯去那不勒斯……"

我很懊丧，看来我的遗憾无法补救了。

但是，也许我的诚心实意感动了马可·波罗。第二天凌晨，接到吴岩发来的喜讯，短短几个字，给我无限的欢喜："正好一个博洛尼亚的留学生来看我，让他找到了"，并附有两张清晰的马可·波罗故居的外观照片，房子看起来很旧。

我猜想，吴岩到了那不勒斯，大概心里仍然记挂着我的嘱托，逢人就打听，结果还真的让他找到了。我真的很感谢他，也同样感谢未曾谋面的那位来自博洛尼亚的留学生。是他们圆了我的梦。

《百万之家——马可·波罗
的生平和游历》

再说马可·波罗的故居

马可·波罗的故居在他的故乡威尼斯，这当然是肯定的。然而这位大旅行家卒于1324年，相当于中国元朝泰定元年，距今差不多七个世纪了。即便当年马可·波罗是位有地位的富商，他的府邸建筑牢固，谁能保证能否抵挡700年的风雨侵蚀。何况700年的漫长岁月，发生了多少天灾人祸呢！

西班牙历史学家阿道弗·莫雷诺著《马可·波罗旅行记》（中译本更名《百万之家——马可·波罗的生平和游历》，屈瑞译，顾文波校，陕西人民出版社，1984年12月）中明确指出：马可·波罗1298年从热那亚获释回到故乡后，被任命为威尼斯共和国参议会的议员，他结婚成家，生了三个女儿，并重操旧业，继续经商。书中还言之凿凿地告诉读者："马可·波罗的故居坐落在利亚尔多的商业闹市区，离那座同名的桥梁不远，在圣赫奥瓦尼·克利索多麦教堂旁边。"并说：1324年，马可·波罗在"他诞生的这座房子里逝世"。看来这是他们家的老宅，很有年头了。

1998年9月26日至10月25日，在北京举办了一个"马可·波罗展览"，由瑞士信贷银行与首都博物馆合作主办。展出的许多与马可·波罗有关的彩画，《马可·波罗游记》的各种版本以及那个时代的稀有历史文物和生活器具，使人们对于这位西方中世纪的大旅行家有了更加直观的全面了解。

我很感兴趣的是展出的一幅十分精细的美术作品，画面是连在一起高低参差的楼房，均为5层，正面的楼房第三层阳台，饰有棱形的冠以十字架的窗户，似乎是主人的起居室。中间耸立的方形建筑很似碉楼，顶上四面为开敞的窗子，可以远眺。楼房拐角处形成一个院落，可以看见右侧植有几棵大树，还有四个或站或坐的男人和女人。这幅画的下方有一行说明词是值得注意的：

Pauthier 收录的马可·波罗在威尼斯的住宅。事实上 Pauthier弄错了，因为那时这位伟大旅行家的故宅早已不存在了。（见所著《马可·波罗的生活》一书的封面，作品为钢雕）

"马可·波罗展览"展出的钢雕画

我们不知道这段话的出处，也不知道这幅钢雕画的详情，但是有一个信息不容忽视，那就是"这位伟大旅行家的故宅早已不存在了"。可是Pauthier 在他所著《马可·波罗的生活》一书中，将这幅钢雕画作为封面，并标明画的内容是马可·波罗在威尼斯的住宅。

这个说法是否可信，究竟谁对谁错？这是一个只有实地考察才能探明的学术问题。老汉不能飞到威尼斯，只能用老办法通过手机微信向远在意大利博洛尼亚大学留学的李逸凡求教了。

李逸凡在那里学习西方古典文学，会意大利文，还在学拉丁语和古希腊语。上次，我是通过吴岩和他联系的，是他在威尼斯找到马可·波罗故居的踪迹，并且传来他拍摄的照片。这一次，我希望他能提供更加详细的资料，以获得有关故居的近况。

热情的李逸凡很快给我回复，并且传来多幅照片，综合他陆续发来的信息，大体可以归纳如下：

现在威尼斯这个"马可·波罗的故居"就是一个位置，意思是当年这里是马可·波罗故居所在地，但是老房子在1597年因火灾被毁。后来过了很久，几经变迁，在原址上新建了一座歌剧院，歌剧院以Maria Malibran命名，她是一位

故居连接入口到剧院的庭院

故居窗户的造型

故居入口墙上的铭文　　　　　　　　　　故居的正面和门前的水道

生活在19世纪初的女高音歌唱家。马可·波罗故居现在所能看到的残存的遗迹在Corte Secondary Milion。这是一个连接入口到剧院的庭院。庭院的格局如果对照Pauthier的钢雕画，是颇为相似的，特别是楼上窗户的造型。我以为，这幅钢雕画并非凭空想象，而是实地观察后创作的。但画家忽略了老屋早已毁掉，这不过是旧址上盖起的房子。

　　另外，入口处墙上，由威尼斯政府于1871年颁布的铭文，标明了这里确为马可·波罗故居遗址，这是最权威的证据。铭文写道："这里原来是马可·波罗的家，马可·波罗旅行到亚洲最远国度并描述了它。威尼斯政府1871年"。

　　很感谢李逸凡发来的照片，我们可以看到它的正面和门前的水道了。

文化守望

北极地区：消失中的传统文化

在这般闷热的三伏天，窗外小树林里蝉声聒噪，千年不变的嗓音刺激着人的神经。这时，看什么书似乎都令人昏昏欲睡，于是我拿起一本充满寒意的《北极的诱惑》（江月著，长江文艺出版社，2007年）来消夏，也算是望梅止渴之举吧。

有趣的是，该书作者也是因为纽约夏天很热，于是萌生了一个大胆的念头：到遥远的北极，去圆一个儿时的梦。"作者简介"说她是一位在纽约皇后区公共图书馆工作的资深馆员，生于中国，喜欢周游列国。2003年她第一次去了芬兰、挪威的北极地区，2004年又去了加拿大巴芬岛一个偏远的因纽特人村庄。

《北极的诱惑》主要记录了作者第二次北极之行的见闻，其中关于加拿大北极地区的土著居民因纽特人的生存状况，是这本游记中最有价值的内容。"我不要住旅馆，我要与一个因纽特家庭'零距离'，与他们同吃同住"，近距离接触，亲身实感，使作者获得了宝贵的第一手资料，在同类北极的读物中是颇有特色的。

这个位于巴芬岛北纬72度41分的庞德口村，距北极点仅644千米，据说是世界最北的村庄之一，有1500人，95%是因纽特人。不过当作者在这个因纽特人村庄生活了一段时间之后，她不无遗憾地承认，昔日早期探险家所拍摄的老照片，因纽特人的传统生活方式和文化，早已消失得差不多了。这里的"因纽特人早已定居，根据季节逐猎物而居的传统生活方式已经是往事了。年轻一代的因纽特人有的压根儿没见过雪屋是什么样儿呢。"作者如是说。

在她的笔下，我们可以得知，这个偏远的北极村有一个小飞机场，"加拿大北极地区因纽特人的社区都有一个小飞机场，主要社区每天都有小客机往来"；有发电站和两家"北极超市"，有拥有3名护士的现代式医疗所，重症病人由医用直升机送往巴芬岛南部的医院。公共图书馆里有几台电脑（能上网），有几千册书。

作者居住的因纽特人家里，完全是现代化的，有客厅和5间卧室，客厅有沙发和电视、电话，有一台电脑，厨房和客厅之间有大冰箱，厨房有壁柜、电炉灶和不锈钢洗碗池，"村里的砂石路除了连接全村的住房之外，还通往村外的垃圾站、墓地和水库"。

当然，为了旅游业的需要，村里保留了早已废弃的草皮屋，有一个小博物馆展出代表因纽特人的传统文化的服装和文物，如骨针、骨刀、箭头、儿童玩具。当游客到来时，在游客中心会有穿传统服装的村民来表演一番。此外，"眼看这种古老的技术就要失传，为了保持传统，当地政府申请到一笔专项资金，聘请了几位老妇教青年妇女制作皮衣皮靴……希望能把因纽特人的文化传统保留下去。"因为年轻人冬天穿的是羽绒服，不穿海豹皮衣和皮靴了。

因此，我们在这本书中看到的当地因纽特人的传统文化，北极渔猎民族古老的衣食住行，基本上都是作者听来的、从文献中转述的，顶多是博物馆的展品，正如作者所言："传统的社会结构已然解体，传统的生活方式的彻底消失，恐怕也只是时间问题。"

于是在离开巴芬岛的因纽特人村庄时，作者不无困惑地说："因纽特人的传统还能保持多久呢？"

由这个北极小村的演变，不难看出现代化大潮对于传统文化的冲击似乎是不可抵挡的。遥远的寒冷的北极地区尚且如此，发生在我们身边，由于城镇化加速导致城市乡村面貌的改变，更是速度惊人。传统的农耕文化的迅速消失，传统工艺后继乏人，再加上利益驱动的助力，传统文化的根基随之动摇了。在我国城乡包括偏远的边疆山区，能够固守传统文化的地方已经很有限了，除了特意保留的文化遗存和博物馆的展品，人们只能在怀旧文学中寻找童年的慰藉了。

作者在离开因纽特人的村庄时，她的导游半开玩笑地说："你现在来得还不算太晚，等到这里有了麦当劳、星巴克、肯德基时再来，可能也就没有意思了。"读到这里，不禁令人震撼，也不由得想起或近或远发生的无可奈何的种种变化。看来这是一个必然的难以逆转的过程。

唯一可以告慰的是，北极的苔原、寒冷的极夜、神奇的北极光，暴风雪中的北极熊，封冻的大海和座座冰山……这些自然景色是亘古不变的，至少在短期内不会消失吧。

《鱼头的思想》　　《坐在黄河岸边的小镇上品饮》　《美食最乡思》

美食与文化

自从纪录片《舌尖上的中国》播映以来，一直难登大雅之堂的美食文化，不仅使国人的味蕾为之亢奋，也唤醒了人们对传统食物包含的文化要素的记忆。这些来自童年的、家乡的、族群的，既是个人又是集体的与食物相关的中华美食的一系列元素，刺激着人们久已麻痹的神经，使许多人从舌尖上体验到食物与生存模式相互依存的关联，从而也使中华文化获得了更深刻、更加大众化的阐释。

我也是这部纪录片的热心观众，当我看到安徽皖南休宁县的农家制作长着长毛的霉豆腐，以及村民津津有味地享用油炸霉豆腐佐以辣椒酱的镜头，我的心头唤起的不仅仅是这久违的美食，更多的却是对故乡遥远的回忆……

其实，美食与文化有着悠远的渊源，这当然是由于"民以食为天"的观念深深植根于我们民族的文化基因之中。另一个不可忽视的因素是中华民族对于美食的追求极具创造性和想象力，我们的祖先对于饮食的烹饪技术和食材的运用，从来都是很包容的，善于吸纳各家之长，因而极大地丰富了中华美食文化。

此外，我以为，中华美食文化的发扬光大，还要归功于古往今来的美食家，他们中的不少人不仅精通烹饪，而且善于将美食的制作、食材的选取、人生的感悟、美食的鉴赏以及世道人心的冷暖融于菜肴羹汤之中，留下脍炙人口的美文，这对于弘扬美食文化也是一大贡献。

近日翻阅古清生的美食散文集《鱼头的思想》《美食最乡思》和《坐在黄河岸边的小镇上品饮》（均系岳麓书社2005年5月出版），颇有大快朵颐之感。作者是有名的美食家，著述甚丰，关于美食的散文集还有《大嘴吃八方》等多种，看了他的作品，方知他是一位以文字领略美食，从美食纵论文化的作家。

古清生的美食文字与他的人生经历密切相关，他多年过着地质队员飘忽不定的野外生活，后来又是漂泊在大都市居无定所的文化人，因此他的美食文字并不是津津乐道钟鸣鼎食人家的奢华，也不是一掷千金的豪门盛宴的菜单，我所看重的也恰是作者专注于村醪水酒、粗茶淡饭的散文。他从故乡的一菜一蔬，从乡野的柴灶铁锅烹烧的山珍野味，从村姑老妪的煎炖爆炒的芳香中，从平凡淡泊的生活中发掘出中华美食的自然、纯真与鲜美，由此引发对故土的眷恋，童年的美好回忆以及亲情的无限追思。他的《龙坪山药炖板鸭》，记大别山南麓湖北武穴龙坪出产的山药；《味蕾上的故乡》记温州人钟情的"鱼生"，一种用小带鱼和萝卜丝盐腌加红曲的食物；《会唱歌的黄咕丁》写浑身长刺、会发出"咕咕咕"叫声的鱼儿，被捕捉时的愤怒和味道之鲜美；《忆念中的地米菜》写江南早春时节野地生长的一种野菜（学名荠菜），以及写食物匮乏年月地质队员伙食的《蒸笼上的岁月》，写追忆童年美食的《菱角》……这些散发浓郁生活气息的文字，以幽远的清香和淡淡的乡愁，唤起读者的共鸣，诚如作者在《忆念中的地米菜》中写道："我的江南，是水边的江南，是地米菜微微濡染的江南。清苦的地米菜，淡淡的清苦味儿，飘曳在岁月的那一头，如忽然的一撇拐走的弯弯小河，隐约地留存于记忆的更深处，让人在不经意的时候想起，并且会有淡淡的芬芳。"

这恰是古清生的美食散文的特色。

美食家会吃，讲究吃，固然是人所共知。但真正的美食家对食物还要有知识，能说出个子丑寅卯，这就要靠平时的积累和广博的见闻了。此外，本人也要精于烹饪，会做几个拿手菜，像著名的美食家王世襄、老作家汪曾祺、叶水夫那样。读古清生的美食散文，印象最深的是作家对美食、对烹饪的痴迷，在吃的艺术上，不断地琢磨烹饪艺术上，确实是达到了炉火纯青的地步。限于篇幅，这里就不多说了。

当然，现如今，不论是美食家的美食散文，还是弘扬美食文化的纪录片《舌尖上的中国》，都遇到一个无法绕过去的难题，这就是中华美食与食品安全的矛盾。当瘦肉精、三聚氰胺、化肥、农药、抗生素等人工元素将美食的原材料毒化之后，再谈美食，再谈美食文化，不禁令人齿冷了。

《中国城墙》

《中国城墙》与中国筑城史

抗战胜利后的第二年，1946年初冬，我才6岁，母亲拉扯着我们三兄弟，由老家徽州前往九江，与先行到那里谋生的父亲团聚。当年交通不便，先是坐卡车到芜湖，然后乘一艘由小火轮拖曳的木船，逆长江而上，走了整整三天三夜，终于在黎明前停泊在寂静的扬子江边。

记得跟着母亲走上晃悠悠的跳板，向江边的一条寂静的小街走去时，我睡眼蒙眬地向前眺望，突然在晨光熹微的背景中出现一座黑森森的城楼，像是旧戏舞台上凶神恶煞的黑脸判官，只是更加高大、更加威严，朝我一步步逼近。我被这城楼吓出一身冷汗，不由地惊叫起来，躲进母亲的膝下……

打开这本像城砖一般厚重的《中国城墙》（赵所生、顾砚耕主编，江苏教育出版社，2000年），我的脑子里顿时闪现出这一幕模糊的画面。如今，长江边上的九江城再也找不到古老城墙的残迹，一切都被岁月之河冲刷殆尽。只有几个地名依然顽强地厮守着昔日的地盘——它们分别是"南门口""西门口"和"东门口"——可叹的是，这座小城的后代子孙，每天像是叫魂一样，呼唤着早已死去的亡灵……

《中国城墙》是新千年的出版物，它收罗的这些散布在中国大地大体保存完好的城墙及城楼，都是历经劫后硕果仅存的珍贵遗物。该书用比较简捷的文字和大量彩色照片，分别介绍了长城、北京城墙（包括紫禁城和宛平县城）、兴城城墙、西安城墙、平遥城墙、蓬莱城墙、开封城墙、商丘城墙、明中都皇城城墙（安徽凤阳）、寿县城墙、南京城墙、苏州城墙、襄阳城墙、江陵城墙、镇海北城墙、赣州城墙、崇武城墙、大理城墙以及台湾城墙，不仅为中国古城留下了一份翔实的记录，也为中国筑城史和古代城市研究积累了重要资料。

《中国城墙》阐述了这样几个观点：

一、一切城市的城墙，从帝王之都到边远小城，都是城市发展到一定历史阶段的标志。在人类文明史上，一旦人类以土石筑起高墙。围以深沟，与周围的原野隔绝开来，仅以城门与外界沟通，这就意味着财富逐渐富聚于城市，商品经济发达的时代随之到来。因此，在通常意义上，从高耸的城墙与城楼俯瞰着广大的相对落后的乡村，城乡的对立和紧密的商品交换又往往是城市永恒的主题。

二、与世界其他地方的城堡一样，中国坚固的城墙，以城墙拱卫的城池，在漫长的冷兵器时代，都是"保境安民"的防御之盾，是对抗外敌入侵的一道军事屏障。尤其是中国历史上国与国之间的城墙和举世闻名的万里长城，抵御敌国与少数民族入侵的防御功能，是显而易见的。因此，许多屹立在大漠、荒野、边关、塞外的敌楼、残墙、烽燧、烟墩（烽火台），都是古战场的舞台，见证了金戈铁马、血雨腥风的岁月。

三、此外，城墙以其独特的美学价值和空间造型，物化了一个民族对历史的集体记忆，以及对过去岁月的追念，具有精神寄托的崇高功能。如同耶路撒冷的哭墙对于犹太民族一样，历经沧桑的城墙、角楼、瓮城、壕沟、城门、匾额乃至一砖一石，令人浮想联翩，怦然心动。历史的苍凉与无比的厚重感，使城墙在人们心中唤起的民族自豪感、对先人的追思，似乎很难以用语言来形容。城墙的历史价值与艺术价值，以及在现代城市空间的美学价值，也许直到今天我们并没有真正认识，至少我们有限的认识仅仅是皮毛的、肤浅的。

与本书搜罗的万里长城和大陆17个城市及台湾的古城遗址相比，中国大地上的古城墙过去要多得多。究竟有多少？似乎也没有看到精确统计。著名建筑学家罗哲文在序言中提到："记得在20世纪50年代初期，开始拆除北京、南京、苏州等古城墙的时候，我曾经在我保护古建筑的工作岗位上，尽自己的绵薄之力来加以保护，因而被戴上了'城墙派'的'桂冠'。虽然由于当时不可抗拒的政治、历史因素，未能起到多少作用，全国数以千计的城墙还是相继被拆除了。""尤其使我难以忘怀的是我的老师梁思成先生，在50年代初拆除北京城墙的时候，他力谏无效，伤心地痛哭了三天三夜。此事已过去40多年，我至今仍然念念不忘。"

数以千计的城墙相继被拆除，和"梁思成之哭"，这是研究中国城墙史不可忽略的史实。回顾往事，野蛮拆除数以千计的城墙的"壮举"，用行政手段抹掉一个民族集体的历史记忆，除了说明没有文化的愚昧是何等可悲外，还能说什么呢？

如今，亡羊补牢，就目前仅存的城墙而言，似乎还可以做一点深入研究。例如各地现存的城墙也有很大区别：金碧辉煌的紫禁城，固守海防的蓬莱水城，抵御海潮的镇海北城墙，以特殊的涵洞抵御洪水的寿县城墙等，说明我国历代的建筑师和能工巧匠，在修筑城墙时因地制宜，大胆创新，积累了丰富经验，并且经受了时间的考验。虽然城墙作为军事防御的功能，目前已经丧失，但是有一点是值得探讨的，即城墙的存在对于预防自然灾害仍然是有效的。书中在介绍山西平遥古城时说："1977年8月5日，平遥遭受了百年不遇的暴雨，降雨量达323毫米，形成特大洪水，由于平遥古城的城墙挡住了滔滔洪水，古城内的4万居民和工商企业安然无恙，古城内的所有文物、建筑、环境得到了保护。"这恐怕不是个别案例。

关于城墙史研究，实际上是涉及中国古代城市建筑史、军事史乃至文明史的大课题。倘若学界以新的眼光，采用现代科学手段深入探讨，定然会有大的收获。

《画商詹伯尔日记》

听詹伯尔"八卦"画坛佚闻

日记是一种很特殊的作品，它原本纯属个人"隐私"，不容他人窥视，然而一旦公开出版，由于日记作者的特殊身份或非同寻常的经历，一些日记（如《蒋介石日记》《鲁迅书信集》《竺可桢日记》等）往往因为披露了重要的史料引起读者的极大关注。

这些日子，我一直沉浸在《画商詹伯尔日记》（〔法〕詹伯尔著，李嘉熙、文佩琳译，辽宁美术出版社，2011年）之中。这位法国画商詹伯尔自1918年至1939年的日记（当中插入1910年10天的日记，缺1932年和1934年），展示了第一次世界大战刚结束至第二次世界大战之间法国乃至欧美社会多姿多彩的画面。

作者生于1881年，一生从事艺林商贾。据本书序言，詹伯尔是一位爱国志士，第二次世界大战期间与儿子一道，参与抵抗德国法西斯运动而遭逮捕，在德国集中营受尽折磨而死。他的日记记载的事情，离今天并不遥远。

出身于画商世家的詹伯尔，与当时活跃于画坛的许多大师级画家素有往来，也是许多豪门贵戚的座上客，后者往往是他的客户。加上詹伯尔本人有很高的艺术鉴赏力，在收藏界颇孚众望，经常受著名博物馆之邀前往鉴定，因而他的这本日记内容颇具特色，既是艺林画坛的风采录，也凝集了这位从实践中获得真知的艺术商人的宝贵经验。书中对于当时的艺术流派，各类画作的特征与交易，画家、收藏家、画商各色人等的音容笑貌、轶事趣闻等都有或详或略的记录。不啻为一部当年的社会风俗史，也是不可多得的艺术鉴赏史，更为许多伟大画家留下了宝贵的传记史料。

在日记中，可以看到雷诺阿、莫奈、德加、毕加索、福兰、苏丁、洛郎森、马蒂斯等大画家，以及著名作家普鲁斯特的身影。尽管记录的都是当日接触的印象和交谈的片言只语，然而正是这类真实的瞬间摄取的影像，生动地凸显了大师们的性格。

詹伯尔和印象派大师雷诺阿、莫奈有很深的交情，多次去他们的寓所探访，参观他们的画室，也买他们的作品。他1919年11月28日拜访莫奈时，莫奈说："我喜欢伦敦胜过喜欢英国乡村……伦敦最叫我喜欢的是它的雾。19世纪的英国画家怎么可能去一砖一瓦地描绘房子？他们根本看不清，从没见过砖瓦，所以只能凭印象去画。"还有一次，莫奈说："我是在力求掌握那瞬间的色彩，我要表现那不可捉摸的无形的东西。这说来也是我本身的毛病。光线已经消失，但是色彩还在，这怎么处理，真伤透了脑筋啊。色彩，不论什么色彩，寿命只有秒把钟，有时顶多三四分钟，这怎么办。三四分钟怎么能画得及？色彩一消失，你就得停笔！唉，真要我的命，画画真要我的命！"

莫奈的作品《日出》

雷诺阿的作品《阳台上的两姐妹》

另一位印象派大师雷诺阿也说过类似的话，他说："画家不善于描绘大自然的景色，是永远也出不了头的。""树的色彩很丰富，不能一概以灰色基调。就说那些小树叶子，也把我累得筋疲力尽。只要一阵风吹过，色调就变了样子……"这些出自大师之口的即席谈话，无不精辟地道出了印象派的创作特色，对于理解、欣赏印象派的风格颇有裨益。

塞尚的作品《玩牌者》

詹伯尔1920年10月9日拜访莫奈，这位80岁高龄的大师谈起往事不胜唏嘘，"曾有一段时间，我们的作品几乎无人问津。"莫奈回忆起年轻时的窘境：他当年画了一幅油画，表现他的父亲向海上眺望的情景，以400法郎卖给某人，后来他的遗孀转手以4万法郎卖了。

日记中多次提到，许多画家初出茅庐时作品往往被画商尽量压低价格收购的情形：例如塞尚处境艰难时，一个名为弗拉尔德的画商买下塞尚约250件作品，平均每件50法郎，不久行情大涨，弗拉尔德以每件1万至1.5万法郎抛出，发了一笔横财。

第一次世界大战后，随着经济复苏，美术品渐渐升温，成为上流社会热衷收藏的对象。从日记中看到，詹伯尔的经营范围不再限于法国，而是经常前往英国、美国、意大利。美国新兴的资产阶级，那些经营石油、汽车、房地产的暴发户们，有的出身于屠户，有的是杂货铺商人，都成了出手不凡的大腕儿，纷纷一掷千金，争购名画，导致价格飙升，连詹伯尔这帮老谋深算的画商也始料未及。

日记透露，这个时期抢手的艺术品除了欧洲各个时期各流派的名画，还有珠宝、挂毯、波斯地毯、名贵家具和瓷器，甚至法国一座著名教堂也整个被美国大腕儿买了，搬到美国去也。日记中也提到艺术品造假成风、赝品泛滥的现象，连一些大博物馆也看走了眼，花天价买了赝品。

这番热闹场面，倒有点像中国今天的收藏热和火爆的拍卖市场。

《六盘山社火》

社火熊熊过大年

写这篇小文时，正是春运刚开始的日子，距除夕只有十几天了。此时此刻，数以亿计的国人提箱扛包，步履匆匆，奔走于车站码头机场，以各种交通工具奔驰在回乡的路上。场面之宏大，声势之威烈，令人不由地想起大马哈鱼溯江而上百折不挠的执着，想起海龟击搏潮水奋力攀上海滩的顽强，也想起候鸟们乘风挟云翱翔万里回到故土的情景。这是地球上最壮观的人文风景。

春节的隆重，蕴含着中华民族世世代代对传统文化的执着追求，这里面固然包含着儿女不远千里探望高堂，父母回乡与子女相聚，阖家团聚的天伦之乐。除此之外，对于漂泊异乡的游子，故乡除了亲情的温暖，更值得留恋的还有对传统文化的重温，那沾满泥土味和乡土风情的"社火"，那热闹非凡的乡村娱神娱人的仪式，那古风犹存的民间习俗，使许多背井离乡的人拾回了遥远的童年之梦。

读杨继国著《六盘山社火》（宁夏人民出版社，2008年）加深了我对春节文化的理解。从民俗学的角度来看，"社火"并不是照字面理解，仅仅是燃起的火堆，而是泛指古代迎新年辞旧岁祭祀社稷的各种仪式和娱乐活动（其中也包含夜间燃起柴火，载歌载舞，以驱邪祟），宋代诗人范成大说"民间鼓乐谓之社火"，道出了社火的内涵。《六盘山社火》以大量彩色图片、辅以文字记述，专门介绍宁夏固原、甘肃静宁、陕西陇县（以及赤沙镇三寺村）的一些村落极有特色的社火，是一部很有学术价值的民俗学著作。

横贯于陕甘宁三省交界的六盘山地区，地处中原文化与西域文化的交汇处，书中写道：这里是"伏羲、炎帝、黄帝活动过的地方，周、秦王朝的发祥地"，其社火起源早，内容丰富，规模宏大，凝聚了周秦的傩祭、傩舞、到汉唐以后的百戏、乐舞演出，其中舞狮子、踩高跷、划旱船、高台社火（又称芯子社火，在六七米的杆子上由小孩装扮戏剧人物表演）、马社火（骑着骡马，身穿戏装，化妆成戏剧人物走街串巷）、耍活龙、跑竹马、拉犟驴、扭秧歌等，经几千年流传，不断嬗变、不断演化、不断融入新的内容与形式，但是仍然传承着古老的农耕文明的历史痕迹。人们从古朴的娱神娱人的表演中，依稀可见古代先民对土地的感恩和对天神的敬畏。

在我的记忆里，我的故乡徽州的春节也是颇有特色的。那是1945年的除夕，人们的心情无比振奋，也尽其所能筹划着各种喜庆活动。虽然我的故乡没有社火这个名称，但是欢庆的形式却与六盘山社火大同小异。我家那时住在皖南的古城屯溪，在景色秀丽的新安江畔，家家店铺张灯结彩，明灯高悬，映着青石板的老街如同白昼，舞狮子、踩高跷、划旱船、蚌壳精、耍龙灯，把狭窄的街道挤得水泄不通。入夜，新安江河滩上扎起的焰火，绽发出百鸟朝凤、百花盛开、亭台楼阁、春色满园等图案，这是我第一次看见美丽的焰火，印象特别深。在噼噼啪啪的礼花声中，一支马队从夜色中进入街市，那一匹匹马上驮的竟是寺庙里的菩萨雕像，威风凛凛，令人生畏。顿时鞭炮齐鸣，锣鼓喧天，好一个热闹的人神共娱的除夕之夜。

当然，这些遥远的回忆如今在城市里已不多见了。在传统的农耕文化不断消失的今天，也许只能在偏远的山乡多少还能保存这些社火的孑遗吧。这也印证了"礼失求诸野"（孔子语）的无奈。

不过，说来也很有趣，发源于六盘山与黄土高原的社火，随着先人的足迹，不仅传播到大江南北、长城内外，也漂洋过海，流播至五大洲。如今凡有华人聚居之地，世界各地的唐人街，春节也是社火熊熊，热闹非凡，成为海外游子心向祖国，不忘华夏文明的象征。这是令人欣慰的。

即便远离家国，炎黄子孙也要在春节期间点燃古老的社火，重温先人传统文化，生动地表明了古风民俗特别顽强的生命力，而传统文化恰恰是维系一个民族的精神支柱。

甘肃静宁县社火小演员

《巨流河》　　　　　　　《步痕心影》

北大与未名湖

　　台湾文学界、教育界的著名学者齐邦媛教授的回忆录《巨流河》（生活·读书·新知三联书店，2010年），以独特的视角，回顾从大陆来台湾的一代学人，在家国变故的时代大潮中治学修身、探究人生以及忧国忧民的心路历程。这本以个人经历为主线的人生实录，如同一滴水可以包容世界，真真切切折射出中国历史上影响深远的大变革带来的巨大冲击。然而另一方面，作为与齐邦媛教授同时代的读书人，在这些似曾相识却又陌生的文字中，却不能不掩卷沉思，想起许多人生的"如果"。尽管历史是斩钉截铁否认"如果"的假设的，但是在"天翻地覆"的那一年，却提供了许多想象的空间。

　　覆巢与卵的关系，不仅是具体的人，甚至一所大学也难幸免。《巨流河》写抗日战争胜利后，不少迁到大后方的大学纷纷回到原来的校园，齐邦媛的一位同学，原是燕京大学的（战时迁到成都华西坝），"我在复员到武汉前，与她在北平重逢，也同游欢聚。"作者接下来写道："（她）应是目睹燕京大学末日的人。因是'美帝'的基督教教会大学，解放之初即被断然废校，美丽的校园，著名的未名湖（多不吉祥的名字！）硬生生地变成了北京大学校园：1950年以后写未名湖畔大学生活回忆的是北京大学校友。我相信在20世纪后半叶的中国，没有多少人可以公开怀念燕京大学和她的优雅传统。"

　　看了这些不愠不火有着潜台词的文字，不禁令人浮想联翩：我是1957年考入北京大学的，至今依稀记得那一页录取通知书上，也有关于未名湖畔"湖光塔影，垂柳依依"的描写。后来我也知道，如今的北京大学所在的"美丽的校园"，那"多不吉祥的"未名湖畔的大屋顶校舍和假山石舫，原是燕京大学的产业。

　　北京大学与未名湖毫不相干，看来这是确信无疑的。那个曾是新文化发源地，曾是陈独秀、李大钊、胡适、蔡元培、周作人、钱玄同、鲁迅等活跃于讲坛的老北大，究竟在京城何处，其校园有何特色？说老实话，连我这个在北京大学混了6年的北大人也说不清。我只知道五四大街北边的红楼和民主广场，但是老北大的范围和校园布局，却没有丝毫印象。在我的印象中，张中行老学长的回忆文字是最详尽的，他是1931年暑后入学，一直到1988年，因工作单位也在老北大校园，"少断多续，出入于这个大院落"，所以他是老北大的活地图。在《步痕心影》（中国旅游出版社，2000年）一书中，张老有多篇回忆老北大的文章：《北大释地》《沙滩的住》《沙滩的吃》《府院留痕》等，这几篇文字为我们这帮后生小子了解母校的前生后世，提供了宝贵的权威的信息。

因篇幅所限，我在这篇小文中。借张老的回忆，试图简要地恢复老北大校园的大致情况。

京师大学堂师范馆图书楼

张老的回忆告诉我们：老北大分三个院，均在紫禁城高墙东北方。一处是沙滩西北马神庙（后改名景山东街，又改名沙滩后街）的和硕和嘉公主府，这位公主是乾隆皇帝的第四个女儿。光绪二十四年（1898年）推行新政，设立京师大学堂，昔日四公主府早已衰敝，于是征用改作大学堂。北大以1898年为建校伊始，便是以京师大学堂诞生之日算起。

四公主府是北大第二院，即理学院兼大学办公处，入府门，有横贯东西筒形平房（两排房面对，中有路，上不见天），为物理、化学等实验室。原公主府正殿，改为可容200多人的阶梯形大讲堂。小广场有荷花池、大理石柱、日晷等点缀。广场两旁有数学系（口字形，四面有廊）、生物馆（工字形），均是两层楼。大讲堂后一院落，其中两层上下各10间的小楼，为藏书楼。大讲堂以西靠北是公主食息之地，三进带廊，高大宫殿式建筑，前一进即校长办公室。蔡元培在此办公。

京师大学堂建筑遗存

今五四大街（沙滩之东，原名汉花园）路北、坐北朝南的四层红砖楼，通称红楼。沙滩红楼为老北大第一院即文学院所在地。红楼后有操场，西部一宽大平房是风雨操场。红楼以北偏西为松公府，前部用作图书馆，后部安置研究所国学门。此外，还有新建图书馆与地质馆。

老北大的第三院即法学院，位于沙滩东南的北河沿。当年汉花园东口外有一条小河，南北向，西岸称北河沿，东岸是皇城根。如今已湮没。由汉花园到东华门外这一段，是河沿南段。光绪二十九年办译学馆，在北河沿建了些房子。路西墙角有石碑，上刻"译书馆"，此乃第三院东北角，前行不远是拱形院门，门上有房，开了"北京大学学生储蓄银行"（行长马寅初）。三院除几栋教学楼，还有操场与网球场。教室以南地势高起，立有"三一八"纪念碑，靠南有一座很宽大的体育馆。此外，在老北大三个院内，均有学生宿舍多处。

"我有时步行经过，望望此处彼处，总是想到昔日，某屋内谁住过，曾有欢笑，某屋内谁住过，曾有泪痕。屋内是看不见了，门外的大槐树仍然繁茂，不知为什么，见到它就不由得暗诵《世说新语》中的桓大司马（温）的话：'木犹如此，人何以堪！'"张中行的这番话，也是许多老北大人的共同心声。

《孩提时代——两个传教士
眼中的中国儿童生活》

那令人怀想的童年

作为个人来说，童年回忆是温馨而充满诗意的。不过我在这里不会饶舌地咀嚼个人的童年琐事，使我感兴趣地拣起童年这个话题，是源于一本很有趣的读物：《孩提时代——两个传教士眼中的中国儿童生活》（〔美〕泰勒·何德兰，〔英〕坎贝尔·布朗著，群言出版社，2000年）。

这是两本合在一起的书：美国传教士泰勒·何德兰长期生活在北京，写的是《中国的男孩和女孩》（魏长保、黄一九译）；英国传教士坎贝尔·布朗长期生活在山东青州，写的是《童话中国》（宣方译）。它们的主题是一致的，即外国传教士眼中的中国儿童的生活。

由于成书年代很早，1909年，书中记载的是一百多年前我们祖辈的童年生活。尤其珍贵的是，作者以当时最好的摄影技术摄下了中国儿童的众生相，他们的衣着、游戏、玩具和娱乐，重现了我们祖辈曾经拥有的遥远的童年！

很有趣的是，该书作者并没有把关注的目光放在当年中国儿童的食物和衣着这些物质生活要素的层面，而是把重点转向陪伴中国儿童成长的精神生活的层面，这就为我们保留了非常宝贵的非物质文化遗产。

和世界上所有的民族一样，伴随一个幼小生命成长的精神要素，是母亲（或奶奶、外婆、保姆）的摇篮曲或儿歌。作者在书中写到，"中国儿歌的语言韵律感极强"，"我就搜集到500多首儿歌，首首都带有浓郁的地方特色。这些儿歌在全中国已广为人知，并反映出不管是在东方，还是在西方，孩子们的童心其实都是相通的"。这些儿歌，作为口头文学的一种，随着社会变迁，恐怕多数也开始失传了。

该书以较大篇幅，配以照片，记录了中国儿童的游戏。男孩的游戏名堂很多，是街头巷尾穷孩子的娱乐，捉迷藏、老鹰抓小鸡、转肉轮、冲撞人墙的跑马城、棍球等；女孩的游戏，当年只能在少数学堂里可以见到，如赶集、转磨、浇花、卖花、找金子等。有趣的是，女孩的游戏常伴以幽默诙谐的歌谣，充满了快乐的气氛。除了这种自娱自乐的游戏，书中也提到走乡串户的民间艺人给孩子们的童年带来的快乐：街头杂耍艺人的表演，变魔术的艺人的绝活儿，木偶戏，有狗熊和小狗、小老鼠表演的杂技，以及草台子表演的古装戏剧等。就像鲁迅笔下的"社戏"，这些民间艺术家的表演，给孩子们的幼小心灵带来长久难忘的欢欣与惊喜。

关于中国儿童的玩具，种类也非常多，大概今天在乡村集市上，甚至北京春节举行的庙会上，还可以找到当年的儿童玩具的踪影，如秸秆做的风车，泥塑的小动物，兔儿爷、大阿福、空竹等。值得一提的是，对儿童玩具七巧板，书中做了详细介绍，配以插图，指出七巧板的构图与古典诗词的意境相配合。孩子玩七巧板时也熟记了诗词。关于这方面，我估计已经失传了。

读这本书时，我也不知不觉回想起故乡年节的灯火，舞龙灯、耍狮子、踩高跷、走旱船的热闹。我仿佛看见孩子们沉浸在老鹰抓小鸡的游戏中的狂喜与一声声惊叫，看见了邻居可爱的女孩在巷子里跳房子、踢毽子，小辫子飞舞的身影；也听见了老奶奶轻轻摇着摇篮中的小孙子，嘴里哼着无名曲、自来腔的古老歌谣……

《戏出年画》

《民间灵气》

由《戏出年画》想起的话题

坐落在台北八德路的汉声出版有限公司，是一家外观并无多少特色的楼房，近20年前，我去台湾拜访时，它给我留下的印象很不一般。正如它的名称一样，汉声致力于中华民族传统文化的传承，把发掘、整理、保护传统文化的历史遗产作为自己义不容辞的天职。笑容可掬的吴美云总编辑说："今年春节，我们以中国民间传统的门神、风俗画为本，印刷了一批年货投放市场，没有料到这些老古董非常受欢迎，各大书店竞相订货，大作宣传，供不应求。"

台湾民众对中华传统文化强烈的怀旧心理，我想正是汉声出版有限公司所以敢于投入大量资金开拓这类选题的原因之一。据吴美云说，他们一方面从欧美、日本等国购买版权，推出精美的儿童读物，这类图书销路好，盈利相当可观。另一方面，把从儿童读物获取的利润用以补贴传统文化图书的出版，以丰补歉。从他们的出版物可知，他们的工作带有抢救濒于流失的文化遗产的成分。

他们创办的杂志《汉声》，就是一份颇有个性的学术刊物，活页装订，黑白图片为主，专门收集散布民间的传统文化遗存，诸如古风盎然的民间古宅，独有特色的庙坛建筑，民间婚丧嫁娶的礼仪、民族服饰、用具以及民间工艺技术等。往往被人们视之为"落伍"的文化遗产，一经整理发掘，它所固有的艺术价值和审美价值不禁令人叹为观止。这也就是《汉声》杂志令民俗学者、博物学家、历史学家、民族学与人类学家十分珍惜的原因。

我手边有一部吴美云总编辑馈赠的皇皇巨著，是一部收集了中国历代民间木刻戏剧年画精粹的大型画册，名曰《戏出年画》，大16开本，一函两册，海月纸仿古印刷，线装，为"民间艺术系列"之一部，作者为中国年画收藏家、戏剧史研究者王树村先生。据出版序云，出生于杨柳青的王树村以毕生精力，节衣缩食，数十年间收藏了许多珍贵的清代木雕原版和千百张来自全国各地的年画，"文化大革命"之中更是冒死保护了这批硕果仅存的国宝。序中写道："中国优秀、古老的文化传统面临时代冲击，处在急速消亡的状态中。汉声因此在搜集和整理民间文化的工作岗位上尽了最大的努力，期望能挽救并全面性保存民间文化，造一座'中华文化的基因库'。民间艺术，是民间文化中一个重要的项目。为此，汉声邀请当年为我们引介王树村的曹振峰，替我们编选"民间艺术系列"。《戏出年画》便是民间系列的题材之一。我们将它归属于'文化国宝'中出版。"

将戏剧年画列为文化国宝出版，让濒临消亡的民间艺术瑰宝借现代印刷技术而流传，这项事业确实功德无量。《戏出年画》是一部学术性与观赏性兼备的大型工具书，内容涵盖戏剧年画的渊源、盛衰、与戏曲发展的关系，对我国戏剧年画各主要产地历史的考订，包括苏州、安徽临泉、福建、四川、山西、河南开封、陕西、河北杨柳青、河北武强、河北芦台、山东等。值得一提的是，书中大量彩印的戏剧年画，均配有详细的"说戏"与"说图"，是研究中国戏曲史和民间美术史的宝贵资料。

当然，正如作者指出，经历了近百年的社会动荡，戏剧年画艺术早已濒临灭绝了。

近日读了冯骥才的《民间灵气》（作家出版社，2005年），写的是作为一位致力于民间文化遗产抢救与普查工程的负责人，冯骥才的"思考、感动和叹息"。书中头一篇《南乡三十六村》，写的就是年画之乡杨柳青镇的昨天与今天。好在引文不长，大作家文笔生动，干脆摘抄几段吧。

"一二百年前，在杨柳青骄傲地作为闻名天下的画乡时，这南乡三十六村乃是镇上大大小小画店或版印或手绘的加工基地。各乡农人几乎都能画一手好画，人们说'家家能点染，户户善丹青'就是指这南乡而言。一入腊月，北至东三省，南抵中原各地的画商们，都云集于此。他们将成捆的艳丽五彩、活灵灵的年画，装上马车或运河里的货船，像运送粮米那样一车车拉到边远各省。俄国著名的汉学家阿克列谢耶夫在《1907年中国游记》中曾经详细记载过他在这画乡被震惊得目瞪口呆的种种见闻。"

不过，套用一句"陈词滥调"，这是早已消逝了的风景。

冯骥才无奈地说："站在炒米店大街上，我心中全是迷雾。这里曾是南乡三十六村黄金般的年画集散中心，清末民初尚有画店百余家，如今竟了无痕迹。雪天里更是人影寥寥。"

面对杨柳青画乡的衰败，作家不由得感慨道："历史好像在这里没有作为。是历史的更迭就是如此绝情，还是我们从来没有把民间文化视为一种精神遗产？"

这样严肃的问题，谁能回答呢？

《艺术的故事》

通向西方艺术殿堂的津梁

花了半个多月，把《艺术的故事》（〔英〕贡布里希著，范景中译，杨成凯校，广西美术出版社，2008年）看了一遍。这本600多页、彩图400多幅、如城墙砖一样厚重的书，正如法国卢浮宫馆长皮埃尔·罗森伯格所言：它"概括地叙述了从最早的洞窟绘画到当今的实验艺术的发展历程，以阐明艺术史是各种传统不断迂回、不断改变的历史，每一件作品在这历史中都既回顾过去又导向未来"。对于中国读者，这是一部内容翔实的通向西方艺术殿堂的津梁，是了解西方艺术历史的入门读物。

该书内容很丰富，对艺术史上著名画家、雕刻家、建筑师及其代表作，都有精到的解析，并非泛泛而谈，颇有见地，这里我仅列举其中印象较深的几点：

一、纵观西方艺术发展史，不能不看到，宗教势力的影响是不容忽视的，宗教的干预有时甚至直接决定艺术的生存，更不用说艺术的题材和发展的趋势。当今世界，宗教极端势力对于不同文明的文化遗存的破坏，时有耳闻，令人愤慨，当然应予以坚决的谴责！但也不必过分惊讶。这一套毁灭传统文化的"破四旧"的野蛮行径，实际上古已有之。书中指出："古代的著名雕像几乎全遭毁灭，这恰恰是因为在基督教得势以后，砸碎一切异教神像成了信仰基督教的一种义务。（第84页）"以至"我们博物院里的雕刻品，绝大部分是罗马时代的复制品。"作者无奈地指出："我们要想对古代绘画特点有个概念，只有去看在庞贝和其他地方发现的装饰品和镶嵌画。" 庞贝是公元79年维苏威火山爆发时被火山灰湮埋的古罗马城市，她逃过人世的浩劫，使当时的房屋、雕塑、壁画、室内装饰等艺术得以保存下来。

二、有趣的是，当基督教在欧洲得势后，为了宗教传播需要，宗教艺术得到教廷的充分肯定。公元6世纪末教皇格列高利提出绘画有助于教徒加深对教义的理解，因为教徒多半不识字，宗教绘画则如同给孩子看的连环图画。教皇格列高利有一句名言："文章对识字的人起什么作用，绘画对文盲就起什么作用。"此言一出，那些抵制在教堂建造上帝和使徒的雕像和绘画的声音终于万喙息响，不仅如此，宗教画还进一步获得了超自然的力量，成为"另一世界的神秘反映"，这些"圣像"成为上帝的象征。于是在欧洲艺术史上，宣扬上帝业绩的宗教艺术创造出前所未有的辉煌：遍布城乡的大小教堂，以《圣经》为题材的绘画以及栩栩如生的圣徒雕像不断涌现，成为历久不衰的风景。许多杰出艺术家的作品留传至今，永载史册。

三、16世纪宗教改革运动中脱离罗马天主教会形成的新教（也经常被直接称为基督教，与天主教、东正教并列），其教义是崇尚节俭，反对在教堂里陈列圣像和雕像，认为这是天主教的偶像崇拜。如此一来，在奉行新教的国家，如英国、德国和荷兰等北方国家，许多依靠绘制宗教画为生的艺术家断了生计，"面临着绘画到底是否能够而且应该继续下去的问题"。"新教在英国的胜利和清教徒对圣像和对奢侈的敌视，给予英国艺术传统一个沉重的打击。"于是那些习惯于描写天堂的画家们不得不把目光转向人间，适应文艺复兴后商业的发展，他们为富裕的商人和商业行会组织的新贵们画起了肖像画。此外，他们的画笔指向社会底层的劳动者和自然风光，因此涌现出不少优秀的肖像画、静物画和风俗画。

新教革命对宗教画的抵制从某种程度上倒是拯救了欧洲艺术，它逼得艺术家走向人间，从而开拓了艺术的空间，给沉闷僵化的艺术园地注入了生命力，这完全是出乎意料的收获。

四、在艺术史上，艺术家勇于创新，在技法、风格上的重大突破，一开始并不为人们接受，反而遭到各种无端的指责。这类例子太多了。作者指出："'哥特式'一词最初是文艺复兴时期意大利艺术批评家用来指称他们认为粗野的风格"，"'巴洛克'一词是后来反对17世纪艺术倾向的批评家想对它们加以讽刺而使用的一个名词。巴洛克的实际意思是荒诞或怪异"，因为它们背离了古希腊、古罗马的古典建筑风格。但我们知道，正是因为离经叛道，追逐新颖变化的装饰效果，哥特式、巴洛克式的建筑后来大行于世，前者如巴黎圣母院、伦敦国会大厦，后者如法国凡尔赛宫，这是耐人寻味的。

现代艺术的诸多流派，无不走过曲折的轨迹，印象派大师莫奈、塞尚、梵高、高更等人的一生，从备受冷落到声誉鹊起，此中甘苦令人唏嘘，有的生前无人赏识，死后作品才得到公正的评价。有鉴于此，对于艺术家的探索与创新，应予宽容，让时间去证明一切，不宜过早地武断地下结论。

五、书中对科学技术与艺术的关系，特别提到透视法的应用和人体解剖学的发现，对绘画艺术的巨大促进，这当然是个有趣的尚待深入的话题。不过，关于摄影术的进步与普及对绘画艺术的冲击，作者似乎很感忧虑。"19世纪的摄影术即将接手绘画艺术的这种功能（指肖像画），这对艺术家的打击绝不亚于新教废除宗教画像一样。"在可以随时照相的时代，除少数例外，很少有人会花巨资请画家画一幅肖像画了。"于是艺术家受到越来越大的压力，不得不去探索摄影术无法效仿的领域。如果没有这项发明的冲击，现代艺术就很难变成现在这个样子。"（第524页）摄影术的飞速进步及普及带来的变化，我们是感同身受的。

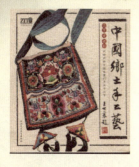

《中国乡土手工艺》

百工巧技的历史画廊

一条长长的老街，从小城的西门（地名就叫西门口）延伸到东门（地名就叫东门口），足有三里多。我就读的小学恰好在老街的中心位置，而我家那时住在离东门不远的地方。于是我每天上学放学，来来往往都要走过大半条老街，那光溜溜的青石板大概还留下我的童年的脚印吧。

说起那条老街，真是太令人迷恋了。因为出东门口便是乡村，这条长街有很多作坊，多半是面向农村，为农民服务的。比如有几家铁匠铺，整日炉火熊熊，抡起铁锤、赤膊上阵的师傅挥汗如雨地敲打着，那场面是最激动人的。我时常痴迷地望着那烧红的铁块变成一把锄头，或一把镰刀，耳畔回响着那有节奏的叮叮当当的声响。街上还有好些竹匠铺，我们那里把竹匠称篾匠，他们把粗大的竹子劈成细长的篾条，然后心灵手巧地编成各种竹制品，大的有竹床、竹桌、竹椅，小的有竹筐、簸箕、竹篮子以及筷子、扫把等。

除此之外，还有用机器织袜子的、用河蚌制纽扣的、手工绘瓷像的、修钟表的、木匠铺、做豆腐的、修鞋的……每天放学后，在回家的路上，我的脚步都不由得放慢了，以致忘记了时间的流逝。我的童年流连于一个个作坊，那也是令人回味的百工巧技的长廊。

当然，这一道长廊如今只存留在我的记忆中，随着故乡的变化不少早已消失了。

所以想起60多年前故乡的老街，我要感谢名为《中国乡土手工艺》的著作（高星著、摄影，陕西师范大学出版社，2004年）。该书有很多珍贵图片，文笔生动，详尽地考察了各地遗存的22种手工工艺，展示了中国民间传统手工艺的精湛技艺，同样也唤起我久远的回忆。

22种手工工艺，包括甘肃民勤的花馍、绍兴的黄酒、浙江东阳的火腿、贵州关岭（布依族）的棉织布、贵州镇宁（布依族）的蜡染、湖南凤凰（土家族）的印染、湖南凤凰（苗族）的刺绣、甘肃民勤的擀毡和皮活、浙江东阳的木器与木雕、浙江嵊州的竹编、浙江永康的铁器、贵州凯里的银器、湖南桃源的石器、云南香格里拉县的陶器、贵州贵阳的抄纸、浙江瑞安的活字印刷、山东潍坊的风筝与木版年画以及装裱、手工洗印等。这其中，大多是我们耳熟能详的。至于擀毡，是将畜毛加工成毡。在西北地区，毡的用途可大了，过去家里铺的、盖的甚至穿的都是毡。抄纸，即是手工造纸，中国古代"四大发明"之一，是很古老的手工工艺。

对于种类繁多的我国传统手工艺，这些只是沧海一粟。即如其中任何一种，各地也差异很大，自有特色。但是从研究的角度出发，选取有一定代表性的实例，深入剖析，还是有它独特的价值。

该书的最大亮点是原创性，作者不是笼统地概述某种手工艺，也不是资料的编纂（这一类大同小异的作品实在太多），作者是走向民间，选定一个地方，选定一位能工巧匠（类似非物质文化遗产的传承人），围绕他或她的身世、学艺经历和产品特色等方面作深入采访。不仅如此，还以较大篇幅，配上插图，介绍这门手工艺的具体操作流程，使读者加深印象。这样做，在某种程度上保存了这门技艺，大大提高了它的学术价值，也充分体现了作者渴望保存传统手工艺，抢救文化遗产的苦心。

随着时代的变迁，技术的进步，人类衣食住行方方面面的传统手工艺，不论是生产生活的，还是精神文化的，这些多半与农耕文化相关的绝活儿，正在或者已经消失，或者被新工艺淘汰，这几乎是不可逆转的趋势。

正是如此，像《中国乡土手工艺》这样的著作可以为我们留下一点温馨的、令人回味的"念想"。它可以激发我们对先人的追思，对故乡的眷念，对父母的回忆，以及对童年美好时光的向往……

《午后之死》

听海明威侃斗牛

有"文坛硬汉"之称的美国作家、诺贝尔文学奖获得者海明威，一生塑造了不少与命运抗争的人物形象，他的《乞力马扎罗的雪》《永别了，武器》《老人与海》等都从不同侧面抒发了人的信念、意志、顽强的力量。像《老人与海》围绕一位老年古巴渔夫，与一条巨大的马林鱼在湾流中搏斗而展开的故事，展示了在人生的关键时刻坚不可摧的精神力量，也形象地体现了作者的人生哲学："你尽可把他消灭掉，可就是打不败他"的思想。

海明威的经历与爱好，充分体现了他不畏艰险、敢于挑战自我的阳刚之气。他喜爱冒险，热衷狩猎、海上垂钓和斗牛，并将这些生活中获取的素材熔铸在他的人物形象和作品中。《纽约时报》在他逝世时发表的评论说："海明威本人及其笔下的人物影响了整整一代甚至几代美国人，人们争相仿效他和他作品中的人物，他就是美国精神的化身。"这个评价是对海明威文学成就最高的褒奖。

海明威

海明威的《午后之死》与他的许多作品不同，它不大像小说，没有着力描写的突出人物，也没有贯串始终的故事情节，说它是一部专门介绍西班牙斗牛的新闻调查，也许更为贴切。由于海明威从事过新闻记者这种职业，他对西班牙斗牛文化的起源、斗牛场面的残忍血腥，特别是斗牛涉及的方方面面的规则，都作了很内行的剖析与评价，足见他对斗牛的喜爱，也很专业。作为一种文化现象，海明威十分关注它的现状与发展，对斗牛表演存在的价值和由此引申的有关生与死的哲学思考，都有独到见解。

　　"现代正式斗牛，用西班牙语叫corrida de toro，一般是每场由三个斗牛士来刺杀六头牛，依照法律规定，公牛必须4岁至6岁，身体没有缺陷，有一对锋利的好牛角。""正式斗牛时一定会杀死公牛的，这不是一种运动，而是一场悲剧。在规定的15分钟的准备刺杀和进行刺杀的时间用光时，如果斗牛士仍然杀不死公牛，公牛就会活着被引导者带领出去，这会使斗牛者蒙受羞辱。根据法律，必须在外面的牛栏中把这头活着出来的牛杀死。"

　　为何有这样不合情理的法律，海明威这样解释：如果这种获胜的公牛不被杀死，"而是允许它再次出场，允许它也像斗牛士一样增加经验，那所有的斗牛士都会被这些公牛干掉吧。"这也道出了西班牙斗牛行业一个极大的秘密，斗牛是建立在竞技双方很不公平的基础上的，海明威承认："现代斗牛的基本前提是公牛先前从没进过斗牛场"，正是因为从未见过这样的场面，没有经验，公牛才会被斗牛士手里的红披风弄得晕头转向，以致被狡黠的斗牛士杀死，这绝对不是公牛与人按公平法则徒手搏斗的必然结局。从这一点也可看出斗牛的虚伪性。

　　海明威把斗牛比作雕塑艺术，他说："我认为如果把现代斗牛比作雕塑艺术的话，除了勃朗库西（罗马尼亚当代著名雕塑家）的雕塑作品之外，哪件现代雕塑艺术都不能与它相提并论。"他又说："斗牛是关于死亡的艺术，同时它也被死亡抹杀。"他非常赞赏那些非凡的斗牛士，他们以娴熟的技巧，沉着镇定的气势，优雅准确的动作，出色地完成斗牛的规范动作，从而调动观众的情绪，正如海明威说的："真令人难以置信，就凭一个人，一头牲畜，还有挂在一根棍子上的红布，能够导致情感和精神上的剧烈波动，创造出一种纯粹古典之美。"这大概就是斗牛的魅力所在吧！所以海明威认为"斗牛是一门独一无二的、能让艺术家存在生命危险的艺术，也是一门由斗牛士的自尊心决定表演的精彩程度的艺术。"

　　出于对以生命赌博的这一特殊人群的尊敬，他在书中介绍了西班牙多名著名斗牛士的业绩，也对他们中的一些人的不幸夭亡表示深切同情。比如有个名为曼努埃尔·格拉内罗的斗牛士，"他是个俊美的少年，14岁前拉小提琴，17岁前学习斗牛，之后以斗牛表演为业，直到20岁死去。"1922年在马德里的斗牛场，一头贝拉瓜公牛杀死了他，"那头公牛先把他挑起来，再把他摔到围柜底部的木档子上，那头公牛还站着不离开，直到像摔碎一个花盆那样用牛角把他的头颅刺破为止。"这个年轻人之前参加过94场斗牛，死后除了一堆债务没有留下任何东西。

曼努埃尔·格拉内罗的结局是许多斗牛士的人生缩影，那些留下一身伤残、侥幸死里逃生的幸存者，就是福大命大的幸运儿了。

"一般是在下午5点或5点半开始举行斗牛。"这是海明威这本书书名的由来。

写到这里，我不由得想起年轻时在南美的秘鲁看过一次斗牛。秘鲁曾是西班牙殖民地，官方语言是西班牙语，城市建筑与布局酷似西班牙，盛行斗牛。我是到达秘鲁西部太平洋岸边一座美丽的城市特鲁希略，在那里应邀观看斗牛的。正如海明威所说，斗牛是在阳光灿烂、暑热蒸人的下午举行，斗牛场是圆形的，阶梯状的观众席可容纳5000人，场面气氛热烈，座无虚席，喇叭声、欢笑声不绝入耳。这场斗牛是我平生第一次所见，印象很深。开始是马术表演，然后才是正式斗牛，我后来写了一篇文章，其中写道："这天连看了4场斗牛表演，两场是别开生面的滑稽斗牛，即参加表演的斗牛士化装成唐老鸭、米老鼠、小矮人等童话中的人物。这种斗牛比起骑手斗牛更为惊险、更有风趣，但结局都是一样的，2小时的表演共击毙了4头活蹦乱跳的公斗。"我还写道："我本想中途退场，但因礼貌起见，不得不耐着性子坐到终场。当我看到斗牛的血腥时，在这一瞬间，我的同情和怜悯开始转向场上的公牛，我开初对斗牛表演的新奇之感突然之间变得兴趣索然……我却不忍目睹这残酷的厮杀，更无从体会这种格斗的乐趣。"

我对斗牛的看法，至今未变。

《查令十字街84号》

两地书信架构的异国书缘

据说世界的爱书人到了英国伦敦，都要寻访查令十字街84号的一家旧书店，尽管这家书店早已关门歇业，改为了一家酒吧。只有酒吧里有块牌子，标明这儿曾是查令十字街84号书店旧址，仍然有很多痴情的爱书人在这儿流连忘返，摄影留念。

很遗憾，我没有去过伦敦，但是在欧洲旅行，竟然有三次在伦敦转机。从舷窗俯瞰分隔英伦三岛和欧洲大陆的英吉利海峡，那弯曲的泰晤士河两岸的房舍、绿地和树丛历历在目，然而我们不得不在候机楼的长椅上，百般无奈地待上8小时，却不能到伦敦一游，实在令人气闷（由此想到北京允许一些外国游客72小时之内过境免签，真是太大度了！）。

言归正传，为何爱书人要去寻访早已歇业的查令十字街84号书店，到那个旧址去瞻仰一番呢？原来这个毫不起眼的旧书店，曾经演绎了一出令人感动的异国书缘，为这个冷漠，充满猜忌、敌意而且隔膜的灰蒙蒙的世界，投入了一束温暖人心的亮色。

这真是一个平凡得再普通不过的故事：1949年10月，一封从纽约寄往伦敦的购买旧书的信，来到查令十字街84号"马克思与科恩书店"的主管弗兰克·德尔先生的桌上。这家旧书店，据说以收罗狄更斯的相关书籍为特色，除了门市营业外，也开展了邮购业务，他们在《星期六文学评论》等刊物登了广告。

这是一封普通的购书信，写信人是纽约的一位女作家，名叫海莲·汉芙，她主要编写历史教材、教科书，有时也为电视台及好莱坞写剧本，热爱英国文学，对英国很崇拜，觉得英国出的书也好，她认为美国文学及出版物很低俗。她在第一封信中就写到"在我住的地方，总买不到我想读的书。"然而她是个穷作家，33岁的单身女人，并不富裕，有点穷困潦倒，所以她要的书"每本又不高于5美元"。

就是这样一封求购信，开启了海莲·汉芙与该书店的业务往来，从1949年10月5日起，鸿雁来往于大西洋两岸，一直到1969年10月，整整20年。这不是一般的买者与卖者冷冰冰的商业往来，而是感情与友谊的升华，是人间温暖的传递，是两地书信架构的令人感动的书缘。

也许这一切都是无意中形成的，而海莲·汉芙的主动则是起关键作用的。

她是个极重友情的人，鉴于这家书店的周到服务，有问必答，守信用，及时提供质优价廉的旧书，出于对他们的感激，当海莲·汉芙从一位英国邻居那里得知，战后的英国物质供应匮乏，类似中国的"三年困难时期"，"每户每个星期才配给到两盎司肉，而每个人每个月只分得一只鸡蛋，我一听简直吓坏了。"（1949年12月8日信），同情之心油然而生，于是这个并不富裕的女作家决定给书店寄去各种食品，信中说："我会寄给马克思与科恩书店一份小小的圣诞礼物，希望数量足够让你们大家都能分得一些。"

这真是雪中送炭啊！这样的馈赠不是一次，而是持续多年，不仅是书店主管，而是惠及6名员工，甚至其他有关的人。海莲·汉芙慷慨的援助，深深感动了书店所有的英国人，他们视她为亲人，虽然无以回报，除了致信感谢，兢兢业业地为她寻找所需的好书，另一个愿望就是希望女作家能来伦敦一游，"如果有一天你来伦敦，橡原巷37号会有一张床给你，你爱待多久便待多久。"（1952年2月14日弗兰克·德尔信）

弗兰克·德尔是女作家通信的对象，他是个敬业、本分的英国绅士式的商人，有妻子和两个女儿，对于美国女作家的来信，那时而天真、时而率性却令人愉快的感情流露，他多半是会心一笑，默记于心，也许对于终生与古书打交道，生活枯燥的他，这是唯一的冲破大雾的一缕阳光。他只是朦胧地期望有一天能在伦敦，在自己家里，和他的妻子女儿一道接待女作家，以表达感激之情，书店的员工也有同样的想法。

至于海莲·汉芙，也是一直希望前往伦敦这个魂牵梦萦的地方，然而由于手头拮据，一拖再拖，一直没有成行……

查令十字街84号

时光流逝，生活在继续，20年的岁月不知不觉过去。不料1969年1月8日她收到的却是书店通报的弗兰克的死讯，一切都突然画上了句号。人生便是如此充满着遗憾啊！

汉芙将20年的通信结为一集出版，这就是《查令十字街84号》（陈建铭译，译林出版社，2005年），一经出版，便大受欢迎，英国出版商又在英国推出此书，并邀请汉芙赴英国访问，这是1971年。遗憾的是，查令十字街84号的旧书店已经关门歇业了。汉芙当年给去伦敦的朋友写信："如果你正巧经过查令十字街84号，能否为我吻它？我欠它的实在太多了。"（1969年4月11日致凯瑟琳）

1975年BBC将《查令十字街84号》搬上荧屏，6年之后又改编成舞台剧上演，此后又拍成电影……这大概也是书话史上空前绝后的盛事。

《圣诞故事集》

狄更斯与圣诞节

　　一年一度的圣诞节悄然而至。当然，对我而言，西方的圣诞节并没有多少情感的联想，这毕竟是他人的佳节，如同我们传统的节日并不一定受到别人的认同一样。

　　不过圣诞节于我也有一点有趣的回忆：20世纪80年代，我有几次出国访问，不知怎地阴差阳错，竟然赶上了圣诞节。时届岁末，又值寒冬，当地的人都忙着过节，于是出访计划纷纷泡汤。这也难怪，人家放假，与妻儿老小团聚了，哪里还有心思接待来访呢？我也因此目睹了西方圣诞节的情形。

　　圣诞节是欢乐的，充满家人团聚的幸福氛围。大街小巷车水马龙，张灯结彩的商店挤满购物的人们，楼房一扇扇窗户透出温馨的灯火和欢快的笑声，这和我们过除夕是相似的。不过，在摩天大楼的墙根，或冷冷清清的地铁站台，依然可见蜷缩倒卧的流浪汉；一群老老少少的无家可归者，在收容中心排着长队，等候着施舍的一顿圣诞晚餐。几家欢乐几家愁，世间贫富不均比比皆是，但在节日里似乎显得格外触目惊心。

　　英国著名作家狄更斯对于他那个时代（19世纪）的社会矛盾以及童工的悲惨命运是十分熟悉的，他小时候当过童工，后来访问过英格兰的锡矿区，目睹许多童工在极其恶劣的条件下干着繁重的活儿，深知穷苦儿童的悲惨生活。据说英国医生斯密斯请他在报刊上著文呼吁通过一项限制工厂劳动日的法律，以改善童工的不幸待遇。狄更斯答应对方的请求，准备写一本题为《代表穷人的孩子向英国人民呼吁》的小册子。后来他改了主意，决定还是以文学形式，去揭露这一社会问题，以唤起人们的良知。他告诉斯密斯，他将创作一系列故事，每年圣诞节前发表。于是在狄更斯大量的作品清单中，除了享有盛誉的《匹克威克外传》《雾都孤儿》《老古玩店》等之外，又留下了不朽的《圣诞欢歌》以及其他以圣诞节为题材的作品,中文译本为《圣诞故事集》(吴钧陶、裘因、陈漪译,江西人民出版社,1983年),收有《圣诞颂歌》(即《圣诞欢歌》)《教堂钟声》《炉边蟋蟀》《人生的战斗》《着魔的人》等作品。

《圣诞欢歌》的情节并不复杂,写一位吝啬鬼私刻鲁挤(也有的译为斯克拢奇)在圣诞节前夜回到家里,发生了三个幽灵前来访问的离奇故事。私刻鲁挤是个商号老板,一个缺乏同情心、性情孤僻的老人,他对圣诞节毫无兴趣,既拒绝亲外甥前来邀请他参加家庭聚会,也拒绝为穷人过节募捐一个先令。他回到冷清的家里,奇迹发生了。先是死去多年的合伙人马奇的鬼魂出现了,并且告诉他有三个幽灵将要来访问。

这三个幽灵分别是"过去圣诞节之灵""现在圣诞节之灵""未来圣诞节之灵"。在他们的引领下,私刻鲁挤看到了自己的过去,他曾经拥有的纯真的青年时代,他也曾经有过的爱情和对亲人的真挚感情,他还看见了圣诞节的美好,看到了自己的自私、冷酷,而别人对他却相当宽容,这些都使私刻鲁挤的心灵受到了极大震撼。特别是"未来圣诞节之灵"把他带到自己的尸体和坟墓前,看到那遭人洗劫、被人遗弃、无人守护、没人哭泣、缺人照料的尸体,一向冷酷无情的他幡然醒悟,决定痛改前非,重新做人。

虽然这些鬼怪故事终归是一个梦,但是梦醒了的私刻鲁挤的确变了。他高高兴兴地同外甥一起欢度圣诞节,他给员工涨了薪水并送去烤鹅,他为穷人捐赠大笔款项……他也因此享受了人间的温暖,"要是世上有谁知道怎样好好地过圣诞节,那就是他了。但愿这句话对于我们,对于我们大家都是中肯之言。"狄更斯在小说结尾这样写道,这大概也是作家的期盼吧。

《圣诞颂歌》于1843年12月19日出版(英国查普曼和霍尔公司),首印6000册,在圣诞节前销售一空,该书共印到24版,可见受欢迎的程度。更重要的是,不朽的《圣诞颂歌》以及狄更斯其他以圣诞节为题材的作品,给予读者以仁爱、善良的心灵拥抱世界的启示,是与圣诞节的主旨一样世代传承的。

这也是今天重温这部经典的收获吧!

《范成大笔记六种》

范成大笔下的金中都

西谚云："罗马不是一天建成的。"像不少国家的首都一样，北京也并非一朝一夕建成的。她经历了发展的几个时期，规模不断扩大，城址屡屡变迁，最终才崛起为全国的政治、行政和文化中心，而这个过程前后绵延了几千年。

长话短说：早期的北京，不论是燕国的蓟城，还是隋唐时的幽州，不过是我国北方一个重要的边防重镇吧。到了公元936年契丹人占领了幽州城，她的地位发生了显著变化。

由西辽河上游的潢水（今内蒙古西拉木伦河）一带崛起的游牧民族契丹人，916年建立辽朝，它有五个京城，即上京临潢府（今内蒙古巴林左旗南）、中京大定府（今内蒙古宁城西）、东京辽阳府（今辽宁辽阳市）、西京大同府（今山西大同市）和南京析津府（今北京市）。也就是说，到了辽代，北京一跃而为占领北方的辽国的陪都。

过了2个世纪，1125年，崛起于松花江流域的女真人日渐强大，灭了辽国，洗劫了南京城（当时改称燕山府），并于1126年（北宋钦宗靖康元年），攻陷北宋京城汴梁，灭了北宋王朝。这时，南宋与金国以淮河和秦岭为界，形成了南北对峙的局面。

取代契丹的女真人建立的金朝占领了中国大陆的半壁江山，于1153年正式迁都，改南京为中都。金中都是北京历史上一个重要阶段，从此成为一代王朝的正式首都。

可以说，北京成为正式首都的历史，始自金中都。

不过，金中都是怎样的？尤其是富丽堂皇的宫城的真实面貌如何？不仅对南宋人，包括我们这些后人也是个谜。因为仅仅过了半个世纪，蒙古人的铁骑席卷中原，金中都一代宫阙被付之一炬，只剩一片瓦砾废墟。人们只能从有限的文字记载中去追忆昔日的繁华了。

因此之故，我们要感谢南宋大诗人范成大了。

宋乾道六年（金大定十年，1170年），44岁的范成大以资政殿大学士的头衔率使团赴金国。范成大的日记《揽辔录》记录了出使金国沿途的见闻，不仅对于北宋旧京汴梁的衰败，做了如实记载，也尽可能地利用外交官的特殊身份，对金中都宫阙城垣和谒见金主的见闻作了详细记录，从而留下了非常珍贵的史料（见《范成大笔记六种》，[宋] 范成大撰，孔凡礼点校，中华书局，2002年）。

使团这次使金来去两个月。八月二十日，他们曾在旧京汴梁短暂停留，后经汤阴、相州、邯郸，九月初八过良乡而入金中都，下榻"燕山城外燕宾馆"。

次日，范成大在金国接待官员（接伴使副）陪同下，骑马经柳堤，沿着城垣过新石桥，入外城门丰宜门。

进丰宜门，"过石玉桥，燕石色如玉。上分三道，皆以栏楯隔之，雕刻极工。中为御路，亦拦以杈子。桥四旁皆有玉石柱，甚高。两旁有小亭，中有碑曰龙津桥。入宣阳门，金书额，两头有小四角亭，即登门路也。楼下分三门，中门为御路，常阖，皆画龙。两旁门通行，皆画凤。入门，北望其阙。由西御廊首转西至会同馆。"这里详细描述了汉石玉建筑的龙津桥。会同馆是接待外国使者的官署。

关于金中都的皇宫，范成大以敏锐的观察，博闻强记，如同一边疾行一边讲解的导游，以文字留下一份历史的摄像："上马出馆（指会同馆），复循西御廊至横道，至东御廊首，转北循檐行，几二百间。廊分三节，每节一门。路东出，第一门通街，第二门通毬场，第三门通太庙，庙中有楼。将至宫城，廊即东转，又百许间，其西亦有三间。出门但不知所通何处，望之皆民居。东西廊中，驰道甚阔。两旁有沟，沟上植柳。两廊屋脊，皆覆以青琉璃瓦。宫阙门户，即纯用之。驰道之北，即端门十一间，曰'应天之门'，旧尝名'通天亦开'。两挟有楼，如左右升龙之制。东西两角楼，每楼次第攒三檐，与挟楼接，极工巧。端门之内，有左右翔凤门、日华、月华门。前殿曰'大安殿'，使人入左掖门，直北循大安殿东廊后壁行。入敷德门，自侧门入。又东北行，直东有殿宇，门曰'东宫'，墙内亭观甚多。直北面南列三门，中曰'集英门'，云是故寿康殿，母后所居。西曰'会通门'，自会通东小门北，入承明门。又北则昭庆门，东则集禧门，尚书省在门外。又西则有右嘉会门。四门正相对。入右嘉会门，门有楼，与左嘉会门相对，即大安殿后门之后。"

下面，范成大描写由宣明门至仁政殿谒见金主的详情："……入宣明门，即常朝后殿门也。门内庭中列卫士二百许人，贴金双凤幞头，团花红锦衫，散手立。入仁政门，门盖隔门也。至仁政殿下，大花毡可半庭，中团双凤。两旁各有朵殿。朵殿之上两高楼，曰东西上阁门。两旁悉有帘幕，中有甲士。东西两御廊，循檐各列甲士。东立者，红茸甲，金缠杆枪，黄旗画青龙。西立者，碧茸甲，金缠杆枪，白旗画青龙。直至殿下皆然。惟立于门下者，皂袍持弓矢。殿西阶杂立仪物幢节之属，如道士醮坛威仪之类。使人由殿下东行上东阶，却转南，由露台北行入殿。金主幞头，红袍玉带，坐七宝榻。背有龙水大屏风，四壁帘幕，皆红绣龙，拱斗皆有绣衣。两楹间各有大出香金狮蛮地铺，礼佛毯可一殿。两旁玉带金鱼，或金带者十四五人，相对列立。"

范成大谒见的"虏主"即是金世宗完颜雍（1123—1189）。对金中都的皇宫布局和金朝皇帝的衣着服饰、宫殿陈设及接待外交使节的礼仪，做了如此细致逼真的描述，大概是有史以来罕见的。

"遥望前后殿屋，崛起处甚多。制度不经，工巧无遗力，所谓穷奢极侈者。炀王亮始营此都，规模多出于孔彦舟，役民夫八十万，兵夫四十万，作治数年，死者不可胜计。地皆古坟冢，悉掘弃之。"这是范成大对金中都的评价，其中也不排斥对敌国的成见。

不过，范成大没有料到，如此繁华的金中都兴建后不到一百年（在他离开后仅45年），就遭到空前浩劫，一代都城变成废弃的城池。富丽堂皇的皇宫毁于大火，只剩下瓦砾填塞，荆棘成林。毁灭金中都的元凶，乃是一代天骄成吉思汗的蒙古铁骑。

徜徉北京的街区郊野，已经很难找到金中都的遗存了。除了永定河上的卢沟桥，云居寺的藏经洞，房山残破的金代陵墓，还能使人依稀想起金中都的存在，其余的大都烟消云散了。

《别了，北平》

留下了对北京的一片思念

北京即将解放前夕，1949年1月9日下午3点45分，天坛附近的临时机场，一架"中国航空公司"的军用飞机载着40多名旅客，飞向青岛，继而继续飞行，于当晚到达上海。

机上的旅客中，有一位年近半百的奥地利修士方济格·布菇克内尔，中文名字是白立鼐。他于1891年12月3日出生于奥地利的维也纳。1923年，他以传教士身份，受教会派往中国，先在山东教会办的学校教书（教欧洲文学、阅读、数学和绘画）。1933年派往北京辅仁大学，任德语讲师、美术讲师和西洋画组主任，直到1949年离开中国，在中国生活了26年！白立鼐此后再也没有回到中国，1985年他以93岁高龄辞世，然而他对中国，特别是对北京始终是一往情深。作为一位画家，他除了通过教学培养了一批以西洋技法从事绘画的中国画家群外，还留下了大量北京风景画以及以北京市井风情与人物的风俗画，为研究北京的历史与社会变迁，提供了弥足珍贵的视觉资料。

《别了，北平》（〔奥〕雷立柏编注，新星出版社，2017年7月）是一本简要地介绍白立鼐生平，但主要篇幅是集中荟萃他的画作的图册。作者在序中指出："他在中国生活26年之久（1923—1949），曾在北京辅仁大学任教16年，并在该校培养了很多中国年轻艺术家，他曾教很多中国学生现代的绘画、透视画法、西洋艺术理论和西方艺术史。他因北京天主教画派而闻名于世，因为他是陈缘督、陆鸿年和王肃达的导师和朋友。他促成了北京天主教画派的建立并在很多方面帮助或影响了中国的年轻画家。"

白立鼐本人也是多产的画家，在他留下的相当数量的画作中，老北京是他最喜爱的题材，不论是巍峨的紫禁城、庄严的寺庙，还是幽静的小胡同，护城河的芦苇丛，无不倾注了一个外国人对古老的中华文明由衷的喜爱和陶醉其中的感情。《别了，北平》后半部分收有白立鼐的素描画、水彩画、人像、动物和静物

文化守望

85

画共有117幅，从不同层面展示了画家的技法与画风。值得一提的是，正如当年一些旅居中国的外籍人士用照相机为老北京留下了珍贵的摄影作品一样，白立鼐是用热烈的色彩和明快的线条勾画出老北京的多姿多彩：他画笔下高耸云天的城门楼子，西郊香山的巍巍峰峦和山麓的古碉楼，从景山之巅俯瞰金碧辉煌的故宫建筑群，什刹海附近典雅庄重的钟楼与鼓楼，以及静穆的北海公园的白塔，无不体现了画家对老北京的古典风格和悠久历史的崇敬之心。但是，他更多的作品却是捕捉了老北京更加富有人情味的社会风情，不论是一座简朴的中国式宅院的门楼，一个水井台子上缠绕着绳子和吊桶的辘轳，一条静悄悄的小胡同，或是护城河边的渔民之家，干活儿的工人和拉洋车的车夫，这些市井风景经他的画笔"定格"于画作之中，随着时光流逝也必然淀积为历史画片，有些已经消失，如辅仁大学校园内的一些建筑、东直门内俄罗斯使馆内的东正教教堂等，如今只能从画作中窥见它们的情影了。

很有趣的是，"私立北平辅仁大学"所设美术系，系主任是著名国画家、清皇族溥雪斋，教员中还有另一位溥心畬，是他的兄弟，他们都是中国传统的国画大师。而在这样的学术环境中，白立鼐却能够发挥他的专长，向中国学生介绍西方美术的理论和历史，传授西洋画法，此外他还协助制定通用美术术语，如"透视""视角""解剖学""比例""立体感"等，对辅仁大学新画派的形成并在国际上产生一定的影响，做出了历史性的贡献。书中介绍，白立鼐与国画大师齐白石关系很好，此外，在辅仁大学的教员中有大画家、书法家启功和作家台静农，这些都是有待发掘的。

作为一部传记，《别了，北平》的不足之处主要是过于简略，比如白立鼐本人是在哪里学习美术的，师从何人？这方面几乎是空白。对于北京天主教画派的介绍也是蜻蜓点水。又如辅仁大学的情况，也失之疏漏。对于传主来说，辅仁大学具有十分重要的意义，而且时间并不久远，收集资料，寻访知情者并不太困难，但这方面的介绍很难令人满意。当然，也许作者是另有考虑，我们就不得而知了。

不管怎样，白立鼐的画作留下了他对老北京的一片思念，何尝不也是给我们留下了对老北京的无限思念呢？毕竟，岁月沧桑，老北京剩下的已经不多了。

《顺天府志》

闲话白纸坊

"坊"是我国古代城市里巷街道的通称，也常成为一级行政区划单位，后者有点像今天的"街道办事处"吧。隋朝长安（大兴城）划分109坊。北京城区划分为若干"坊"，时间也很早。早在唐代，北京的前身幽州即有铜马坊、肃慎坊等。金中都时，有62坊。元大都时，共有50坊。坊的辖地大小，历代都有变化，名称也各不相同。古代的"坊"既然是一级行政机构，为便于管理，坊口设有门楼，出入口，夜间宵禁，居民不得外出。

随着城市发展，"坊"的名称大部分早已消失。

不过，也有例外，在北京地图上还有一个古老的白纸坊，仍在顽强地对抗岁月的流逝，让人们不时想起和这个名称相联系的许多往事。与此形成强烈对比，许多当时和年代更早的坊名，虽然显赫一时，却早已灰飞烟灭了。

白纸坊的出现，首先是和北京城历史上一次很重要的扩建有关。

明初，自明成祖朱棣从侄儿手中夺了皇位，从南京迁都北京后，除了营建宫城和皇城外，还对北京进行一系列改建：一是缩短了北京城的北部（那时北城很荒凉），并将南城墙南移二里；二是把元大都用土夯筑的土城墙一律用城砖包砌，加固了城墙；三是为了加强防卫，在南郊一面加筑外罗城，这项大工程完工于嘉靖四十三年（1564年），这就是旧日所说的外城。

外城建成，使北京城的平面图由原先的长方形变成品字形。北京旧城在明初共设33坊。外城建成后，又划分8坊，以正阳门大街为坐标，东为正东坊、崇北坊、崇南坊；西为正西坊、正南坊、宣北坊、宣南坊和白纸坊。坊名多以方位（以及与城门的位置）命名，只有西南角的白纸坊例外，这是值得研究的。

古老的地名是一种符号，它往往传递着久已消失的信息。在北京历代的坊名中，只有白纸坊是唯一透露了鲜明的地区特色，表明它是一个以造纸作坊集中的地区，这是非常有趣的现象。白纸坊虽然是在明代修建外城后才正式命名，但该

文化守望

地区的造纸手工业起源更早，绝对不是修筑外城之后才兴起的。也就是说，白纸坊这个地名可以追溯到元大都以至更早的金中都。

金中都时期，这一带就集中了许多造纸作坊，成为一大特色，因而人们口头上称之"白纸坊""黑纸坊"，如同北京的许多地名如琉璃厂、台基厂、神木厂一样。当时的白纸坊在金中都城内只是一个地名。

这样分析，有以下几点依据：

（1）据张远《隩志》曰："南城诸坊，白纸坊最大，元于此设税副使"，说明白纸坊最初只是一个地名，在元大都城外，当时已有相当规模的造纸作坊，政府才有必要"于此设税副使"，征收赋税。"自嘉靖筑新城，以城墙界之，坊划而为两矣。"于是白纸坊一部分并入城内，一部分留在城外（见陈宗藩《燕都丛考》）。

《燕都丛考》　　　　《析津志辑佚》　　《京师五城坊巷胡同集京师坊巷志稿》

（2）据元熊梦祥著《析津志辑佚》："抄纸局西南近城，原系阿哈马平章花园。"元大都外西南隅这个位置，从地图上可知恰是"白纸坊"。

（3）由于城址变迁，元大都后来是建在金中都东北方，废弃的金中都俗称旧城，因此《顺天府志》称"白纸坊元时在旧城中"，即是说白纸坊元代在废弃的金中都城区内。据明成化间"严理安重修善果寺碑，已称宣武门外三里许，地志曰白纸坊，则其名固沿元旧也，今居民尚以造纸为业"。

当北京外城墙建成，划分八个坊时，就把这个位置偏僻的区域冠名为"白纸坊"，一来是人们习惯了这个老地名，另外，众多的造纸作坊仍是它的特色。

《京师五城坊巷胡同集京师坊巷志稿》称"白纸坊在广宁门内西南角，五牌二十一铺。有小圣安寺、大圣安寺、宝应寺、礼拜寺、相国寺、崇效寺。"《顺天府志》称"黑纸坊北距南烟阁半里许"。今广内、广外、白纸坊地区均称白纸坊。

提起白纸坊，不能不首先谈谈纸。

1974年4月对山西应县木塔抢险加固中，从释迦牟尼像内发现了一批辽代秘藏经卷，其中4件经卷均分别注明雕印地点是"燕京仰山寺前杨家印造""燕京檀家街显忠坊门南颊住冯家印造"等，均为辽南京时期的印刷品。其中有硬黄纸、皮纸或麻纸入潢（防蠹技术处理）以及磁青纸。经修复后，仍然光泽润滑、拉力度强、无一虫蛀，说明当时辽南京的造纸和雕印技术，已经达到了相当高的水平。

我国历史上正式使用纸币始于金朝，称作"交钞"，与钱通用。制作"交钞"的造币厂——印造交钞库，这一重要机构必定设在中央政府所在的金中都，这是确信无疑的。

关于纸的话题，还可以从当时用纸的数量想象造纸手工业的发达。据明沈榜的《宛署杂记》，在详细记载明朝中央政府各衙门的办公用品的账单中，关于办公用纸的开销，是很有参考价值的：

吏部：三年用文职贴黄纸一千五百张。

礼部：遇重修《大明会典》，用中夹纸二千五百张，大呈文纸四千张，连七纸一万一千六百张，台连纸三千张，蓝呈文纸五千张。

国子监：每年须知纸一万五千张。

太仆寺：每季本纸一百张，呈文纸二百张，大连七纸二百张。

乡试：御览纸六百张，表纸一万一千二百一十张，印题等项大呈文纸一万八千六百张，中呈文纸一万一千六百五十张，连七纸八千一百七十张，上宛红纸九十张半，毛边纸二百九十二张，中苑红纸五十二张，草纸三千七百张，刚连纸三万七千三百十张，连四纸二千三百张，大红行移纸四十张，分水纸一千六百张，青莲七纸二千一十三张，官青纸六张，蓝连四纸四十七张，白榜纸八十张，红黄榜纸六十张，红黄龙沥纸二十张……

官府日常办公，仅纸张一项，数量之大，品种之多，都很惊人。如果联系

文化守望

《永乐大典》《四库全书》以及《武英殿聚珍版丛书》等书籍的印制，纸张的需求更是相当可观。我想，其中也有白纸坊的贡献吧。

早年的白纸坊还有规模可观的祖师庙，原先供奉关帝，乾隆年间增加了蔡伦。另外，白纸坊造纸行业还有个同人行会——太狮老会，逢年过节，庙会期间，太狮老会的舞狮子也颇有名，这也多少折射出当年造纸作坊的兴旺。据当地老住户回忆，到了20世纪三四十年代，只有二十多家沿袭古老落后造纸工艺的作坊，仍在苦苦挣扎。生产的是一种粗糙低劣的"豆纸"，以烂纸为原料的劣质卫生纸。

白纸坊曾经的辉煌一去不复返了。

这种现象当然是各地生产的优质价廉的纸张占据了北京市场，挤垮了工艺落后的白纸坊的造纸行业。据《明清以来北京工商会馆碑刻选编》载，明清以来北京纸张行业的会馆共两处，一是临汾东馆，在前门外打磨厂。乾隆三十二年立的重修乡祠碑记中，捐资商号有山西临汾"洪顺纸号""西纸杂货公会"。另据光绪九年《京师正阳门外打磨厂临汾乡祠公会碑记》所载，星记、洪吉、源吉、敬记也系山西临汾商人在京城开办的纸行。

此外，福建纸商在京建有延邵纸商会馆（延邵两府，延为延平、邵为邵武），在崇文门外缨子胡同二十二号，道光十六年建。碑文记载："延邵二郡纸商，每岁由闽航海，荷神庇，得顺抵天津。"由此可知，福建的纸张是由海路运至天津再转运京城的。"商人每于岁之冬十月，售纸入都，敬享后，因会饮于一堂，既答神贶，而乡谊亦可敦焉。"

千余年间，白纸坊以辛勤劳作的产品为载体，记录了千年的历史变迁，传承了悠长的文化积累，然而它自身的兴衰却大半消失在历史的风烟中了。

历史寻梦

《长征新记》

书林漫步——金涛书话续编

红军长征与地图

　　2013年我最后读的一本书，是《长征新记》（〔美〕哈里森·索尔兹伯里著，新华通讯社参考材料编译部译，1986年）。完全是凑巧，这是我从旧书摊上淘得的。

　　这本书并非正式出版物，没有书号，封底注明着"内部读物，不准翻印"。

　　正文之前"译者的话"写道："美国著名作家哈里森·索尔兹伯里的新著《长征新记》（直译为《长征——没有说过的故事》）1985年由美国哈泼—罗出版公司出版，本书一问世就在美国引起轰动，也引起其他国家的注意。"

　　《长征新记》"是外国人比较客观、比较全面地记录长征史诗的著作。"

　　"作者为撰写这部书作了两年准备。他收集、查阅了中国和其他国家出版的有关长征的大量书刊材料。一九八四年，他两次来华，采访了许多参加过长征的老一辈革命家及党史专家，用了两个半月的时间，从南昌出发，乘吉普、骑骡子、徒步行，沿着长征的路线走了一趟，进行了数百次采访。他做了大量的调查，并对一些史实做了订正。作者说，他写这本书的目的不仅要写出可同美国革命、法国革命、俄国十月革命媲美的长征的非凡的历史，而且要展现参加过长征并且正在领导新长征的中国领导人的性格和精神风貌。"

　　由于该书是大16开本，内文4号字体，很适合老眼昏花的在下阅读，加上译者申明"尊重原著，一律照原文翻译"，不像有的神经过敏的翻译家和高明的审查官一见到"不合朕意"的文字，便大笔一挥，一律删改，因此我便饶有兴味地读了下去，以致不知窗外已呈现2014年黎明的曙色了。

读罢《长征新记》，掩卷沉思，不能不感到红军长征到达陕北，确是中国历史上艰苦卓绝、英勇无比的英雄史诗；这是人类历史上为了追求理想、不怕牺牲而前赴后继的光辉范例。长征的路线由于敌人的追剿围堵不得不选择中国地形最复杂、自然条件最恶劣的荒山野岭、高山深谷以及人迹罕至的雪山草地，因而许多年轻鲜活的生命不是死于战斗，而是倒在天寒地冻的雪山和烂泥塘中。长征确是置之死地而后生的人间奇迹。

红军长征是一个值得深入研究、有待开发的课题，我读《长征新记》也时时在想，尽管索尔兹伯里的采访不能说不深入，但是作为一个外国人，文化背景的差异和对中国社会、历史的隔膜，使他对长征的了解还是停留在表象的、粗线条的新闻素描，而较少深度的剖析。该书缺乏国民党方面的档案资料，就是显而易见的一个例子，因此很希望能看到史料更为翔实的、全方位的论著。

从哈里森·索尔兹伯里的《长征新记》可以看到，红军长征有很多谜团，或许可称之为"历史谜团"吧。比如其中之一竟是"谁也不知道要去何方？"书中写道："谁也不知道他们要到哪里去，或者说这一切可能引向何方。毛泽东不知道，博古不知道，李德不知道，周恩来也不知道。"（第14页）长征是1934年10月16日开始，书中写道："一共雇了几千名挑夫（一天一块银元），担着苏维埃的财产——印刷机、印钞票的雕版、造子弹的机器、给废子弹重新装药和引信的工具、X光机、一箱箱重要或不重要的官方文书和文件、储备的银元、金条、大米、药品、备用的枪炮、无线电和电话设备、大卷大卷的电话线。毛泽东后来说：'那真像大搬家一样'。"（第14页）这很像当时最高领导"三人小组"成员之一的周恩来的办事风格，另外两人是李德和博古。如果当时决定这次行动是远征，这些坛坛罐罐大部分是不该搬走的。

谜团之二是红军长征的军事行动，在很多情况下居然没有地图。按照当时苏区的条件，有印刷机，邓小平担任过《红星报》主编，刻蜡版可印报，也不难描绘简单的地图。但是书中写道：萧克（时任军事科学院院长）"在谈到当时在贵州遇到的情况时仍然感到不寒而栗，六军团除了从一本地理教科书上撕下来的一张全国地图以外，没有别的地图。那张地图……只标明有各省省会，非常重要的县城，大的山脉、河流，这种地图几乎没有什么用处。"（第48页）后来，萧克的部队攻占了贵州的黄平，在一个天主教教堂里发现一张大比例尺的贵州地图，长宽各约36英寸（91厘米），地图上标注的是法文。经教堂牧师、一个会说点中国话的瑞士人的翻译，萧克知道了地图的内容。他多年后仍激动地说："手头有了一张贵州地图，我们是多么高兴啊！"

张国焘的四方面军在地图方面要好得多。书中提到一个细节：在班佑，红军可能发生分裂的生死关头，叶剑英获得张国焘的电报送给了毛泽东。"凌晨两点钟，杨尚昆和叶剑英偷偷地从总司令部营房溜了出来。叶剑英从墙上钉有地图的情况室里搞了一张地图，那张地图是掉在地上的。叶剑英把它夹在行李里带了出来。"（第216页）

当然，地图的缺乏，也和当年这些边远地区根本没有进行过地形测量有直接关系。

由此也能想到，红军长征所经历的艰辛。出发时有86000名男女战士，经过一年时间，到1935年10月19日，跟随毛泽东到达陕北的仅有4000人。

万里长征是在没有地图的情况下，用双脚，用生命，凭着坚定的信念走出来的。由此，改变了中国的命运。

《马尔克斯散文精选》

马岛战争的遐想

30多年了，那场发生在南大西洋的马岛战争，在人们心中的记忆并未随着时间而消失。这几天，媒体纷纷报道阿根廷人在乌斯怀亚集会，要求英国归还马岛。女总统克丽斯蒂娜在集会上发表演说，要求伸张正义；而在英国，退伍老兵也举行集会，首相卡梅伦针锋相对，声称支持当地居民的自决权……

人们的思绪又回到了30年前，甚至更加久远的年代。

马岛战争结束不久，我到阿根廷，在首都布宜诺斯艾利斯，在南端的火地岛首府乌斯怀亚逗留。那时战争的硝烟刚刚散去，但战争给人们心灵带来的创伤远未愈合。从乌斯怀亚东去，驶向南大西洋，远远便能窥望那散落在波涛中的马尔维纳斯群岛，那里依然弹痕累累，血迹斑斑，在海滩和多石的山冈，许多新立的十字架在寒风中战栗……

马尔维纳斯群岛，英国称福克兰群岛，这个位于南大西洋的群岛，阿英两国均宣称拥有主权，目前实际上在英国控制之下，但阿根廷始终不承认。群岛面积12173平方千米，由两大主岛和200多个小岛组成。海岸曲折，岛上多丘陵，河流短小流缓。由于位于南纬51°40′～53°00′、西经57°40′～62°00′，属亚南极，气候寒冷潮湿，年平均气温5.6℃。年降水量625毫米，一年中雨雪天气多达250天。由于群岛周围海域丰富的渔业资源，尤其是蕴藏的前景广阔的油气资源，对它的争夺将会更加激烈。

发生在1982年4—6月、为期74天的马岛战争，由阿根廷军政府挑起。尽管马岛离阿根廷本土仅500千米，英国远在万里之外，由于军事实力等方面的差距，英国派出海空军对马岛和周边海域的阿根廷军队发动反击，登陆并收复马岛。在这场战争中，255名英国士兵和650名阿根廷军人丧生。阿根廷在遭受一系列军事上的失败后，与英国签订停战协议。阿根廷的战败最终导致军政府垮台。

日前读了哥伦比亚著名作家、1982年诺贝尔文学奖获得者加西亚·马尔克斯的一篇文章《马尔维纳斯，一年后》，文中透露的马岛战争的幕后故事，令人心灵震撼。

加西亚·马尔克斯

加西亚·马尔克斯在中国读者中享有盛誉的代表作是魔幻现实主义的长篇小说《百年孤独》，这位观察力锐敏的作家在《马尔维纳斯，一年后》（收入《马尔克斯散文精选》，朱景冬译，人民日报出版社，1999年）中，对马岛战争中失败的阿根廷作了近距离的剖析。

"战争结束后一名阿根廷士兵从马尔维纳斯回来，在布宜诺斯艾利斯帕莱莫第一团驻地打电话给他母亲，恳求她允许把他的一个残废的、家住他乡的战友带到家里来。据他讲，那是一个19岁的新兵，在战争中失去了一条腿和一只胳膊，此外，还失掉了双眼。为儿子生还感到高兴的母亲恐惧地回答说，天天看见一个残废人她不能忍受，不同意那人来他家。于是儿子放下了电话，对自己开了枪。他所说的战友就是他自己。他撒那个谎是想知道他母亲看见他肢体残缺回家时的情绪会如何。"

令人心惊肉跳的悲惨故事！这样结局的故事真是不该发生。然而谁能知道，这一场战争改变了多少年轻士兵的命运？

加西亚·马尔克斯继续写道："这不过是近12个月来在阿根廷流传的许多可怕的故事之一。这类故事都没有见报，因为军方的检察机关不准这类故事通过流亡者收到的私人信件在全世界流传。"

加西亚·马尔克斯的这篇文章披露的细节，很能说明问题："现在人们知道，有无数19岁的新兵被强行送往部队，不经训练就去马尔维纳斯群岛同职业的英国士兵作战。他们穿着网球鞋，衣服单薄得难以御寒，气温达到-30℃（此时正值南半球的冬季）。许多战士脱鞋时不得不连同冻烂的皮肤一起撕下来。由于长时间坐在战壕里，睾丸被冻坏，92个战士不幸遭阉割。由于缺乏遮挡强烈的雪光的防护眼镜，仅在圣卢斯地方就有500名士兵眼睛失明。"和英国军队良好的武器和后勤保障相比，阿根廷军队的腐败令人触目惊心。加西亚·马尔克斯写道："由于严寒，许多人睡觉时被冻死。这些人也许算幸运

马岛战争中被击沉的谢菲尔德号

的，因为另一些人无法从罐头里掏取硬如石块的肉团被活活饿死。"这是残酷的现实，不是魔幻。

关于马岛战争，后来出了很多书，军事史专家围绕外交、军事、战略战术、高科技等方面，剖析阿根廷失利的原因。其实，依老朽的愚见，还是大文豪加西亚·马尔克斯道出了内情，这恰恰是战争史研究者们忽略的，或许是有意避而不谈的。不管你承认不承认，尽管有这样那样的主客观的因素，导致阿根廷马岛之战溃败的一个重要原因，是腐败，极度的腐败。

可怜的是那些年纪轻轻的士兵……

《清史》

韩国学者笔下的《清史》

像我这样非历史专业的人，历来是从中国史学家撰著的中国通史或断代史获知改朝换代的血腥、列祖列宗的丰功伟绩的。尽管作者不同，但是内容大同小异，历史的脉络大体上是定型的，却是没有疑义。久而久之，也容易给人一些错觉。

最近购得一本《清史》（香港社会科学出版社有限公司，2003年），作者是韩国汉阳大学教授任桂淳，由陈文寿译，600多页。尽管该书很多内容援引不少中国学者的论著，但这位韩国女历史学家的观点和对史料的选择，颇有独到之处，令人有耳目一新之感。

举几个例子：过去中国学者写通史或断代史，对于某个朝代国家疆域的范围多半语焉不详，或者干脆不触及这类数据。但任桂淳的《清史》却明明白白指出："18世纪末清的领土大体上由包括18个省约354.83万平方千米和约1004.143万平方千米的边疆组成，总面积1358.973万平方千米。"另又点明"边疆地区包括：东北方面为从现在的辽宁、吉林、黑龙江、俄罗斯黑龙江一部、外兴安岭以南、乌苏里江东部到库页岛（萨哈林）的地区，西北方面为中亚的天山南北麓周边和青海省，西南方面为包括西藏、云南、贵州的广阔地区，以及沿海和岛屿。"清代全盛时期的国土数字给人印象很深，也由此想到帝国主义列强对我国领土的鲸吞和无耻政客的卖国勾当。

书中对清代精锐的军事力量八旗军的形成、在夺取政权及建立清王朝时所起的作用，以及其兴衰的介绍是发人深省的。值得一提的是，清军入关、问鼎江山的当儿，满洲八旗不过9.6万人，加上蒙古八旗3.83万人和汉军八旗5.13万人，总共只有18.56万人，"凭借这么少的兵力进入中原并镇压中国此起彼伏的抗清军队，可谓是天定命运。"作者感慨道，当然这样讲是不够的。读者需要的是更深层的分析和由此提炼的历史教训。因为也是这支八旗军队，在不久以后的和平时期，演变成纲纪松弛、腐败不堪的"无用之物"，书中"八旗军的衰退"一节对此做了简要的介绍。时至今日，"八旗子弟"成了养尊处优的腐败阶层不肖子孙的代名词。

注重从经济的层面分析历史事件的深层次背景，而不仅仅停留在肤浅的政治概念的、情绪化的判断，是任桂醇《清史》一个很鲜明的特点。例如关于义和团运动，现在不少时尚的史家几乎众口一词指斥为中国人的排外情绪，是抵制西方文明的反动。对此任桂醇在《清史》做了比较客观的分析，指出义和团运动活跃于中国北方不是偶然的，重要的经济上的因素是"清朝丧失关税自主权，所以无法抵制列强的廉价工业品的输入，原来小农和贫农运用剩余劳动力生产棉布等手工业制品，维持生计。然而，随着大量廉价棉纺织品涌入，传统手工业者无法与其竞争，从而丧失谋生手段。"又说德国获取了山东省铁路铺设权，在购买土地过程中随意强挖铁路用地上的坟墓，拆除民居，这类行为极度刺激了中国人。由于修建铁路，导致南北大运河大批河运工人失业，失去生计，演化成严重的社会问题。再加上"传教士在治外法权下的为所欲为"，"皈依基督教者大部分不是良民，而是为害地方的无赖之徒"（第491页）这种种因素都是酿成义和团运动的直接或间接诱因。总之，西方产业革命的成果在向落后的中国农业经济强迫输入时，给中国人民带来的不是文明的进步而是可怕的灾难，包括生存的危机和信仰的危机。当腐朽的清政府无法保护它的子民时，老百姓的选择必然是盲目的血与火的洗礼了。

如今，媒体频频报道的侵犯农民权益的强制拆迁、平坟，将工业污染转嫁到农村，癌症村的出现，官员的腐败和黑社会的猖獗，由这些似曾相识的现实，不难推想当年西方工业化给中国农村带来的灾难……

看来，读历史也要"货比三家"，只听一面之词肯定会上当受骗。

《丝路探险记》

丝绸之路上的日本僧人

一百多年前，即19世纪末、20世纪初，一向与世隔绝的新疆、甘肃、内外蒙古的沙漠绿洲、戈壁荒原及高山峡谷突然热闹起来。一批又一批外国人的探险队神神秘秘地出没于古代丝绸之路上，他们的马队和骆驼的铃声打破了千百年的宁静，在那些古代城镇的废墟、烽燧与洞窟遗址以及寥无人烟的沙海，他们顶着烈日、冒着严寒和无情的风沙，辛劳地日复一日地寻找着、挖掘着。因为缺水和食物，他们多次面临死亡的威胁。他们锲而不舍的探索与发现，掀起了亚洲探险的高潮，随着一系列重大发现和大量实物的出土以及许多考察报告和学术著作的问世，被无情岁月掩埋的古代文明，终于得以重见天日，震惊了世界。但是唯有一支探险队与众不同，他们人数不多，全部是年轻的僧人。这就是日本的大谷光瑞探险队。

以前，看有关中亚探险的资料，日本大谷光瑞探险队的活动虽然有所提及，但日本僧人为什么去探险、目的何在、取得了什么学术成果？往往语焉不详。最近看了《丝路探险记》（〔日〕大谷光瑞等著，章莹译，新疆人民出版社，2001年），终于解开了我的部分谜团，但也有更多的困惑萦绕脑际。

该书共收9篇文章，包涵了大谷光瑞和另外5人各自参加三次探险的经历。即便从这些公开发表的文章的字里行间，也能多少看出这支探险队是很神秘的。27岁的大谷光瑞是探险队的策划者与组织者。他是京都西本愿寺第二十二代门主，1900年赴欧洲考察宗教，见到斯文·赫定、斯坦因、伯希和等人中亚探险的成果，决定利用回程途中前往中亚探险。

一个寺庙的住持拥有如此雄厚的财力，组织为期12年的探险活动，这本身就有点不可思议。特别值得关注的是，这些日本僧人不是苦行僧，更不是乞食的托钵僧，他们配备有手枪，拥有沃尔纳指南针、倾斜计、温度计、棱镜罗盘、无水气压计等"各种各样，不胜枚举"的当时最先进的测绘仪器，购买了价格昂贵的大量钟表，"仅在伦敦新购的器具，价值可能就达四五千日元"（队员橘瑞超语，当时日元很值钱，书中记载两名队员住在一户有钱人家中。两人一天食宿共10日元，还说比住旅馆要贵）。他们在伦敦购买的帐篷是欧洲人到非洲探险用的专用帐篷，他们出行，乘车坐船必是头等舱，住旅馆必定是当地最贵的，除了没有条件的地方只好将就外。不仅如此，这支僧人探险队的派头很大，在莫斯科，日本驻俄大使亲自出马，与俄政府交涉，对他们的行李海关不得检查。他们到新疆后，当地的英俄领事馆高级官员亲自接待，提供种种方便。而他们到各地后结交官府与驻军要员，会晤头人士绅，馈赠礼品，出手都很大方……我不了解这支探险队的详细背景，仅从这些表面现象推测，这是一支以宗教为名的、神秘的探险队。

第一次探险（1902—1904）：大谷光瑞一行4人从伦敦出发，经撒马尔罕入境。在塔什库尔干分为两路，大谷光瑞等3人到达今巴基斯坦、印度，另两人进入和田，在库车、克孜尔千佛洞等地考察。第二次探险（1908—1909）：由橘瑞超和野村荣三郎二人前往吐鲁番、楼兰、库车等地。这次考察收获最大。橘瑞超进入罗布沙漠，在楼兰发现了著名的《李柏文书》（公元4世纪西域长史李柏的手迹）。第三次探险（1910—1912、1911—1914）：1910年8月，橘瑞超从俄国入新疆，再次进入楼兰遗址，后又横穿塔克拉玛干沙漠，进入西藏北部，辗转至敦煌；1912年2月离开敦煌，取道西伯利亚铁路回国。吉川小一郎在吐鲁番又进行了发掘，在喀什、和田调查了佛教遗迹，然后也穿越塔克拉玛干沙漠到达阿克苏，到伊宁一带考察。

据橘瑞超在书中"法王命令的内容"一章提到，大谷光瑞对中亚探险的目的有两点，

大谷光瑞

第一是"就外蒙古现行喇嘛教、中亚突厥语系人民信奉的伊斯兰教以及这些人民对这些宗教所持有的信念进行调查";第二是古代盛行佛教的中亚,现在连佛教的踪影都不见了,为此要到沙漠、峡谷和人迹罕至的地方寻找古代佛教兴盛时的遗物。

不可否认,这些年轻的日本僧人在考察中表现出来的献身精神,不畏劳苦的坚韧,都是令人钦佩的。但是也正如许多学者所言,大谷光瑞探险队与其他各国不同,他们不是学者,不懂考古和西域艺术,不懂西域古文字,缺乏考古学专业训练,因此他们进行的发掘缺乏科学性,连文字记录也不规范,因而降低了它的学术价值。大谷光瑞组织这支探险队,为什么不邀请日本研究丝绸之路古文明的专家学者加入,我始终不得其解。这也是一个谜。

当然他们的努力毕竟没有白费,从中国搜罗的佛像、壁画、文书、经卷等足足有70件行李。野村荣三郎在书中"蒙古、新疆之行"一章坦言:在吐鲁番,"雇了5个民工,到了47处洞窟,切割下7枚稍有观赏价值的壁画,还得了7个佛身。许多壁画大致已被损伤。据当地人说,欧洲人取走了最好的壁画,对于不想带走的壁画,就故意把它损伤。这些自命为文明国家学者的欧洲人,把世界至宝作为私有物的心理可以说比盗贼还要卑劣。"这段话既是日本僧人盗宝的自供,也暴露了欧洲探险队卑劣的一面。

至于对大谷光瑞探险队的评价,这是专家学者的事,我就不妄加评说了。这里只想提出一点,即当年各国派出考察队前往新疆、甘肃、内外蒙古、西藏等地,除了物质的需求(如佛教遗存)外,有些还有不可告人的目的,即搜集情报。不要忘记,对于一些国家的军事、情报部门,我国边疆地区的道路交通、村落、水源、沙漠与绿洲、河流与湖泊、树林与草场、农作与牧业,以及当地人的风俗民情,都是非常重要的情报。我看大谷光瑞探险队的文字记录,隐约有这样深刻的印象。橘瑞超从俄国鄂木斯克坐船,沿额尔齐斯河至斋桑湖,到达塞米巴拉金斯克,然后从陆路坐马车进入新疆的塔城,以及后来他从南疆的和田,上溯克里雅河,翻越阿尔金山,企图"从西向东横穿西藏无人区……在世界地图的空白点上,留下作为日本人的我的足迹。"(橘瑞超语)这些活动的深层背景,如今已是公开的秘密。

据百度搜索提供的信息：大谷光瑞此人背景也很复杂。他"长期留住中国，在上海郊区兴建无忧园，设置电台，从事谍报活动。1933年移居大连，建钢盔之家。利用其在佛教界的地位和影响，积极支持日本军部的活动，并发起'光寿会'，创办《大乘》杂志。历任近卫文麿、小矶国昭内阁参议、内阁顾问等职，力主对华采取强硬措施。"如果这些信息是准确的，那么对于日本僧人出现于丝绸之路的活动，尽管这是百年前的往事，学术界恐怕也该刮目相看了。

大谷光瑞在旅顺的旧居

《欧风欧雨》

风风雨雨柏林墙

从德国出差回来的小儿金雷，喜滋滋地要送我一件小礼品。什么礼品呢？德国啤酒，还是贝多芬的光碟？我猜不出来。接过来一看，嘿，竟像是一张照片或明信片，画面很熟悉，一名荷枪的德国士兵跳跃着，跨过一道壕沟，而在这张长方形画片右下方，鼓起的透明纸里面，藏着一块碎石的残片，用手摇了摇，咔啦咔啦直响，这是什么珍贵的石头呢？见我满脸困惑，他方才揭开谜底。原来这是柏林墙的残骸，如今作为旅游纪念品公开出售了。

目睹这块黑不溜秋的小石块，不由得想起并不太遥远的往事，也想起曾经发生的历史巨变。

那还是1989年11月，一个萧瑟秋天的深夜里，我正在报社值夜班，夜班编辑忽然接到来自柏林的国际长途。两名驻德记者（一名在西德，一名在东德）此刻已经随着柏林墙撕开的缺口，在柏林某地汇合，他们目睹东德人大批涌向西柏林，那分离两德的柏林墙正在被人流冲开的历史瞬间，不由地心情激荡，于是他们希望联名发表一篇现场报道，请示是否可行？多么好的点子啊，作为历史的见证人，他们目睹了柏林墙的倒塌，也见证了东西德从此结束分裂局面走向统一。对于一名记者，这恐怕是一生中再难遇到的罕见的历史时刻，千载难逢啊！然而在那个年代，柏林墙倒塌肯定是个过于敏感的新闻事件，请示谁呢？谁敢拍板呢？详情不得而知，我只听说最终的结果是沉默。

如今，20多年的岁月早将当年的新闻变成僵死的历史，柏林墙已是人们淡忘的话题了。如今出国旅游的人到柏林看看柏林墙遗迹很容易（据说也没有保留多少遗迹）。随着时间的流逝，当年有幸亲身经历柏林墙垮塌的人也越来越少了。因此我在读《欧风欧雨》（关愚谦著，生活·读书·新知三联书店，2010年）这本书时，看到书中有关柏林墙当年发生的真实的故事，也颇感新奇，尽管这是迟到的消息，但我的麻木的感知对于这类时空错位早就习以为常了。

《欧风欧雨》的作者关愚谦，是一位旅居德国40多年的作家、翻译家、学者，足迹遍及欧洲各国，他的这本书是旅居欧洲的记录，着眼于欧洲的文化与历史，又注重亲身经历、直面观察的特色，由于作者娴熟地掌握

曾经撕裂了德国的柏林墙

英德俄等多国语言，因而他的文章比较有深度，不同于蜻蜓点水式的观光客游记。书中的《柏林城墙倒塌二十年》就是值得一看的文章。

"……1989年8月，匈牙利政府决定开启通往资本主义国家奥地利边境的铁丝网，其结果是每天有成千上万的东德年轻人，利用暑期度假的机会，经过匈牙利逃往西德。起初逃亡的人并不多，可是，一听说东德政府准备采取控制措施，反而刺激了人们的神经，掀起了大逃亡潮，连一直号召东德人过来的西德政府都有点承受不了了。"

在这种形势下，"自1971年起就当选为东德领导人的昂纳克，由于政革无力，在党内外越来越不得人心，不得不于1989年10月18日正式宣布辞职引退，这一消息震动了整个欧洲大地。""11月9日晚7时，东德电视台忽然播送了一条惊人的消息，原来是政治局委员、东柏林市委书记在记者会上宣布，东柏林人可以自由地到西柏林走动。当天，西德老总理施密特在《时代》周刊上发表重要文章，要求西德全力以赴，从财政中拨巨款给东德。"

"11月10日一大早，通东西柏林的边界走廊前挤满了人，边防警28年来第一次敞开门户，东西德两边的人都可以自由跨过边界。起初，人们还将信将疑，不敢跨越，当看到前面的人一路无阻地过去了。接着，大批的人涌了上来。这消息，一传十，十传百，到了傍晚，东德好像大坝开了闸。"

"西德总理科尔当晚在电视上宣布，凡是由东德过来的国民，都可以凭

历史寻梦

护照领取100马克零花钱。这一消息更加刺激了东德人，第二天，全东德人总动员，利用一切交通工具，纷纷挤往东柏林。西柏林的街头毫不怠慢，西柏林百姓自动组织欢迎队伍，一些商店、百货公司在勃兰登堡城门大街摆出各种饮食摊位，啤酒比原价便宜10倍，还收东德马克，实际上等于半卖半送给东德同胞。东西德青年男女双方不认识，在街上就联欢跳舞，甚至拥抱亲吻起来。"

"由东德来西柏林的人，有增无减，有的当晚回去，第二天又来了，边境处已经难以承受这些人浪。也不知道是谁，从家里拿来锤具，开始向柏林墙进攻。两边军警纹丝不动地看着。这一行动启发了柏林两地的居民，都纷纷回家搬取凿墙工具。当第一座墙倒塌时，不但是当地的旁观者，连全国、全欧洲、全世界的电视观众都紧张地注视着，那是'墙倒众人推'，只见厚厚的钢筋水泥建筑两旁的破墙者，已逐渐发展成几十万的大军，凿墙战线已从东西柏林拉到整个东西德边界，形成历史奇观。"

作者亲历了柏林墙巨变，目睹了东西两德人民的喜悦，虽是20多年前的往事，但读来如身临其境，现场感极强。于是我也做一回文抄公，原文照录，再说什么纯属多余了。下面一段文字也是文抄公，只不过是综合多种来源的信息。

第二次世界大战后，原德国首都柏林被分割为东柏林与西柏林。柏林墙修建之前，约有250万东德居民逃离东德，他们中的许多人通过西柏林前往西德和其他西欧国家。为了阻止东德居民逃往西柏林，东德政府于1961年8月13日始建柏林墙，全长155千米。这道环绕西柏林边境修筑的边防系统，将西柏林与东德领土分割开来，称为"反法西斯防卫墙"。柏林墙开始为铁蒺藜围成的路障，后改筑成2米高、顶上拉着带刺铁丝网的混凝土墙。在正式的交叉路口和沿线的观察塔楼上设置警卫。1970年，柏林墙加高到3米以阻止居民外逃。1980年，柏林墙的围墙、电网和堡垒总长达1369千米。

尽管如此，柏林墙修建后仍有5000人尝试翻越柏林墙外逃。统计到2009年，被东德边防哨兵枪杀的死亡人数为136~245人。

柏林墙的倒塌，为两德统一铺平了道路。一年后的1990年10月3日，分裂了41年的两德最终统一。

《晚清生活掠影》

回望晚清的中国

　　吾生也晚，没有赶上晚清时代，那是我的祖父一辈经历的岁月。在《〈点石斋画报〉的科学传播》这篇小文中（2014年7月31日《中国科学报》），我曾写道："在那个号称晚清的封建社会末期，科学文明之光冲破古老帝国的阴霾，亮起了最早的曙色。"并提出一个大胆的想法："晚清，至少是一个值得重新认识的历史时期。"

　　近日读《晚清生活掠影》（焦润明、苏晓轩编著，沈阳出版社，2002年），该书多角度地从"晚清的白话文浪潮""西式音乐""照相""电影""股票""银行""股份制""出国留学""邮政""警察""电报电话""西医""女子服饰""休闲娱乐"等38个方面，勾画出晚清中国社会全貌。回望百年前那个并不遥远的时代，我们不能不被祖辈追求现代化的热忱而深深感动，那确实是一个开放的时代，一个充满朝气、充满活力的时代。

　　学界一般把1840年至1911年称为晚清时代，这其中包含了洋务运动（自1861年底开始，至1895年大致告终）。短短一个甲子，全国各地仿效西方工业和商业模式，以官办、官督商办、官商合办等模式，兴建了一大批工厂企业，开启了中国工业发展和现代化之路。

　　除此之外，值得一提的还有很多，每一件都是开创性的，前无古人的。

　　派遣留学生，始于1846年，容闳、黄宽、黄胜3人赴美留学，这是中国最早的由西方教会资助的留学生。正式由国家派遣的留学生是1872年，留美幼童30人（包括詹天佑）。1873年第二批，30人。1874年第三批，30人。1875年第四批，30人。1876年派7名淮军青年军官到德国留学，1877年选拔船政学堂毕业高材生赴欧留学，首届海军留学生共38人。1882年第二届10人赴欧。1886年第三届33人，赴英、法，学军舰驾驶。1897年第四届6人，学制造技术。

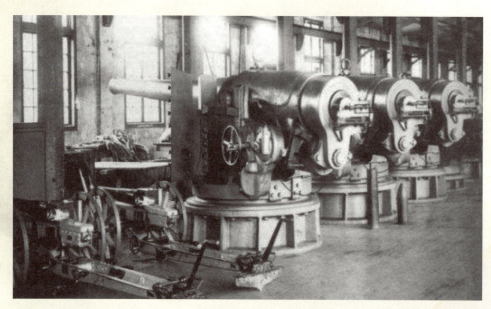

江南制造局

　　很有意思的是，甲午战争失败后，中国掀起向日本学习的高潮。1896年13名中国学生赴日留学，为中国人留学日本之始，到1906年达8000人之多（与废科举和清政府大力鼓励留学政策有关）。

　　1908年5月25日美国会正式通过决议案，退还庚子赔款中超过美商损失以外的一部分，清政府没有中饱私囊，决定以此为留美学生经费，公开考试，择优录取（官员们也没有把出国名额私分）。最初四年每年向美国派出100名留学生。以后每年不少于50名。到1910年，留美学生增至500人，以学自然科学为主。

　　江南制造局翻译馆是晚清最大的官方翻译出版中心，正式开馆于1868年（江南制造局是清政府在上海虹口创办的制造枪炮兵舰的兵工厂）。该馆聘请译书的有英、美、日籍和本国学者，除了翻译数、理、化、地学等基础理论著作外，还翻译了大量制造、军事、测量、机械、铸造、采矿、铁路等应用技术书籍，1871年到1880年，共计出版译书98种，共235册，平均每年售出3888部。

　　1897年2月11日（光绪二十三年正月初十）商务印书馆在上海开业，成为具有相当规模的近代出版机构。主持了我国第一部新式辞书《辞海》的编纂，为新式学堂编辑教科书，大量编校出版古籍等。

1876年，两种中文的自然科学杂志在上海出版，一是《格致汇编》，二是《益乐新录》，这两本科普杂志均由外国人担任主编。真正由中国人自行创办的最早的科普杂志是《亚泉杂志》，创刊于1900年，创办人是杜亚泉（近代著名自然科学编译家，商务印书馆编译所理化部主任）。

1898年6月11日，清光绪帝宣布变法。7月派康有为去上海督办《时务报》，发表一道"上谕"，内容有"报馆之设，所以宣国是而通民情"，"各报体例，自应以胪陈利弊，开广见闻为主，中外时事，均许据实昌言，不必意存忌讳，用副朝廷明目达聪，勤求治理之至意。"由此可见，光绪帝的新闻观是开明的，甚至是相当超前的。

1898年7月3日，光绪帝正式批准设立京师大学堂，为北京大学前身。京师大学堂与武汉大学前身自强学堂、天津大学前身天津北洋西学学堂、上海交通大学前身南洋公学、四川大学前身四川中西学堂属同时期的近代新式高校（限于篇幅，不再赘述）。

不难看出，如果不是日本发动对华的两次侵略战争（甲午之战与抗日战争），打断了中国的现代化进程，中国的历史肯定是另外的样子。

《我的一生——师哲自述》

从斯大林和橡胶说起

20世纪70年代末的一天，我在海南岛兴隆农场第一次见到了橡胶林。那是一个凉爽的秋天的清晨，走到干燥的泥巴路上，倾斜的山坡上是一眼望不到边的橡胶林，那些树的树干直径不到1尺，灰白的树皮上满是疤痕。树干上都有十分明显的斜斜的刀口，下面挂着一个小小的铁筒，从那个创口正在渗出乳白色牛奶般的树汁，一滴滴地注入小铁筒。这就是宝贵的胶汁，制作橡胶的原料。清晨，当太阳尚未升起，胶林里薄雾弥漫，气温最低时，胶林的工人便开始割胶了，给橡胶树切开伤口，这时胶汁便会汩汩流出……据农场负责人介绍，海南岛的橡胶林是归国华侨多年经营的，海南植橡的成功打破了帝国主义对中国的经济封锁。

想起这些往事，是因为最近读了师哲的回忆录《我的一生——师哲自述》（人民出版社，2001年），师哲先生是早期赴苏留学的老革命，长期担任毛泽东、刘少奇、周恩来等领导人的俄语翻译，参与过新中国成立前期许多重大外交活动。特别是斯大林与中共领导人的会谈，他是翻译，是重要的见证人，因此他的回忆录有着很高的历史价值。

"关于种植橡胶。橡胶是斯大林魂牵梦绕的问题。"书中写道，"差不多每次会见都要谈到。他称橡胶是'绿色金子'，不仅苏联需要，东欧各国都需要，而他们都没有种植橡胶的自然条件，资本主义国家不向他们出售，他们就毫无办法。毛泽东第一次访问苏联时，斯大林就向毛泽东提出设法帮他们购买一大批优质橡胶"，在另一次会谈时，斯大林又向周总理提出橡胶问题，他说："我们希望每年从你们那里获得1.5万~2万吨橡胶，你们推说有困难。我们非常需要……"师哲在这里对斯大林的"最高指示"发表了他的点评，两段话也很有意思，一段是："其时，我国刚刚在海南试种橡胶，根本谈不上产量。"另一段是："好像他们需要，我们就应该有。"当然，这话也仅仅在肚子里嘀咕，给他胆子，师哲也不会当时说出来的。

师哲的这本回忆录可贵之处是保存了许多珍贵史料，是一般人不可能了解到的。即如海南发展橡胶这个似乎很不起眼的问题，也透露了"冷战"时期双方战略物资封锁与反封锁的尖锐斗争。书中提到，斯大林讲如果没有一定数量的橡胶，只能减少苏联载重汽车的产量，还提到周总理巧妙地通过对我友好的锡兰（今斯里兰卡）政府购买大批橡胶的事例。联想到海南岛那郁郁葱葱的胶林，不禁令人回想到那个波澜壮阔的历史年代。

书中有一个细节很是感人，至少对我是如此。1950年毛泽东第一次访苏回国，途中专列停靠苏联的许多城市，当地党政官员都前来问候，并邀请尊贵的中国客人到城里参观。毛泽东对苏联方面的热情礼遇也给予回应，沿途参观了很多工厂、学校，观看文艺演出。然而也有一个例外："专列经过布里亚特蒙古自治共和国的首府乌兰乌德时，当地党政军领导登车看望毛泽东，并恭请中国客人进城憩息，毛泽东婉言谢绝，使他们很失望。这里属上乌金斯克，原属中国领土，基本居民是蒙古族，中国历史上著名的苏武牧羊就在这里。我想：毛泽东一定有许多的感慨，而当地人是想不到的。"这个细节对于了解毛泽东，是十分重要的。后来中苏之间发生了许多不愉快的事情，尽管有很多原因，大概也有复杂的历史渊源吧。

作者阅历丰富，又在苏联长期生活，延安时期和新中国成立初期在中共领导核心圈内担任重要职务，他关于许多人和事的回忆，是研究中共党史的重要资料。虽然上述有趣的历史细节，比起党史一类重大问题固然微不足道，但在我眼里，也是弥足珍贵的。

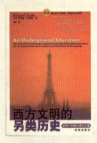

《西方文明的另类历史
——被我们忽略的真实故事》

历史的另一面

　　历史是已经逝去的人和事。由于写历史的人的立场、观点、掌握的史料不同，以及亲亲疏疏、转弯抹角的复杂关系，同样的人与事，写出来的历史不尽相同，甚至大相径庭，这是很常见的。因此之故，读历史书，就得动点脑筋，别让鼻子被史家牵着走。这方面，鲁迅先生看得很透彻，他说过，与其看官修的《二十四史》，不如看坊间流传的稗官野史更可靠些。"我以为倘有购买那些纸墨白布的闲钱，还不如选几部明人、清人或今人的野史或笔记来印印，倒是于大家很有益处的。"（《且介亭杂文·病后杂谈》）这是有一定道理的。

　　《西方文明的另类历史——被我们忽略的真实故事》（〔美〕理查德·扎克斯著，李斯译，海南出版社，2002年）就是一位另类的历史学家写的稗官野史，对涉及政治、宗教、犯罪、医学、商业、日常生活等诸多历史事件，做出了令人耳目一新的解读，而其中最有意思的是把"许多伟大的男男女女从偶像圣坛上摔下来"，恢复了他们真实的面目。

　　有个人们比较熟悉的例子，涉及《瓦尔登湖》作者的情况。众所周知，出版于1854年的《瓦尔登湖》是美国作家亨利·戴维·梭罗的一本散文集。书中详尽地描述了他在瓦尔登湖边的森林中度过两年零两个月的生活，以及在此期间他的许多思考。梭罗把这次经历称为简朴隐居生活的一次尝试。《瓦尔登湖》如今被视为美国自然文学的经典，梭罗更成为工业文明时代隐居乡野、过着自食其力生活的现代圣人，受到人们的崇敬。《瓦尔登湖》被译成多国文字，中译本除徐迟比较早的译本还有多种，据说这位圣人的故乡也成为人们趋之若鹜的旅游点。不过在托克斯笔下，梭罗不过是个假的苦行僧，他在《瓦尔登湖》中一再表白"我只通过自己的双手劳动觅食"，其实根本不是这么一回事。书中写道："他在林中的隐居，就好像市郊的孩子经常跑到自家后院去，假装他们是在林中野营。"作者无情地揭穿梭罗的"西洋镜"："他几乎每天都要到康科德村里去一次，他的母亲和姐姐住在不到两英里的地方，每个星期六给他送来满篮子的食品，里面装有果饼、甜点和饭食。梭罗还不时回家去，将家里装点心的坛子舔个干干净净。"康科德村的老百姓都很清楚梭罗所谓隐居的真相，不过是欺世盗名的伎俩。当地流传一个笑话：村里有人摇响了晚餐铃，梭罗从林中猛冲过来，手里拿着餐盘排在了第一个。

教皇英诺森四世

再说一件很有趣的事：到西方国家旅游，通常去的最多的景点就是无处不在的教堂。这和外国人来中国旅游"白天看庙"也差不离。以前去罗马，最想去的地方之一，便是梵蒂冈的圣彼得大教堂，教宗所在地的魅力，宗教的博爱精神，雄伟的建筑和宗教画，大概都是诱因吧。不过，据扎克斯在书中披露，在欧洲历史上，从1200年到1700年，包括文艺复兴的鼎盛时期，主张对犯罪嫌疑人施以酷刑，搞"逼供信"这一套的始作俑者便是罗马教廷。"教皇英诺森四世在1252年特许拷打，以帮助宗教裁判所的官员们迫使异教徒招供。他的教皇特令说：'如果折磨对于那些践踏人类纲常的人是适用的，那么对于践踏上帝之法的人来说就更是适用了。'"当时在欧洲，只有英国是不许折磨犯人的，为此"教皇克雷芒五世给爱德华二世（英王）写信说：'我们听说，你禁止拷问，说有悖于英国法律，可是，没有哪个国家可以凌驾于教会法规，也就是我们的法规之上的。因此，我在此命令，你应立即诉之拷问，查办这些人……你已经使你的灵魂陷入成为异教徒的保护者的危险之中了。'"迫于教皇的淫威，英国国王妥协了，"数百人惨遭毒手"。书中还细致地介绍了当年欧洲各种酷刑的详情，这里就不必折磨读者诸君的神经了。

由此想起《圣经》上许多劝人为善、人类应彼此相爱的教义，真是不知从何说起。

写到这儿，想起古希腊诗人尤利阿诺斯为怀疑派哲学创始人皮浪写的一首题为《墓碑》的诗：

> 你死了没死，皮浪？
> 我怀疑。
> 命数已尽，还怀疑吗？
> 我怀疑。
> 这坟墓会埋葬怀疑。

历史，就是这样充满怀疑的啊。

《日本军细菌战》

日本法西斯的罪证

　　历史是一门有趣又很特别的学科，比起许多人文学科来说，古往今来，搞历史的人大体上可以分为两类，一类是以揭开历史真相为己任的严肃的史家，这是多数。另一类就比较难说了，这些混迹于史学界的人，出于利益集团的需要，或者怀着某种不可告人的目的，名为史家，从事的竟然是故意歪曲历史、掩盖真相、以谎言代替史实的勾当。他们把历史当作可以随意打扮的小姑娘，混淆是非，信口雌黄，指鹿为马，颠倒黑白，置历史公论于不顾，手法十分卑劣。君不见，日本那些无耻的肆意篡改历史教科书的所谓历史学家，以及某些头脑发昏的政治家公然否认日本在第二次世界大战期间的侵略罪行，一再为恶贯满盈的战犯们招魂，不就是这一类骗子的拙劣表演吗？！

　　春节期间，看了一本揭露日本法西斯罪行的书，引起我的回忆和诸多联想。

　　这本名为《日本军细菌战》（金成民著，黑龙江人民出版社，2008年）的大书，16开，674页，110万字，配有大量珍贵历史照片。

　　它是我所见到的迄今史料最丰富、内容最详尽、由我国专家撰著的论述日本在侵华战争中实施惨无人道的细菌战以及为开发细菌武器而建立特种部队和研制细菌武器的内幕、包括日本发动细菌战的实例的书。该书突出介绍了臭名昭著的日本关东军731部队，详细介绍其内部结构，如何公然违背国际公约，在中国各地实施世界最大规模的细菌战的罪行；也以充分的资料披露了731部队下属的分布在中国各地从事细菌战的各支队（如海拉尔543支队、孙吴673支队、林口162支队、牡丹江643支队、大连卫生研究所即319部队），以及其他细菌部队（关东军满洲第100部队、北京北支甲第1855部队、南京荣字第1644部队、广州波字第8604部队、南方军〔新加坡〕冈字第9420部队）的组织机构、细菌实验和开展细菌战的情况。

该书对日本侵略军在诺门罕战争以及在中国的浙江、云南、内蒙古、吉林、黑龙江、福建、江西以及湖南常德、鲁西等地发动细菌战造成的伤亡和疫情，做了详尽的调查。"死亡人数至少在200万以上，如果加上疫情蔓延所造成的遗害，其死亡人数更是难以估计"。

如果说细菌战的直接受害者是数以百万计的被细菌传播的各种疫情致死的中国军民，那么还有一批不为人知的受害者是被残酷的当作细菌实验对象的、活生生的人，书中特辟一章称作"特别移送"，就是指将抓捕的"犯人"，不经法庭审讯，秘密移送到细菌部队的实验室，作为实验材料活活折磨而死（远远超过3000人）。他们当中不少是抗日战士、游击队员、爱国人士，被俘的苏军、蒙军将士，也有平民百姓。这是最惨无人道的法西斯行径，与波兰奥斯维辛集中营纳粹用毒气屠杀犹太人并无区别。当医学、传染病学、昆虫学沦为侵略者杀人的工具，科学也就无耻地堕落了。

平心而论，读这本书，我的心情是沉重而压抑的。30多年前的1982年8月初，我当时是一名记者，一个偶然的机会，我在哈尔滨平房区实地调查了"杀人魔窟"——日本关东军731部队总部遗址，找到了当时日本侵略军杀人灭迹的焚尸炉（被当作实验样本活活折磨至死的人都被焚尸），做细菌试验的房子和埋有大量白骨的万人坑。还采访了1945年因鼠疫流行而染病的农民及家属，特别是当年参与防疫的医务人员。当时陪同我的韩晓是研究731部队罪行的著名专家，我回京后，经总编辑亲自批示，于1982年8月25日在《光明日报》国际版发表《在细菌杀人工厂的废墟上——访日本731部队遗址之一》，8月28日又发表《鼠疫的灾难——访日本731部队遗址之二》。这两篇通讯是中国中央级大报首次揭露日本军国主义发动细菌战的罪行，回应了当时日本右翼分子篡改教科书、妄图否认侵略罪行的无耻行径。文章发表后，在国内外特别是在日本引起较大反响。我后来得知，时任中央书记处书记、中宣部部长的邓力群做了批示，"要把哈尔滨的日本细菌工厂作为重点文物保护单位保护下来。"（大意）这是非常正确的决定，1982年12月1日，哈尔滨市平房文物管理所成立，后改为侵华日军731部队罪证陈列馆，韩晓担任第一任馆长。从《日本军细菌战》

中得知，本书著者金成民1995年任731陈列馆副馆长，2001年任（哈尔滨社科院）731研究所首任所长。这部著作熔铸了几代研究者的心血，汇集了近30年国内外许多学者对日本侵华罪行的取证、档案发掘整理和当事人的调查成果。我很感谢这位年轻的作者，他奉献了一部杰出的、优秀的著作。

这是一部日本侵略罪行的铁证，是无法翻案的、血写的历史判决书。

因此，在日本政府企图推翻历史，为军国主义招魂的时候，从《日本军细菌战》中重温历史，我们必须保持清醒头脑，中国的历史学家应该像金成民那样，写出真实可信的日本侵华史，揭露侵略者的滔天罪行，让子孙后代永远不忘国恨家仇，世世代代不要被假象迷惑。

《回顾金门登陆战》

金门登陆战与潮汐

《回顾金门登陆战》（丛乐天、邢志远、李谦主编，人民出版社，1994年）是一部非常珍贵的海战史实录，也是对发生在1949年10月人民解放军攻打金门岛的全过程的回顾。由于"你知道"的原因，金门之战的真相一直鲜为人知，该书的正式公开出版，也可以视为解密，为60多年前那场惨烈的战争揭开了神秘的面纱。

本书的权威性在于，国防部长迟浩田为该书题词："缅怀金门烈士，勿忘统一大业。"（1993年）中央军委副主席张震作序。书中收集的30多篇文章均出自参加金门之战的各级指挥员和干部战士之手，而不是第三者的编纂，因而可信度很高。

关于金门之战，简而言之，是指1949年10月24日夜我人民解放军向金门岛发起攻击，据张震（时任第三野战军参谋长，正在住院）在序言中说："记得头一天还看到电报，说我登陆金门部队进展顺利，已俘敌数千，正追歼残敌。可是到了第二天，情况大变，说胡琏兵团放弃潮汕，增援金门，其18、19军已到达金门。我方登陆船只又为蒋机凝固汽油弹焚烧，经多方收集，才又增援4个连上去。战斗到第四天，岛上枪声稀少，估计登陆部队遭到胡琏兵团增援部队和原守军李良荣兵团以五比一的优势兵力的围攻。我登陆部队（包括船工）九千余人除少数受伤被俘，均壮烈牺牲。这是我军解放华东全境中受到的最大损失。"

金门登陆战是"解放战争中人民解放军的一次重大损失。"（见《当代中国军队的军事工作》，中国社会科学出版社，1989年）关于这次失利的原因，自有许多军事专家和参战将士的精辟分析，本文不必重复。不过，抛开敌我双方的兵力部署等军事因素以外，有一个科学因素没有引起足够的重视，并因此酿成大错，以致影响全局。

这就是忽视了潮汐运动规律，尤其是退潮对木船的影响。

大金门岛，北距大陆约9千米，面积124平方千米，东部山高岸陡，不易攀登，西半部较平坦，西北部海岸为泥沙滩。金门县城在金门岛的西部。

显然，金门的大小岛屿每天都有潮涨潮落的自然现象。对于整个金门登陆战的作战计划，尽管这是一个微小的细节，然而有的时候，细节成了决定战争胜负的关键。

据指挥登陆战的第29军副军长肖锋在《回顾金门之战》一文中说："我第一梯队在金门登陆成功，并粉碎了敌人从古宁头到后沙的沿海防线，控制了海岸阵地，为我后续部队继续登陆创造了有利条件，但他们也有损失，急需第二梯队继续登陆，否则就无力向纵深发展。"

然而，这时候，眼看着金门岛枪声大作、双方鏖战正急的当儿，隔海相望的第二梯队的将士却无法渡海前去支援。

为什么呢？"第一梯队所乘的近三百条船，这时因海水退潮，都搁浅在海边不能开动，第二梯队哪里有船渡海？"肖锋说："这种事先没有预见到的情况的发生，顿时使我的心情十分沉重。"在文章另一处，他讲的更明白："因海水退潮，沙滩路很远，木船都搁浅了，无法返回。"

写到这里，不由地想起1985年1月我在南极的亲身经历。当年我们的考察船在南大洋遇到险恶的风浪，不得不驶向海峡避风。当天下午我们20多人乘一艘小艇前往冰封的南极半岛，岂料小艇绕过冰山，快要靠岸时，海水退潮了，小艇擦着海滩的砾石嘎嘎作响，终于搁浅不能动弹。所幸这时离岸不太远，水不太深，于是我们脱掉靴子，挽起裤腿，跳下冰冷彻骨的海水，赤脚登上了南极半岛。

由这次经历，我体会到潮水涨落的潜在风险。但是，金门登陆战的情形大大不同：我军登岛第二天，敌坦克立即抢占滩头阵地，并出动军舰，敌空军飞临金门上空，轰炸扫射我军登陆点，将搁浅的船队轰炸摧毁，"我登陆部队已陷入敌陆海空军夹击之中。"肖锋副军长如此说。

潮汐，在海岛攻击战中仅仅是一个微小的细节。然而在特定的情况下，至少在依靠木船渡海的条件下，这个细节不容忽视（如果是机械化的水陆两栖舰，那也许另当别论）。

潮汐，对于海战来说，不是什么高深的学问，只能说是普通的常识。然而无论是打仗，还是搞建设，违背常识的事经常发生，以致酿成大错。这是值得指挥官和决策者引以为鉴的。

当然，金门登陆战的失利，有多方面的原因，潮汐仅是其中之一。无论是从总结经验教训，还是单纯地弄清历史真相，都有必要对当年国共双方兵力部署加以探究，发掘第一手资料，利用许多文件解密的有利条件，还金门之战以本来面目，这恐怕也应该是中国海战史研究的重要内容。

《中国运河传》

通州与大运河

据网上消息，北京市的机关单位近年内将陆续迁入通州，可以预料，今后通州的崛起也是必然趋势。对于研究北京史的人来说，这是不容忽视的一件大事。由此，我想到通州的过去，它的兴起，以及在历史上的地位。

毫不夸张地说，通州，是南北大运河的女儿。

在我国漫长的历史时期，在没有铁路、高速公路的农耕社会，历朝历代政府都十分重视将全国各地征收的粮食由水路运往京师，供宫廷、官员和军队食用，还创造了一个专用名词——"漕粮"。以此类推，运粮的专用船只称"漕船"；以人工开凿或疏浚用以运输漕粮的河道，称"漕河"或"漕渠"；主管漕粮收缴监押运输的官员就是"漕运总督"了。

起自杭州、北抵京师（北京）的南北大运河，实际上就是运输漕粮的漕河。当然，它也承担其他大量货物的运输和南来北往的客运。

《中国运河传》（傅崇兰著，山西人民出版社，2005年）不仅对历代为解决漕运疏通水系、开凿人工运河的历史作了一番系统的梳理，还以较大篇幅重点介绍了南北大运河的历史，以及沿河重要的河港城市，其中之一就是邻近京师的通州。

元大都建成后，为了将每年400万石漕粮运到京城，元代著名科学家郭守敬在北京昌平东南的白浮泉引水修渠，经瓮山泊（今昆明湖）、积水潭，又出文明门（今崇文门北），东至通州高丽庄入白河，全长164里104步，这条人工河道即是沟通南北大运河最后一段的通惠河。"燕山三月风和柔，海子酒船如画楼"，描写的正是当年积水潭"舳舻蔽天"的繁华，那时大运河的终点是大都的积水潭（今什刹海）。

据《中国运河传》：通州历来就是大运河的漕运枢纽，早在金代定都（北京称作金中都）时，于金天德三年在潞县治设刺史州，取"漕运通济"之意，名通州，通州的名称由此诞生。不过金、元两代，因通惠河畅通，通州的地位并不突出。

到了明、清时期，情况发生巨大变化。据《中国运河传》：明代的北京港已不再沿用元代的积水潭，而在通州土坝、石坝建港，在通州建了粮仓，并筑新城护仓，还建一座东关城楼，船家客货必须过关纳税，通州成了名副其实的大运河北端终点，也是北京的漕运码头和京通二仓的仓储地。于是，南方来的漕船和商船不再直接进入北京，而是到张家湾码头和通州土坝、石坝卸货，换车乘马再由陆路进京。

由此，从通惠河贯通后，元朝末年在乐岁、广储等仓附近"编籬为城"，这是通州建城的肇始。明洪武元年（1368年）在潞河以西筑通州城，"砖甃其外，中实以土。周围九里十三步，建垛墙高三丈五尺。共四门，东曰通运，西曰朝天，南曰迎薰，北曰凝翠。"并在西门外辟地建西、南二仓。明正统十四年（1449年），为了城外的大运西仓、南仓安全，又兴建通州新城。清朝乾隆三十年（1765年）又将新、旧二城合而为一，城市面积约4平方千米，人烟辏集，百货杂陈，呈现出空前的繁荣。

那么，明清以来，通惠河为什么被弃而不用，以致大运河的北端终点转移到了通州？原来这里有一个自然因素，还有一个人为因素。

自然因素是通惠河水源不足，由于北京比通州地势高（东便门大通桥地势高于通州40尺），因此通惠河建闸24座，河道窄而浅，不易通大船，而水源不足又导致河道淤塞日趋严重。另一个人为因素是，通惠河的上游水源地昌平一带，在明朝定为皇陵禁地，于是从白浮泉引水成为直接关系到破坏皇陵风水的严重问题，权衡利弊，只得放弃通惠河另辟蹊径，一直到明嘉靖七年（1528年），又上引白浮泉，截引榆河、沙河之水，重开通惠河。只是北京城外的河道圈入皇城，漕船已不能入城抵积水潭，只能停靠东便门的大通桥下，故明代通惠河又称大通河。

通州是大运河孕育的城市，遗留许多大运河与漕运的遗迹，也诞生了独具特色的运河文化。我心目中未来的通州，不是高楼大厦的水泥森林，而是现代风格的楼宇之间，点缀着别有运河风情的绿荫长堤、白帆点点、荷塘月色的风景。

《卓娅与舒拉》

为了拾回忘却的记忆

在琳琅满目、堆放上千册各类图书的旧书摊上，唯独一眼看中了这本书，毫不犹豫地买下，已经不是单纯的阅读需要了。只有我自己心里明白，这是为了拾回忘却的记忆，或者是寻回青春时代的一个美丽的梦。当我翻开那陈旧的书页时，我似乎无意中和多年音信皆无的老友相逢，心里充满无比的欢欣，夹杂着一点点无法表述的惆怅。

这本老书就是《卓娅与舒拉》（〔苏〕柳·科斯莫杰米扬斯卡娅著，李天民、李业劬译，漓江出版社，1995年）。

很早以前的版本书名为《卓娅与舒拉的故事》。在20世纪50年代，这本描写苏联卫国战争时期青年英雄的书，和许多苏联的文学作品如《青年近卫军》《钢铁是怎样炼成的》、人物传记《普通一兵——马特洛索夫》《古丽雅的道路》等一样，曾在中国青少年中风靡一时，产生了深远影响。这是中国阅读史上很值得研究的一个现象，它的形成有其特殊的历史政治背景，它的影响当然也是很有趣味的，耐人寻味。

这本书不是小说，而是英雄的母亲回忆自己的两个亲骨肉，女儿卓娅和她的弟弟舒拉短暂而光辉的一生。卓娅在1941年10月参加了抗击德寇的游击战，12月在执行任务时被俘，她受尽折磨，英勇不屈，终被残暴的德国法西斯绞死，年仅19岁。她的弟弟舒拉比她小不了两岁，后来参军，担任近卫军上尉，连长，1945年4月在攻占珂尼斯堡（今加里宁格勒）的战斗中牺牲。卓娅为国捐躯的英雄事迹被媒体披露后，引起广泛的影响，她被追尊为苏联英雄，成为全民抵抗德国法西斯的楷模（舒拉后来也被追尊为苏联英雄）。

书中提到，这位不幸的母亲曾经先后两次被批准去为女儿和儿子送上最后一程，在战争年代，这是很罕见的。在看望牺牲的儿子时，悲伤的母亲写道：

"现在已是胜利的前夜，幸福的前夜，可是我却坐在我的孩子的灵柩前。他像一个活生生的人那样躺着，容貌是多么安详、泰然……"这是多么令人心痛的场景啊。

失去了亲生骨肉的母亲的回忆，是十分感人的。但书中的描写却很平常，没有惊心动魄的情节，像聊家常一样，有时还有点琐碎，因而也更加真实可信。这是个普通的家庭，父母都是中小学教师。父亲很早因病去世后，生活的重担落在母亲一人的肩上，日子过得紧巴巴的。在这样的家境，两个孩子很懂事，尤其是姐姐卓娅很早就为母亲分忧，照顾弟弟，独立生活能力很强。母亲对两个孩子的教育十分操心，不仅注意他们的学习成绩，也非常关注他们的思想和道德修养，使他们从孩提时代起就逐步养成诚实好学、尊重长辈、乐于助人、热爱劳动、热爱生活、兴趣广泛等优良品质。几十年前，我读这本书时，印象最深的是他们一家热爱读书，父母和子女经常在一起读书、购书，交流读书后的心得体会，这真是个其乐融融、无比高尚的幸福之家。书中写道："我们最喜欢的一项开支是——买书。这是多么令人高兴的事啊！来到书店，先翻翻摆在柜台上的书籍，然后踮起脚尖歪着脑袋，好从远处看清排满书架的书脊上的书名，再就是一页接一页地翻了又翻，互相交换意见，最后，拿着一包沉甸甸的、仔细捆扎好的书回家。我们用新书把书架（它放在墙角紧靠卓娅的床头）装饰得十分好看的那个日子，对我们来说就好像是过节，我们一次又一次不厌其烦地谈起我们所买的书籍。我们轮流阅读新书，有时星期天晚上就由一个人朗诵。"

"对于我的孩子来说，每一本新书都是一桩非同小可的事情。他们每每把书上讲述的一切看作真正的生活而加以讨论，对书中的主人公进行热烈的争辩，或者喜爱他们，或者谴责他们。"仅仅从《卓娅与舒拉》中出现的书目和作家的名字，我们会发现在卓娅和舒拉短暂的一生（他们仅读到九年级，中学还未毕业，战争就爆发了），他们读了多少书啊！以至于有一次母亲到图书馆给卓娅借书时，一位女馆员看到长长的借书单，不禁问道："您的女儿是在高等专科学校攻读吗？"

卓娅和舒拉的成长固然有很多因素，家庭、社会、学校、共青团，等等，但是有一点是不容忽视的，这就是从小养成的爱读书的习惯。正是从许多优秀图书中获得的巨大的精神力量，培养了他们热爱祖国、热爱生活、疾恶如仇、追求真理的高尚情操。这是一个润物细无声的、潜移默化的过程，说明阅读对于青少年健康成长的作用是不可低估的。

20世纪80年代末，我有幸访问了卓娅和舒拉的祖国，带着少年时代的美好憧憬，我在莫斯科郊外新处女修道院公墓徘徊，低头寻寻觅觅。树影婆娑的墓园里，一条苔痕斑驳的小径，在造型各异的一座座石雕墓碑中蜿蜒。这里安息着俄罗斯（和苏联）历史上许多彪炳史册的人物，有作家、艺术家，也有科学家、政治家和各路英雄。我从墓碑的雕塑和碑文中，辨认出果戈理、契诃夫、陀思妥耶夫斯基的名字，更高兴的是，我终于驻足在女英雄卓娅和她的弟弟舒拉的墓前，一尊卓娅被害前一瞬间的青铜雕像，屹立在墓前的草地上，一束鲜花静静地放在一旁。英雄早已离开这个动荡不安的世界，但她永远活在我们心里。

忽然想起鲁迅先生说过的话："我们自古以来，就有埋头苦干的人，有拼命硬干的人，有为民请命的人，有舍身求法的人……虽是等于为帝王将相作家谱的所谓'正史'，也往往掩不住他们的光耀，这就是中国的脊梁。"（《且介亭杂文》）这里需要补充一句，那些在抵抗外敌入侵时英勇献身的人，他们更是"中国的脊梁"。

我们应该为这些"中国的脊梁"树碑立传，让子孙后代永远记住他们的丰功伟绩！

附记：据老友、鲁迅研究专家王得后教授相告：1955年10月，卓娅母亲应邀来我国访问，曾在北京师范大学向师生做了报告。他还说，他保存了一本纪念册，上面有卓娅母亲来校的照片。这是很珍贵的史料。

1955年，"苏联英雄卓娅"的母亲来到北京师范大学

《哈尔滨档案》

离开哈尔滨后的命运

20世纪60年代，我去哈尔滨出差，印象最深的有两点：一是冬天的酷寒，当地人把大风卷起飞雪的恶劣天气形象地称为"大烟炮"，赶上这样的天气，我这个衣不胜寒的南方人可真是吃不消；第二，哈尔滨当年有"东方莫斯科"之称，由于中东铁路和1917年俄国革命后大批俄国人外逃，哈尔滨成为俄国移民的聚集地之一。哈尔滨城市建筑与风貌，甚至居民的服饰、饮食都受到俄罗斯文化一定程度的影响。秋林公司、洋葱头式的东正教堂、"列巴"（俄式主食面包）和"格瓦斯"（俄式饮料），都是这种外域文化的影响。最为引人注目的，是不时在街头巷尾遇上的俄罗斯老妪，她们每个人和家族都是鲜活的移民史。后来过了好些年再去哈尔滨，得知一些有代表性的俄式建筑似乎也没有躲过"文化大革命"的浩劫，至于俄罗斯的老移民，差不多也走光了。

近日读《哈尔滨档案》（〔澳〕玛拉·穆斯塔芬著，李尧、郇忠译，中华书局，2008年），倒是由此揭开了一段尘封已久、充满血腥的历史，这段历史恰恰和曾经生活在哈尔滨的、数以万计的俄罗斯移民（俗称白俄）的命运有关。

《哈尔滨档案》的作者、俄裔澳大利亚作家玛拉·穆斯塔芬，1954年出生于哈尔滨。1959年，5岁的她随同外祖父、外祖母以及父母亲一起移居澳大利亚的悉尼。虽然离开哈尔滨时她还小，但童年在哈尔滨的生活，却始终印在脑海里，令她难忘，那是"不是故乡胜似故乡"的另一种浓郁的乡愁。透过保存下来的许多老照片，特别是老人们的回忆，玛拉·穆斯塔芬逐渐了解了她的家族的迁徙历史。这其中最重要的时段，一是1917年"十月革命"前后，他们因社会动荡从俄罗斯迁往中国。再一次是20世纪30年代，由于日本侵占东北，建立所谓的"满洲国"，许多流落到哈尔滨的俄国人因"无国籍"面临生计困难，而当时，苏联是唯一可以收留他们的祖国，于是她的家族中许多亲戚为获得苏联国籍而返回苏联。然后就是新中国成立后发生的事，玛拉·穆斯塔芬全家迁往澳大利亚就是这个时候，她的父母在哈尔滨过了大半辈子，会讲流利的汉语，对中国有很深的感情。

从20世纪30年代开始，和玛拉·穆斯塔芬家族的许多亲戚一样，3万多俄罗斯移民家庭离开中国，返回他们的祖国。然而，此后这些回国的"哈尔滨人"几乎音讯绝无，似乎在人间消失了，亲朋好友得不到他们的消息，偶尔辗转传来的消息，凶多吉少，令人真假难辨。

玛拉·穆斯塔芬决心去寻找这些离散多年的亲人。她在澳大利亚求学，并且有幸进入澳大利亚外交界，成为一名职业外交官。她精通俄语和英语（但不懂中文），先后在驻东南亚国家的澳大利亚使馆工作，后来终于有机会访问俄罗斯。在经历苏联解体后的俄罗斯，对外一直关闭的档案馆的大门也开始面向公众开放，于是作为一个外交官的玛拉·穆斯塔芬，利用她的特殊身份以及与俄国官员建立的关系，终于走进了俄罗斯一些地方的档案馆，并查找了当年她的亲人们的档案。

《哈尔滨档案》写的就是作者亲身经历，锲而不舍，年复一年，开启了苏联内务部的"哈尔滨档案"，揭开历史真相的经过。她终于看到了那些尘封60多年、一页页浸透了血泪的交代材料，还有令人不忍卒读的、一页页屈打成招的审讯记录和无法无天的死刑判决书，以及若干年后由于苏联发生剧变而对死者恢复名誉、撤销死刑判决的平反通知。这一张张平反昭雪的公文尽管很虚伪，无辜的死者早在几十年前含冤死去，但它毕竟还是有勇气否定了历史的错误，比起死不认账还是令人欣慰的。

玛拉·穆斯塔芬不仅发现家族成员悲惨命运的真相，更将"哈尔滨人"惨遭大清洗的惊天内幕公之于世：1937年6月，"大清洗"波及全苏联，回到祖国的"哈尔滨人"多被扣上日本间谍等罪名而遭逮捕，经"克格勃"的逼供，其中30992人被处决。

《哈尔滨档案》是研究苏联"大清洗"的重要史料，出版后引起世界范围的广泛关注。

然而，哈尔滨作为那些俄罗斯移民的第二故乡，留在几代人记忆中的，始终是温馨的、可亲的、难忘的，如美丽的松花江、秀美的太阳岛和俄式小木屋的灯火，甚至那漫天的大雪。在哈尔滨的历史上，她以包容的博大胸怀，接纳了无家可归的、成千上万的移民，如同第二次世界大战期间的上海接纳犹太难民一样。

　　这是哈尔滨的骄傲！

《沧海往事——中国现代著名作家书信集锦》

书信中的历史信息

"沧海泛忆往事真，行云散现旧风尘；浮生若梦诗文泪，不堪回首老病身。"这首七律是著名女作家赵清阁老人在她晚年为编选《沧海往事——中国现代著名作家书信集锦》（以下简称《沧海往事》，上海文艺出版社，2006年）所作。

该书收集的书信都是作者本人与中国现代著名的作家们多年通信的回函，包括茅盾、冰心、老舍、郭沫若、施蛰存、阳翰笙、夏衍、巴金、丁玲、苏雪林等人，这些书信很多不见于写信者的文集，因而弥足珍贵。由于赵清阁是自20世纪30年代起活跃于文坛和戏剧界的作家、编辑，与许多作家有着密切交往和深厚的友情，而且又是一位热心肠、重友情的人，这些平素往来的信件，不仅记录了他们的友情，也在不经意间保存了许多珍贵的历史信息。

《沧海往事》收有50多位作家的200多封信件，时间跨度很长，如郭沫若的6封信，是1943年至1944年间。茅盾的20封信，最早的是1943年，最晚至1981年2月15日，当年3月27日茅公与世长辞。老舍的4封信写于1955年至1964年，文内附有多帧老舍照片和赠诗，对了解老舍的创作和感情生活颇有价值。书中收入冰心的信最多，有61封，最早的是1945年，一直到1993年，正如作者在附记中所言："与冰心交往年数十年，通信不下数百封，惜乎'文化大革命'时罹劫散佚很多，现仅保存了建国前后的一些信札。""通过这些信看出建国前后两个时期，冰心经历了不少变化，有幸，有不幸，她都能处之泰然。这与她超逸的修养分不开的，我佩服她。我觉得她的一生，就是一篇优美的散文诗。"

书中收入的，除少数是20世纪四五十年代的书信外，多是八九十年代的信件，而这些作家间的通信，除了涉及彼此的创作外，也必然涉及许多作家在历次政治运动中，尤其是十年浩劫中遭受的磨难。书中收有著名女作家、一直在台湾任教的苏雪林的书信共7封，最早一封为1947年，其余的则是90年代。苏雪林生于1897年，1999年辞世，享年102岁，她与中国文坛许多作家过从甚密，因此信中多次探听老友的消息，对他们的命运十分挂念。1990年2月23日信："你说袁昌英、冯沅君、王莹（此人不认识）在'红卫兵'造反后，被清算斗争折磨死了。袁是我好朋友，她的死我知道。但受斗争死则直到最近二年始知其详。冯沅君原名冯淑兰，北京女高师中文班同学，数年前听说她和她丈夫陆侃如都去世了，我以为她因老病而死，却不知遭斗争折磨而死……沅君则从无反共反鲁迅言行，何以也遭毒手？"1990年4月28日又在信中询问："沅君与政治毫无关系，难道教山东大学也是罪吗？"（据作者附注：袁昌英系女作家、戏剧家，武汉大学教授，当年与苏雪林、凌叔华并称"武大三杰"。"文化大革命"时被迫害致死。陆侃如、冯沅君都是山东大学教授，著名文学理论家，两人在"文化大革命"中受到冲击，后病故。）

　　书中收有著名女作家丁玲的信仅一封，但这封信的内容颇不寻常，基本上简要地概括了丁玲坎坷的一生。我对丁玲的这封信感兴趣，还有另一层原因，1985年我曾到复兴门外大街木樨地22楼拜访了丁玲，听她讲在北大荒接受改造的经历和她对人生的感悟，对我有很大启发。丁玲这封信写于1979年2月27日，"我虽九死一生，但小病不少。""有什么好说的呢？比我功劳大得多的人（我实在没有什么值得说的成绩），比我受折磨多的人很多很多，那些永远被人民尊敬、被人民爱戴、永远活在人民心中的人，都一个一个地死去了！我还有什么可说的呢？我离开文艺界几乎是一个世纪的四分之一的时间了，是一个臭名远扬的人。在这期中，除蛰居北京（1955—1958）两年多，关在牛棚一年，坐监狱五年外，其余时间都在北大荒农场劳动改造，还做过一点基层的文教工作和被发配在山西农村当不十分自由的老百姓。生活过来的确是不易的。"接下来，丁玲也讲到在基层与农民接触的收获，"正因为我多年在下边当农工、当农民，我才得以不死，我才得以有今天，我才还好像很有一点雄心勃勃咧。遗憾的是二十四年过去了，时间太长了，最好的年龄过去了！勃勃雄心已经同身体同仅有的岁月很不相称了。"信中还写道："我现在全家八口，今年春节总算在北京都见到了，自然，他们都因我逃不掉受株连，我给他们

历史寻梦

131

造成了许多不幸。其实因我而受株连的人，在我上边的，在我下边的，亦不知有多少……真是多灾多难，不断地经受狂风暴雨的我和这一代的文艺工作者们啊！"无奈的心情，跃然纸上。

在这里，我附带说几句话关于王莹的事，以前只知道王莹是著名的话剧演员，很有名的影星，据赵清阁老人在附注中介绍：王莹也是20世纪30年代著名的女作家，著有《宝姑》《两种美国人》等，据本书中收入的著名作家、翻译家施蛰存信（1980年4月15日）："今天收到《海洋》四月号，读了您的大作，使我也回忆了王莹：我认识她比您早，1933年秋我常到她环龙路小楼上喝咖啡，她给我的《现代》杂志写过三篇散文，日本回来后，写过一篇《秋田雨雀访问记》。"施蛰存在信末还将王莹的作品一一注明发表的杂志：

《春雨》，《现代》第三卷第2期；

《剪秋萝》，《现代》第三卷第2期；

《西安的女儿们》，《现代》第四卷第5期；

《秋田雨雀访问记》，《现代》第六卷第1期。

王莹的结局也是悲惨的，"文化大革命"中被江青迫害致死。有一年，80年代后期吧，我应老友、广西广播电视厅厅长邓生才之邀，去桂林参加历史文献纪录片《桂林文化城》研讨会，有幸结识谢和赓老前辈，一同游漓江，相晤甚欢。交谈中，方知谢老是王莹的丈夫，他原是白崇禧将军副官，抗战期间，王莹赴美国宣传中国人民的抗战，并向爱国华侨募捐支援抗战，曾在赛珍珠协助下，到白宫演出，谢和赓一直陪伴。新中国成立后谢老在外交部工作，他主动告诉我，1957年帮党"整风"，他提了一条意见，建议将中南海改为人民的公园，结果是换来一顶右派帽子。现在他已离休，晚年义务给大院里的孩子教英语，许多孩子都纷纷留学了。

《两种美国人》

回到北京之后，谢老给我寄来一本王莹的《两种美国人》英译本，几次搬家，如今也不知去向了。

附记：《沧海往事》由上海文艺出版社2006年10月出版，赵清阁老人于1999年11月逝世，她没有看到这本书的问世。

《舌尖上的战争》

由食物演绎的历史

一谈起历史，差不多都是严肃的话题：不论是阶级斗争、宫廷政变、改朝换代，还是民族的、宗教的，以及侵略与反侵略的战争，哪一件不是令人心惊肉跳的沉重话题？！这方面的著作古往今来真是汗牛充栋，一部《二十四史》从何谈起，也无须我辈多加饶舌了。

不过，除此之外，人类的历史也有相对轻松的、有趣的一面，有些虽然也伴随着血与火的较量，其残酷与野蛮的方式也并不逊色，但是追根究底，它的导火索却是功利性的，只是为了满足口腹之欲，或者说是舌尖上的需求而引起的争夺。从这个角度观察历史，倒是别开生面。

也许是受到颇受好评的纪录片《舌尖上的中国》的启示，这本论述人类有史以来为了食物而发生的贸易摩擦、领土扩张、资源争夺以及兵戎相见的读物，也取了一个很响亮、很吸引眼球的书名——《舌尖上的战争》（李从嘉编著，吉林文史出版社，2015年）。该书围绕着谷物、肉与奶、盐、香料、酒、糖等几大类民生须臾不能离开的食物，以大量史料演绎着人类古往今来的发现、享用的历史，也包括为了占有、垄断、争夺而引发的冲突和战争。中国几千年的历史有不少这类实例，外国同样如此。人类的历史与食物的关系如此密不可分，似乎再一次证明了"民以食为天"的真理。

人们比较熟悉的地理大发现，如1497年7月葡萄牙航海家达·伽马绕过非洲南端的好望角，进入印度洋，于1498年5月抵达印度的卡利卡特，这里是著名的香料集散地，城里有很多香料市场。在此之后的1519年9月，麦哲伦率领5艘船开始了著名的环球航行，麦哲伦虽然也是葡萄牙人，在本国却到处碰壁，他后来是得到西班牙国王的支持才得以成行。麦哲伦的船队3年的航行实践证明了"地球是圆形的"科学结论，在地球科学方面具有重大意义，但代价也是高昂的：麦哲伦本人死于菲律宾的一次部落冲突，270名船员水手因坏血病和营养不良死了大半，加上途中遭到葡萄牙人的伏击，只剩下维多利亚号回到出发地巴拉麦拉。

　　虽然达·伽马和麦哲伦的航行都载入世界航海探险和地理发现的史册，但不可讳言的是，他们的原动力却是寻找东方的香料。麦哲伦的好友法兰西斯库·谢兰定居在马鲁古群岛的甘那底岛（印度尼西亚东北部），那是个盛产丁香、肉豆蔻、胡椒的香料岛屿。谢兰来信透露的信息是驱使麦哲伦远航的动力。他们一路上寻找香料，剩下的18名船员还运回381袋丁香，以此支付了5艘船3年环球航行的费用，可见香料贸易利润之高。

麦哲伦

　　书中以"大航海时代与香料的传播""香料战争""香料帝国的兴衰"等章节，详尽地介绍了东西方之间和西方各国之间为争夺香料、垄断香料贸易而发生的明火执仗的抢掠和陆上与海上的战争，可以看作一部洋洋洒洒的香料战争史。

　　围绕着盐和糖的争夺，也是充满火药味的。在中国历史上，盐税是中央政府的重要财源，而地方割据势力也对盐产地和盐税虎视眈眈，更不用说那些私盐贩子和外族的觊觎。书中以四川自流井为例，指出自流井地区的盐税历来是四川最重要的赋税收入来源（1915年自贡盐井的盐税收入为570多万银元），因而民国初年的军阀混战中，川军与滇军、黔军的多次战争，死伤惨重，都是为了一个盐字。至于袁世凯为了筹集军费，以对付孙中山的革命党，与五国银行团签订卖国的《善后借款合同》，抵押品即是我国的盐税。盐与民国初年的战争就是这样有着千丝万缕的关系。

　　从中国盐商的豪富到穷苦百姓普遍吃不起盐的现象，可以窥见盐的暴利及其背后隐藏的黑幕。

　　关于糖，只需指出一点，西方的甘蔗种植是和奴隶贸易分不开的，因为蔗糖生产需要大量劳动力。"自葡萄牙人在大西洋群岛上开始蔗糖生产时起，奴隶贸易一直是西方蔗糖生产的主流。""（19世纪）整个牙买加拥有40多万名奴隶，每年还需要从非洲购入3万多名奴隶加以补充。""黑人奴隶们维持了牙买加当时700多座种植园的生产，为英国人带来每年300多万英镑的蔗糖收入。"书中写道，牙买加的繁荣，蔗糖的生产，是建立在黑人奴隶的血汗和尸骨之上的。

该书美中不足的是，缺少一份详尽的参考文献目录。由于这是一本编纂的读物，涉及中外广泛的史料，为确保引文的准确与权威性，注明参考文献是必要的。此外，有的章节内容芜杂，离题太远，也影响阅读兴趣。还有个别地方似乎不够严密。如第78页："海洋中智商最高的也不是素食的蓝鲸，而是吃鱼的海豚和把海豹、鲨鱼当点心的虎鲸。"蓝鲸是素食者吗？它吃什么？这个结论肯定是错误的。

总体而言，《舌尖上的战争》是一本很有趣的读物。

文明之思

成吉思汗陵（伊金霍洛）
1961.6.30.

《万里长城百年回望——从玉门关到老龙头》

回望长城百年的大手笔

十多年前，站在金字塔下仰望，不由得想起当年拿破仑曾对远征的士兵说：四千年的历史正在注视你们（大意如此）！何等豪迈，何等激动人心。然而我当时想，拿破仑见到的金字塔与我眼中的金字塔是否一样呢？金字塔下堆满风化的碎石，沙漠的骄阳狂风岁岁年年侵蚀了她的容颜。这些，没有对比，似乎只有一点模糊的概念。

对比，是治学的常用方法。无论是自然科学，抑或是人文科学，在时间的长河里寻找变化的痕迹，对比是一把有用的尺子。但是如何进行对比，说来容易，做起来就颇繁难。

以万里长城为例，"秦时明月汉时关"的事儿谁能说得清呢？单是近百年来这座全人类的历史文化遗产保护的情况到底如何评估，究竟遭到怎样自然的、人为的损毁，恐怕仅凭人们的记忆也说不清楚。即便有限的文字记载也难于以偏概全，加上长城所经之处绝大部分地处偏僻，人们对它的了解更是模糊，因此仅就这一课题，企图了解近百年长城的"今昔对比"，也有很大的难度。

值得高兴的是，一位英国人为万里长城提供了百年回望的真实记录，这就是《万里长城百年回望——从玉门关到老龙头》（〔英〕威廉·林赛著，李竹润译，北京市文物局、五洲传播出版社，2007年），这部厚重的大16开的画册以老照片为参照，再到实地按老照片的视角重新拍摄以获得新的图像，"它首次以重摄老照片的方式来讲述长城百年变迁的沧桑故事。作者使用重摄技术，真实、直观地再现了它的过去和现在。"

这正是利用摄影艺术对长城的百年沧桑进行对比研究的大手笔。

谈到这本书，不能不提及它的作者，威廉·林赛毕业于英国利物浦大学地质地理专业，这位钟情于万里长城的摄影师兼作家，在1987年曾独自步行考察了从嘉峪关到山海关的万里长城，后来定居中国，娶中国女子为妻，专事长城研究与保护，创立国际长城之友协会，出版了多部有关长城的著作，而这本书是他三年间在广袤大地上奔走35000千米取得的成果。

这本书由72组新老照片对比构成，从中可以看出，对比研究的难处，不在于今日照片的拍摄，而在于是否能从尘封的历史档案中找到老照片。尽管重摄老照片也并非易事，比较而言，由于照相术传入中国的时间和相机的普及所限，有关长城的老照片迟至19世纪末和20世纪初才开始出现，而且均为外国探险家、传教士或旅游者所摄。如1871年苏格兰人约翰·汤姆森拍摄的居庸关长城；1907—1908年美国传教士兼探险家威廉·盖尔全程考察长城，他是早期全程考察万里长城的第一人，他所拍摄的照片弥足珍贵。

与此同时，英国考古学家奥雷尔·斯坦因1907年"发现"了敦煌一带古老的汉长城；另外在鄂尔多斯沙漠中，1908—1909年，美国探险家罗伯特·斯特林·克拉克和英国地质学家亚瑟·索尔比拍摄了那里的长城；1914年美国地质学家弗雷德里克·克拉普拍摄的陕西神木县境内的长城，都是极为珍贵的。作为国人拍摄的长城老照片，书中以较大篇幅介绍了著名摄影家、八路军摄影记者沙飞（原名司徒传，1912—1950）在1937—1938年拍摄的八路军将士在长城上抗击日寇的珍贵照片，这些照片不仅在当年成为鼓舞全国人民奋起杀敌的宣传品，在时隔80年后又被本书作者作为重摄长城的参照物。沙飞本人的故事可以写一本书，这里就不多说了。

此外，书中收集的涉及万里长城的老地图、版图、明信片，赋予本书更多的历史厚重感。

从茫茫戈壁中的玉门关到濒临大海的老龙头，《万里长城百年回望——从玉门关到老龙头》忠实地记录长城的今昔变化，它以新老照片的对比，穿插实地考察的记录和见证人的证言，以及历史的回顾和史料的佐证，形象地述说了长城的百年沧桑，何处损毁，何处修复，一目了然，从而唤起读者爱我长城、保护长城的强烈共鸣——这就是作者不辞劳苦，跋涉于崇山峻岭，并将保护长城作为一生的奋斗目标的初衷吧。

《大地的事》

田园将芜胡不归

如今，亿万农民从祖祖辈辈栖居的乡村涌入城里，得到了梦寐以求的城市户口，圆了幸福的"中国梦"。但是在举世欢呼城镇化的大潮中，是否也有一些另类思维的人逆向而行，从城里回到偏远的乡下去务农呢？在下孤陋寡闻，不得而知。近日读了《大地的事》（陈冠学著，东方出版中心，2006年），才知海峡那一边的台湾，有一位名叫陈冠学的读书人，自愿弃职务农，过着日出而作、日落而息的生活。这当然也算得上是追求自己的梦吧。

《大地的事》即是陈冠学的一部厚重的记录务农生涯的散文，在台湾出版后受到极大推崇，而我则把它视作中国生态文学的佳作，堪与梭罗的《瓦尔登湖》相媲美也。

陈冠学毕业于台湾师范大学国文系，受业于大哲学家牟宗三，当过多年教职，精研庄子哲学。他是20世纪80年代初辞去教职回乡务农的，当时四十岁出头。《大地的事》原名《田园之秋》，是从他"置身在这绿意盎然的土地上，屈指算来也有足足的两年"开笔，分为初秋篇、仲秋篇、晚秋篇，是一年之中从9月1日至11月30日短短三个月的日记，1984年出版。

台湾人多地少，但陈冠学的父母给他在故乡（离屏东不远）留下一份产业，"两甲旱田，一楹瓦屋，一头牛，一条狗，一只猫，一对鸡，耕作旱稻、番薯、土豆、芝麻、番麦……"（作者注：甲，台湾旧日地亩单位，一甲约合0.9公顷）

作者笔下的家园："一幢坐北朝南的平屋，坐落在大野之中。西面是已辟的田畴，直延伸到地平线""东边隔着三里地的荒原和林地，便是中央山脉，逶迤向南延伸""南面，对着窗，远远地是几户人家——都是族亲。再过去是硗野一带，是夏季山洪奔腾南下的驰道，冬季是干涸的溪床，极目望去，白石嶙嶙，南接对岸的高岸，西达于海，宽约七里，长则自山脚至海，不下二三十里""北面是一片更辽阔的田野"。他就是在这片远离尘嚣的乡野，过着大体上离群索居、自力更生、自给自足的农耕生活。

《大地的事》通篇没有轰轰烈烈的情节，内容平淡如水，记农事，记天气，记晨昏之时鸟鸣啁啾，记夜间灯灭老鼠在梁上撒欢，记黑夜滂沱大雨中的孤寂，记一灯如豆展书夜读的惬意，记收获番薯驾着牛车去集市贩卖，为族人出售番薯而奔波的情景，记族人送来婴儿满月的"公油饭"以及风雨中邮差送来书信的喜悦。在这些平凡琐碎的生活细节的描写中，渗透着作者恬淡的情趣，心境的静谧，是那种摆脱了现代文明的城市病的轻松，是身心融于大地之母的欣喜。

日记中也并非全然是个人独处的描写，其中也有几件与人交往的"大事"：一是来了一位素不相识的不速之客，晤谈数日，相见恨晚，谈叔本华哲学，谈老子小国寡民，谈理想的社会与人生；一是为族人老大不小的女儿物色

对象，鼎力撮合，成其好事；还有一事是应族人之求，为村中一帮孩子启蒙，教他们识文断字……诸如此类的生活细节，娓娓道来，既是平静生活的波澜，也折射出作者为人之豁达，思想之深邃，志趣之高远。

作者安于清贫，对农家粗茶淡饭甘之如饴，并非是自找苦吃的一时冲动，而是有着深厚的哲学底蕴，以自己的生活践行人生对大自然最低限度的索取。这也是很多夸夸其谈的哲学家所望尘莫及的。

作者并非鸟类学家，但是《大地的事》却以很大篇幅记录了他以敏锐的观察，看到的、听到的各种鸟类和它们各具特色的歌喉，以及鸟儿美丽的容貌、活泼的天性、愉悦的充满灵性的呼应。这些记载远远超过了鸟类学家的科学观察，似乎也是作者借物抒情，抒发内心的无限喜悦。作者并非因生计所迫回到乡村，他是自愿选择了逃离工业文明的城市，愉快地回到故乡的山林田野。倦鸟归林，他的心情堪比那无忧无虑、自由的鸟儿！

如今，城镇化浪潮席卷中国。媒体报道，许多乡村农民进城了，土地荒芜、人去房空的"空心化"日趋严重。当亿万农民抛弃土地进城定居，也就同时失去了农民身份，自然而然也失去了土地山林的所有权。为此，国家是否应制定法律，将农村荒芜的土地收回，再一次进行土地改革，允许一些城里人去乡村、去耕种，当农民？历史就是这般往复循环的。这是大势所趋，是工业化发展历史之必然。

"归去来兮，田园将芜胡不归！"我欣喜地期盼这一天快快到来。

假作真时真亦假

长夏酷暑，再谈读书的话题有点那个了。想来想去，避重就轻，不如找本轻松有趣的闲书翻一翻，如同在自助游的旅途中，到村头小店饮一瓶冰镇啤酒，或者坐在树荫下，听一曲山溪潺潺的天籁之声吧。

这一次我要向诸位介绍的，算得上是一本轻松的闲书，名为《谎言辞典——艺术、历史、科学和文学中的骗局和阴谋》（以下简称《谎言辞典》，〔德〕维尔纳·富尔特著，沈晞、齐芸译，文汇出版社，2005年），该书的副标题是"艺术、历史、科学和文学中的骗局和阴谋"，作者是一位出生于1947年的德国作家和文艺评论家。全书共收集了280个条目，按英文字母排列顺序，对于中国读者却显得有点杂乱无章。好在每一个条目文字不长，它确实适合在旅行途中随手一翻看上几眼。

我在此仅举书中的几个例子，因为在此之前，我一直信以为真。相信跟我一样上当受骗者不在少数。

有关北极地区旅鼠大规模自杀以保持生态平衡的报道，我在不少书上见过，甚至某些"北极探险家"的大作中也言之凿凿地写有此类逼真的描述。我没有去过北极，没有机会见过以集体自杀而闻名的旅鼠，但《谎言辞典》里的旅鼠（Lemming）这一条目却告诉人们："从来没有人看到过由这种滑稽的田鼠排成的列队，就连十分内行的动物学之父布雷姆也没能找到关于这个说法的一个实证，无论是在挪威，还是芬兰。"

书中还说，迪士尼的纪录片《白色荒原》中出现了这种旅鼠大规模自杀的场面，人们看到一大群啮齿类动物在雪地上狂奔，一直跑到山谷的边缘，按解说词所言，它们因为一种难以理解的追求死亡的本能，跳进河谷，葬身河流。不过，1983年一位为加拿大电视台工作的记者布里安·瓦勒对这部纪录片进行了调查，发现了真相："这部片子中的旅鼠列队完全不是对真实场景的拍摄，而是表现了加拿大艾伯塔省的景象……动物们全被放在一个被雪覆盖的旋转台上，根据不同的拍摄表现方法来产生一种它们在整体跑动的错觉，其实观众看到的总是同一群动物。"

"旅鼠并没有自杀的嗜好，只有在纪录片中它们才会被推进深渊，不过它们的死倒是真真切切的。"《谎言辞典》最后如是说。

另一个例子是大家比较熟悉的，那就是苏格兰南部的麦田怪圈，一度被渲染为外星人的飞碟留下的痕迹。关于麦田怪圈，《谎言辞典》在这一条目中历数了它的出现引起的狂热，例如成立了专业的"麦田怪圈研究中心"，出版了很多学术著作，并且召开了高水准的国际会议，发表了研究成果。其中有许多是有头有脸的科学家。不过，这一切都是精心策划的骗局，或者说是一场闹剧。《谎言辞典》指出："不管怎样，这股麦田怪圈热潮突然就结束了。1991年9月，媒体炒作的焦点集中在两个来自南安普敦的上了年纪的绅士身上，道格拉斯·鲍尔和大卫·乔利，那些怪圈是他们和一些朋友搞出来的……"当文献纪录片拍下了两人所做的多个精细的实验，外星人飞碟形成的麦田怪圈之谜，终于被戳穿了西洋镜。

类似的谎言和骗局还有很多，五花八门。书中涉及中国的内容少之又少，只见到一条，即1997年春天大不列颠国家图书馆公开披露，在他们收藏的中国古代书法作品中有600卷伪造品（并点了造假者的姓名）。图书馆的女管理人推测："如今在市面上还可以买到的中国古代书法作品，绝大多数都是伪造的。"

说实话，《谎言辞典》的内容看起来很轻松，有时看着看着，你会偷偷地乐，觉得很可笑，然而当你的脑海里浮现出许许多多的伪造品以及种种匪夷所思的骗局和阴谋时，你的心情却一点儿轻松不起来，你会感到世界原来是如此充斥谎言，如此卑鄙可耻啊。

写到这里，《红楼梦》第一回写"太虚幻境"的一副对联："假作真时真亦假，无为有处有还无"，不禁浮现眼前，倒是活画出人世间无限灰暗而热闹的风景了。

《伊斯兰哲学史》

宗教裁判所的"业绩"

　　马坚教授（1906—1978）是著名哲学家，北京大学东方语言系教授，他翻译的《伊斯兰哲学史》（第·博尔著）最早是1944年由商务印书馆在重庆出版，1946年在上海再版。该书德文原本出版于1901年，"译者是根据出版于1903年的英文译本和1938年出版的阿拉伯文译本重译出来的。"我所拥有的是1958年4月改由中华书局出的第一版，印数仅3100册，"此次重印曾经译者就全文加以修改订正，并加了一篇译序。""内容提要"如是说。倘若该书此后没有再版机会，我的这本藏书恐怕就更稀罕了。

　　《伊斯兰哲学史》的这篇译序是很有见地的，马坚教授客观地评价了伊斯兰哲学的价值，强调指出："伊斯兰哲学的功绩不仅是把希腊哲学保存下来，而且加以发扬光大。欧洲人在中世纪时代关于希腊文献的知识大半是从阿拉伯文译本重译为拉丁文后才获得的、伊斯兰哲学传入欧洲后，黑暗时代的欧洲人才听到亚里士多德的名字，才接触到希腊哲学，对于研究哲学才发生了浓厚的兴趣。"由此得出的结论是："伊斯兰哲学是西方哲学史的一个重要环节，这是无可争辩的事实。"

　　在谈到伊斯兰著名哲学家伊本·鲁世德（现译为伊本·路西德，1126—1198，拉丁名阿威罗伊，出生于西班牙）的广泛影响时，扯出了西班牙历史上臭名昭著的宗教裁判所，不禁引起我的兴趣。译序指出，由于伊本·鲁世德的学说的影响，"教会生怕科学和哲学借伊本·鲁世德的弟子和再传弟子在法兰西和意大利南部的势力传布于欧洲，所以设立宗教裁判所，这个古怪的裁判所是由于僧侣托尔克马达（Torquemada）的请求而设立的。"这就把宗教裁判所的来龙去脉作了明确的交代。

　　译者怀着极大悲愤，以讽刺口吻说道："宗教裁判所是非常尽职的。自

宗教裁判所的残忍手段

公元1481年到1499年，十八年之间，把一万零二百二十人判处火刑，这些人统统被活活地烧死了。又把六千八百六十人判处绞刑，这些人游街示众之后，都被绞死了。又把九万七千三百二十一人判处各种不同的刑罚，一概都依判执行了。"

"这个宗教裁判所当日所用于审讯时的方法是把嫌疑犯监禁起来，用种种刑具施以各种酷刑，直到招供，然后判决施行。"

谈到西班牙宗教裁判所作恶多端、迫害无辜的疯狂，译者无比愤慨地指出："宗教裁判所竭力查究求学的罪犯，以尽其扑灭异端的职责；异端无论藏得怎样秘密，无论是藏在城市里，藏在私宅里，藏在厨房里，藏在山洞里，藏在森林里，藏在田野里，统统都要搜索出来，宗教裁判所的官员们都是热心宗教的人物，所以能够胜任愉快地执行他们干涉人民思想自由的任务。"

宗教裁判所的最高目的就是干涉人民思想自由、信仰自由，扑灭一切异端思想，进而从肉体上消灭他们。译者写道："无论是在寺庙里的僧侣，在教堂里的神父，在宫殿里的贵族，在商店里的商人，在工厂里的工人，在田野里的农民，一经告发，立即被捕，送到宗教裁判所去加以审讯。""这个裁判所，自公元1481年到1808年，曾判决三十四万人，其中有三万二千人是活活地用火烧死的。"

我孤陋寡闻，在我所读的有限的书中，关于宗教裁判所的介绍，这是比较详细的，特别是关于它的杀人"业绩"。

这篇译序写于1957年10月17日。

《只有一个地球》

重温《只有一个地球》

《只有一个地球》（巴巴拉·沃德、雷内·杜博斯主编，石油化学工业出版社，1976年）是"绿色经典丛书"的一种，问世已经40多年。当初，它是受联合国人类环境会议秘书长委托，由两位作者（经济学家沃德、生物学家杜博斯）在58个国家、152位专家学者协助下，为1972年6月在斯德哥尔摩召开的大会提供背景材料准备的一份报告。它不同于政治家发布的空洞无物、废话加套话的垃圾文件，而是集各学科专家的集体智慧，对日益严重的环境问题所作的精辟论述。该书副标题是"对一个小小行星的关怀和维护"，共分五部分，即《地球是一个整体》《科学的一致性》《发达国家的问题》《发展中国家的问题》和《地球上的秩序》，不仅阐述了工业化和城市化加速带来的污染和生态破坏，而且从自然科学和社会经济角度，对发达国家和发展中国家面临的发展与环境问题作了富有说服力的论述，以科学预见和生动实例，晓之以理，动之以情，向全人类敲响了保护地球生态环境的警钟，被誉为"世界环境运动史上一份有着重大影响的文献"。

有趣的是，我收藏的是1976年7月"内部发行"的老版本。正文前有一篇大批判文章，这当然也是那个特殊历史背景下翻译图书不得不如此的障眼法，该书翻译及时，译文准确，很有价值。自从该书问世以来，世界发生了很大变化，但是回过头来重温这本绿色经典，发现书中的许多观点并未过时，现实中发生的许多令人遗憾的事件，早就被作者不幸而言中了。

也许是受日本福岛核电站新闻报道的影响，我在阅读时发现，《只有一个地球》的作者十分关注核电站的安全。在第三部分"发达国家的问题"谈"资源的平衡"时，以"普罗米修斯之火"为标题，专门论述核能的利用以及可能带来的隐患。作者很形象地把科学家发现原子秘密进而开发利用核能，比喻为普罗米修斯从天神那儿盗火的英勇行为。但是作者也鲜明地指出："我仍应当怀着赎罪感的忧郁心情记住，这种火的第一次使用就是要毁灭两个城市，而不问那里的人是有罪的还是无辜的，也不问是男人还是妇女，是儿童还是老人。"书中谈到人类对核能的利用，用很大的篇幅，甚至是从原子结构、核反应、太阳的核聚变和氢弹的核聚变谈起，不厌其烦地介绍核电站的原理和它的优点，但是在肯定核发电作为一种新的能源时，作者也客观地介绍了科学家对于建核电站的忧虑，作者郑重指出："和平利用核能如发生事故，可以造成杀人不见血的危害。更有甚者，铀的废渣即使经过千万年，仍有很危险的放射性。""放射性物质能损害遗传因素，它对遗传基因的影响可以达到几个世纪。"

对于局外人以为设计反应堆时对所有可能发生的情况都有预防措施的天真想法，书中坦率地指出："最近美国负责的科学专家告诉人们，目前水冷却反应堆的安全依赖于紧急水冷却装置，万一由于某种原因失灵，就没有'退守'的余地了。"又说："核装置的核心可能熔融，那就会像原子弹爆炸那样，向地球放出大量放射能。"以上一段话，令人后怕，放在今日的日本福岛核电站，似乎十分贴切。当然我不是核安全专家，我希望我的话只不过是杞人忧天。

养育着全部生命的地球，在太空中只是一个美丽而脆弱的行星，作者忧心忡忡地指出："当空气和海洋环绕着我们这个小行星流动时，你的锶90和我的锶90之间，没有什么区别，它们对于我们大家都可以造成致命的危害。"因此，面对日本福岛核电站的严重事故，隔岸观火、说三道四没有什么用，倒是全世界的核安全专家应当携手合作，立即行动起来，用他们的智慧将这场灾难迅速扑灭，这是一场危及人类的"天火"啊……

《钓客清话》

西方垂钓者的"圣经"

放暑假了，最高兴的事儿就是拿起钓竿，拎着一个放饵料的小罐头桶，到湖边的大柳树底下，找一块石头坐下。那里安静，很少有人打扰，绿荫遮挡骄阳，开阔的湖面铺满莲叶。只要找准一块不大的水面，放下渔线，静静地注视那白色的"飘子"，你就等着鱼儿上钩吧……

我说这些钓鱼的乐子，也是尘封已久的陈年往事：小时候，我家紧邻一个大湖，湖里有很多鱼，最容易上钩的是小鲫鱼，还有一种俗称"油苍儿"的。钓鱼是少年时代的一种娱乐，也是给饥肠辘辘的小馋猫找点食物的法子，这就不去多说了。

这个夏天，没有了垂钓的实践，倒是饶有兴味地看了艾萨克·沃尔顿的《钓客清话》（缪哲译，花城出版社，2001年），这位17世纪英国著名作家的垂钓之作，是他60岁那年出版的，一经问世立即成为垂钓者的"圣经"，风行300多年，至今仍然受到读者青睐，这里有什么诀窍呢？

世间讲垂钓的书，汗牛充栋，为什么艾萨克·沃尔顿的《钓客清话》有如此大的魅力呢？

首先你不能不承认，《钓客清话》绝对是一本内容丰富的有关垂钓的小百科全书。大凡与钓鱼相关的知识：垂钓的历史，鱼的生活习性（主要讲英国河流湖泊里的常见鱼）及季节变化，钓鱼的饵料，怎样加工渔线及渔竿，怎样建鱼塘，以及烹饪鱼的要领，几乎无不涉及。甚至讲到英国325条大小河川，各产什么鱼，入海口与上游所产鱼有何不同，都娓娓道来，颇有英国垂钓地理的味道。

当然，《钓客清话》风行不衰，根本原因在于作品深厚的文学性，它不是枯燥地罗列垂钓的知识，而是通过一位挚爱垂钓的钓手之口，在旅途中与他人交谈，以及后来收了一个徒弟，向徒弟传授垂钓之道，将钓鱼之术娓娓道来。这些充满人生智慧与实践真知的对白，清词丽句，引经据典，谈吐风雅，又不时穿插诙谐幽默的智慧火花，使人如同欣赏一篇篇隽永新奇的小品文，给心灵以无上的愉悦。

此外，作者谈的是垂钓，字里行间渗透的却是追求闲散、简单、知足、厚道、容忍、耐性等人生哲理，这正是垂钓的哲学内涵，坚守孤独，拒绝喧嚣，宁静无为，恪守清贫，超然物外的人生理想和道德追求。因此，该书问世以来，人们看中的并非垂钓之技术，而是它的题外之话，即借垂钓之由倡导的淡泊人生、知足常乐的处世之道。英国著名学者汉默顿主编的西方思想史巨著《思想的盛宴——一口气读完100部西方思想经典》，收有100部在人类思想史上产生过重大影响的著作，其中就有艾萨克·沃尔顿的《钓客清话》，对它的评价甚高，认为该书是"英语文学中第一本'自然之书'，它全新的特色和长期以来的畅销，都是照亮该书每一页的永恒魅力之体现。"

"孤舟蓑笠翁，独钓寒江雪""白发渔樵江渚上，惯看秋月春风""西塞山前白鹭飞，桃花流水鳜鱼肥。青箬笠，绿蓑衣，斜风细雨不须归。"细细品味中国传统垂钓哲学所蕴含的禅意，不难看出与《钓客清话》有异曲同工之妙。

哲理、文采与知识的结合，正是该书成为经典的原因，这对于科普创作是否可供借鉴呢？

只是现如今，何处有垂钓之所？

《白鲸》

人与鲸的生死搏斗

　　船一过南美洲最南端的合恩角，无边无际的南大洋，在船艏前方展开了骚动不安的波涛，如同熔化的碧玉翻腾滚动；迎面从南极刮来的风，凛冽刺骨，使人立即感受到季节似乎瞬间发生了变换。然而，闯入寒冷的海洋不久，我们麻木的神经突然兴奋起来，许多因晕船而躲进船舱的人也情不自禁地跑上甲板。

　　原来，在前方不远的海浪中出现了鲸群，那喷泉似的潮柱，那跃出海面的巨大尾鳍，还有花岗石般的庞大躯体时不时冲出波涛撞击大海的声响，令人震颤不已。我们被告知，此刻船只靠近了难得一见的鲸群，现在正值鲸群进入南大洋觅食的季节……

　　读19世纪美国小说家赫尔曼·梅尔维尔（Herman Melville，1819—1891）的长篇小说《白鲸》（罗山川译，国际文化出版公司、中国书籍出版社，2006年），我的脑海里不断出现了30多年前曾亲历的场面。小说是1851年发表的，100多年以来，人与鲸的生死搏斗似乎还没有中止，据我所知，鲸的命运仍然处在十分危险的境地。

　　小说《白鲸》的故事情节其实一点儿也不复杂：一艘美国捕鲸船裴廊德号的船长亚哈，在一次捕鲸过程中，被白鲸咬掉了一条腿，不得不安了一条假肢。他们称这条白鲸为"莫比·迪克"，由于它有乳白色的头和背峰，所以称它"白鲸"，实际上这是一只老抹香鲸。失去左腿的船长亚哈怀着复仇之念，一心想追杀这条白鲸以报仇雪恨。裴廊德号招募水手，从南塔开特港起航，几乎跑遍了全世界的海洋，一门心思地跟踪莫比·迪克。尽管在航程中也捕获了许多鲸，水手们疲惫不堪，极力反对毫无目标地寻找"白鲸"，但阴郁寡言的船长亚哈固执己见，始终不忘他的不共戴天之敌。

小说最后写了裴廊德号与莫比·迪克遭遇。"这条抹香鲸，以极大的速度，从海底深处一跃而起，就此把整个身躯展现在纯净的空气中，随着涌起的是一座山似的泡沫……被它撕裂的愤怒的波涛从它身上抖落下来，宛如鬃毛一般；有时候，它这种跳跃是种挑衅行为。"看来毫不畏惧的白鲸做好了迎战人类的准备。另一方，捕鲸船上响起一片喊声，亚哈船长嚷道："嘿！莫比·迪克，朝着太阳跳你最后的一跳吧！你的时辰到了……"三艘小艇载着持有标枪和捕鲸枪的水手，飞也似的冲向那头白鲸。

经过三天穷追不舍的围堵（夜里休战），人与鲸的搏斗难分输赢，亚哈用他特制的锋利鱼叉刺中了白鲸，但捕鲸船也被白鲸撞破沉没，几艘小艇也变成碎片，亚哈船长及所有的水手葬身大海。小说的结局是人与鲸同归于尽，大海又归于沉寂。

《白鲸》的作者赫尔曼·梅尔维尔21岁时在捕鲸船阿库斯奈特号上当了一年半水手，此前还在商船上当过水手，正是这样的生活积累为他创作《白鲸》打下了坚实的基础，这大概是不言而喻的。也正是由于他十分迷恋捕鲸的题材，在这部长篇小说里，以大量篇幅加入了对鲸的家族的生物学知识的阐述、对捕鲸的工具和加工鲸制品过程的详细描述，也不厌其烦地提及古往今来关于鲸的神话传说与艺术表现，难怪有人认为"这部表面看似杂乱无章、结构松散的皇皇巨著被冠以各种形式的名字：游记、航海故事、寓言、捕鲸传说、有关鲸鱼与捕鲸业的百科全书、美国史诗、莎士比亚式的悲剧、抒情散文长诗、塞万提斯式的浪漫体小说……"这当然也是一家之言。美国国家图书馆2016年6月16日推出由公众投票选出的65部深刻影响美国人生活的美国著作中，就有赫尔曼·梅尔维尔的《白鲸》，可见其巨大影响力。

重温这部100多年前的经典作品（1851年发表），我们倒不必过多地探究作品中不尽如人意之处。如果把白鲸视作自然的象征，那么小说《白鲸》揭示的自然与人类的冲突中，人类和自然同归于尽的结局，是特别值得发人深省的。《白鲸》也讴歌了美国的硬汉精神，对于体现在亚哈船长及所有水手身上的坚强、吃苦耐劳、锲而不舍的品格倍加赞扬，比起海明威所推崇的美国硬汉精神，似乎更深刻，更有象征性。当人类不断地炫耀征服大自然的胜利，陶醉于肆无忌惮地战胜大自然的业绩时，也意味着人类的命运将会不妙了。

　　我从南极归来获得的信息是，人类对鲸的捕杀，给世界上个体最大的动物带来了毁灭性的灾难。据科学家估计，南大洋中鲸的生物量由以前的1900万吨，下降到仅有300万吨，最大的蓝鲸数量只相当于原来的5%。须鲸由20世纪初的98万头减少到34万头。许多鲸类已近乎绝迹——这还是过时的统计数字，现在的情形恐怕更是不容乐观了。

《三杯茶》

一个人的"希望工程"

读《三杯茶》（〔美〕葛瑞格·莫顿森、大卫·奥利佛·瑞林著，黄玉华译，严冬冬校译，吉林文史出版社，2009年），时时想起我国贫困山区实施的"希望工程"，那些渴望读书的大眼睛的孩子总是在眼前晃动。只不过，《三杯茶》发生地不是在中国，而是在南亚次大陆偏远的冰峰雪岭环绕的山区。

这是一个真实的故事，不久前发生、至今仍在进行中的故事：1993年，35岁的美国登山爱好者葛瑞格·莫顿森在攀登世界第二高峰乔戈里峰时，因救援队友痛失登顶的机会。当他将队友运送到大本营时，体力消耗殆尽。下山途中，他不幸与向导走散，又迷了路，在几近陷入绝境时，他意外地闯入了当地巴尔蒂人的一个村庄——科尔飞。

这个陌生的、蓬头垢面的美国人，来到几乎与世隔绝的巴尔蒂人中间，会发生什么呢？本书的书名已经告诉你。"三杯茶"的典故，出自巴尔蒂人的民谚："敬上一杯茶，你是一个陌生人；再奉第二杯，你是我们的朋友；第三杯茶，你是我的家人，我将用生命来保护你。"

纯朴的巴尔蒂人，就像这首"三杯茶"的民谚中表白的那样，以自己简陋的物资条件无私地接待了这位不速之客，倾其所有，给他食物，提供御寒的住宿之地，使他体力渐渐恢复。而在与当地村民朝夕相处中，莫顿森发现一个不可思议的现象：由于贫穷，村民没有钱建校舍，没有钱付老师工资（一天1美元），只能与邻村合请了一位老师，每周来上三天课，其余时间孩子们在一起自习，因此莫顿森看到，82个孩子（78个男孩，4个女孩）"跪在户外霜冻的土地上"复习功课的情景。

心灵的强烈震撼，朴素的感恩情怀，使莫顿森临走时向村民许诺，"我要为你们盖一所学校！"这话有点"知其不可而为之"的意味，颇有攀登冰峰的豪迈。书中写道："他完全想不到，这句话彻底改变了自己的人生，他所踏上的路途，也远比离开乔戈里峰的漫漫征途更为曲折艰辛。"

莫顿森回美国了，他对科尔飞村民的许诺是不是一时冲动呢？他是个穷小子，学的是护理，只能当个急诊室护理，此外没有其他谋生手段，也没有大笔遗产可以继承。他怎么兑现自己的承诺呢？

《三杯茶》由葛瑞格·莫顿森、大卫·奥利佛·瑞林两人合著，后者是一位专栏作家。大概是由他执笔，所以本书是以第三人称写莫顿森不平凡的经历。

我们在书中可以看到，一个美国人为了实现自己的梦想，如何节衣缩食，勤奋努力；如何想尽办法向人们宣传，争取媒体的同情支持；如何叩开富人之门，以取得他们的捐助；如何到国会去游说……待得到捐款之后，又是如何克服千难万险，返回交通不便的山区，排除包括宗教的、民族的、政治的干扰和商人的潜规则，在当地人的支持下，终于在贫困山区建起了一座座学校，由此改变了许多孩子的命运。

可以说，莫顿森以自己一诺千金的品格和始终不渝的努力，为贫困地区的教育所作的贡献，也使他的人生登上了另一座高峰。

《三杯茶》还有两方面内容引起我的兴趣。一是涉及登山运动的许多人与事，以前鲜为人知。书中关于喀喇昆仑山脉60多座世界最高的山峰，特别是世界第二高峰乔戈里峰周边的冰川地形，以及登山活动，都有生动逼真的描写。

另外，许多著名登山家对所攀登的冰峰终生不渝的感情，以及对生活在这里的山民（他们很多人担任过登山队的挑夫和向导）的感恩，促使他们愿意为当地人做一些力所能及的回报。这也可以说是"山之缘"吧。莫顿森获得的第一笔捐款和最大一笔捐款，都来自与乔戈里峰登山有关的人士，这恐怕不是偶然的。

这本书虽然并非专门介绍今日的阿富汗，但它所涉及的阿富汗现状、塔利班、各地军阀割据、鸦片交易、社会之混乱以及阿富汗人对美国现行政策的看法非常真实，远远胜过有限的新闻报道。

当然我对莫顿森的故事也有一点想法，即他的跨国"希望工程"在当今复杂形势下能否坚持下去。这当然也是我的多虑。

《小时候就在想的事》

孩子与地雷

以《窗边的小豆豆》这本书闻名于世的日本女作家黑柳彻子，至少在30年前就以她的亲身经历写成的童年故事，使我认识到在任何一个儿童成长过程中（特别是性格有些与众不同，在老师眼里是淘气包、调皮鬼甚至是"坏孩子"的），大人们的鼓励和表扬具有非常重要的影响。实际上用今天的时尚语言来说，就是随时随地给孩子以正能量，激发他们向上的勇气和自我发奋的顽强意志。黑柳彻子本人后来成为日本名人，她的《窗边的小豆豆》风靡世界，她成为著名的电视节目主持人，并担任联合国儿童基金会亲善大使，这些可圈可点的经历，为她的观点提供了最有说服力的注释。

不过，在这篇短文中，我不打算重复儿童教育的"老生常谈"。

最近看了黑柳彻子的另一本新作《小时候就在想的事》（赵玉皎译，南海出版公司，2004年），该书被认为是《窗边的小豆豆》的续篇，讲了许多孩提时代有趣的故事，回忆了她的许多有个性的亲人，这些都很感人。但我觉得最有新意的是她担任联合国儿童基金会亲善大使期间在世界各地的见闻，特别是那些爆发内战、武装冲突的地区儿童们蒙受的灾难，这是一般人很少知道的。

在《小时候就在想的事》这本书中，有几篇文章点到不少动乱地区儿童的状况，虽是寥寥数语，也令人触目惊心。"科索沃严重的问题是布满了地雷。地雷问题并不是这里独有的问题，迄今为止，在我去过的发生内战的地区，都必定存在着这个问题。在科索沃也是这样。由于不知道什么地方藏有地雷，很多人被炸死炸伤，尤其是孩子们，到处跑来跑去，死伤惨重，真是非常可怜。"书中特别提到，"最为卑劣的是，有些地雷用可乐罐和果汁罐做伪装，孩子们见了想喝，一拉开拉环，地雷就爆炸了。"真是丧尽天良啊！

"据说，光是在科索沃就有上百万颗地雷，以后孩子们该怎样在这里生活下去呢？"作者不禁感慨道。书中还提到一件令人发指的事："几年前，有人把炸弹藏在布娃娃中，小孩子抱布娃娃的时候结果被炸死了。当我听到这个消息后，不禁目瞪口呆，他们竟然能做出这种事来！"那些挖空心思把炸弹放在布娃娃中的武器设计师，以及军工厂里具体操作的大叔大妈们，真不知道他们作何感想？！

阿富汗的情况也是如此。"据说，现在阿富汗境内有1000万颗地雷。所有的难民营都设在郊外，而且从难民营回自己村子的时候，也有可能踩到埋藏的地雷。"因此那些在难民营的老师们，必须教孩子们识别伪装的地雷。很多孩子失去双臂或双腿，是因为地雷的伪装五花八门，天真的孩子哪里知道人心的歹毒。作者悲愤地写道：阿富汗"在长达21年的内战中，有上百万人死去，500万人成为难民，流亡到邻国巴基斯坦和伊朗，国内难民营中的孩子很多都是孤儿。在难民营周围，有许多死在难民营中的孩子的坟墓……看到这些坟墓，让人心中刺痛。"

我们在口头上常说"让女人从战争中离开"，这当然是正确的，但是同样有充分的理由，人类应当遵循"让孩子从战争中离开"的法则，否则人类就将没有希望，没有未来了。那些热衷于内战，野蛮地屠戮残害别的民族或者部族的疯狂之徒，无论怎样振振有词地玩弄虚伪的、自欺欺人的鬼话，也无法掩盖他们杀害孩子的反人类的罪行。

想想那些在战火中受苦受难、过早地死去的孩子，我们应该百倍地珍惜今天拥有的很寻常的幸福时光。

而我们也从心底憎恶那些杀戮孩子的刽子手们！那些利用儿童的好奇心和缺乏必要的辨别力，专门制造针对儿童的杀人武器的败类，连同决定实施这一罪恶计划的政客和屠夫，将永远遭到历史的诅咒！

文明之思

157

《中国三峡》

长江三峡的回忆

物阜民丰的年月，没有毁灭性的天灾，却能够亲眼目睹一座座千年古城古镇古村的消失，这也是人生难得的奇遇。至于是千载难逢，还是百年不遇，恐怕也是见仁见智了。

话说这还是20世纪结束前那年，到湖北宜昌参加一个学术会议。宜昌是个极好的地方，"上控巴蜀，下引荆襄"，地处长江上游与中游的结合部，鄂西山区向江汉平原的过渡地带。出城西北行，不久即是著名的葛洲坝。继而是举世瞩目的三峡大坝的建筑工地（地名中堡岛），那时大坝尚未竣工，工地上车来车往，土石凌乱，但浩浩长江已被截流。次日，我们由宜昌乘船过葛洲坝溯江而上，用众人的话说，开始了此生难忘的"三峡告别游"。

游船似乎能体会众人的心情，不像往日的船只那样匆忙赶路，而是尽量放慢脚步，让我等将两岸风物摄入眼底，留在心中。谁都知道，从西陵峡而上，经巫峡至瞿塘峡的长江三峡，此刻两岸山岭的城镇村庄，正在被日渐上涨的江水所淹。船靠巫山县城，站在船舷望去，只见那依山而建的山城，如同江边一个高大的汉子，双腿已被江水淹没，许多楼房人去楼空，只剩下那胸部以上的房舍尚有人住。

我们从陡峭的磴道拾级而上，狭窄的老街依然生意盎然，出售农副产品的，购物的，访亲拜友的，摩肩接踵，吆喝声不绝于耳，与往日没有区别。然而，房舍间耸峙的红漆涂写的"135米"的巨幅广告牌，触目惊心地时刻提醒肩挎背篓、面色黧黑的男女乡民：他们世代栖息的田园不久将沉于深深的水库之中，留给人们的时间已经没有多久。

三峡水库设计蓄水位为175米，类似的警示牌见于沿江各地，只是数字略有区别。在这些枯燥的数字背后，是一座座千年古城、古镇、古村的消失。热闹的街巷、幽静的山村、古朴的老桥、隐秘的寺院、笑声朗朗的校园、黄桷树点缀的梯田、美丽的橘园以及祖先的坟冢，还有险滩礁石，统统都将沉入库区冰冷的江水之中，永远地逝去了。

值得欣慰的是，在这惊人的历史巨变中，有一本厚重的画册记下了长江三峡的原貌，这即是大型摄影画册《中国三峡》（科学技术文献出版社，1997年）。该书是1997年大江截流之前，由《科技日报》牵头组织几十位新闻摄影记者深入实地采访拍摄，历时三年完成的。全书按西陵峡、宜昌、兴山、秭归、巴东、巫峡、巫山、巫溪，瞿塘峡、奉节，未来三峡这几部分，以大量图片和文字说明，展现三峡的壮丽风光和悠久文化。也即是说，画册《中国三峡》抢在三峡大坝竣工之前，忠实地摄下了长江三峡的原始风貌，这是无比珍贵的。

据新华社权威报道："三峡水库将淹没陆地面积632平方公里，涉及湖北省（宜昌市所辖）夷陵区、秭归县、兴山县、巴东县及重庆市所辖的巫山县、巫溪县、奉节县、云阳县、万州区、石柱县、忠县、开县、丰都区、涪陵区、武隆县、长寿县、渝北区、巴南区、重庆市主城区和江津市，库区共20个区县市。三峡水库淹没城市2座、县城11座、集镇116个。其中秭归、兴山、巴东、巫山、奉节等9座县城和55个集镇全部淹没或基本淹没，都要易地重建；其余城镇为部分或大部分受淹，可以就近后靠，进行迁建。""三峡水库淹没线以下共有各类房屋3473万平方米，耕地面积25.3万亩；受淹没或淹没影响的工矿企业有1599家（其中大型6家，中型26家），小型企业占98%；水库还将淹没众多专业项目，其中等级公路816千米，输电线路1991千米，码头655处，中小水电站114处，抽水站139处，装机容量约1万千瓦。此外，还将淹没许多文物古迹、山水和人文景观等。"

"让您保留对三峡游历的珍贵记忆，唤起您对三峡的美好向往。"大型摄影画册《中国三峡》前言中如是说。随着时间推移，更加显示了它的历史价值所在。

科学魅力

《发现之旅——历史上最伟
大的十次自然探险》

艺术家对科学的贡献

英国伦敦自然历史博物馆的大量藏品中，有相当一部分是17世纪以来历次到新大陆或殖民地进行科学考察、探险旅行时，画家以丹青之笔描绘动物（包括鸟类、昆虫、鱼、爬行动物、野兽）和植物（植株、叶、花、果实）的水彩画或素描（其中也有一部分出自科学家之手）。这些毫发毕现、栩栩如生的作品，非常忠实于生物的自然状态，类似中国传统的工笔画，也有的称为标本画。它是博物学研究常用的一种手段，也有人认为是照相技术尚未发明或没有得到普及之前不得已而为之的办法，这个说法肯定也有道理。不论是出于什么原因，随着每次出生入死的探险、考察或者旅行归来，除了带来科学的惊人发现，也积累了许多优秀的画作，其中不少画作实际上与科学史的关系十分密切，它们是科学考察成果的重要组成部分，与文字记录互为补充。

这大概也是伦敦自然历史博物馆收藏它们的原因。

由英国托尼·赖斯编著的《发现之旅——历史上最伟大的十次自然探险》（林洁盈译，商务印书馆，2012年）即是"以过去三百年间最有趣也最重要的自然科学探险为题，聚焦在这几次航程中搜集到的艺术与图像资料。每一趟航程都累积了极其重要的标本收藏，产生重要的科学新知。"（原书"前言"）该书提及的最重要的自然科学探险，包括汉斯·斯隆爵士1687年的牙买加之旅，保罗·赫尔曼等人的锡兰探索，玛丽亚·西比拉·梅里安旅居苏里南，詹姆斯·库克的横跨太平洋，马修·弗林德斯等人的澳大利亚探险，达尔文乘小猎犬号航行，以及挑战者号探测海底深渊。重温这些在人类历史上有着重要的地理发现和科学探险的历史，欣赏如此众多有着科学与艺术价值的素描和水彩画，不能不使人缅怀那些充满探险精神，对大自然特别钟爱的伟大的先驱者。

艺术家与科学家的亲密合作，由此导致艺术与科学的结合，在科学探险时代达到了前所未有的高度，这在科学史上是耐人寻味的佳话。

科学探险活动积累的标本图，作画者的身份不尽相同。像旅居苏里南的玛丽亚·西比拉·梅里安，出生于德国法兰克福，本人就是著名的花卉画家和雕刻师。她后来定居荷兰，获得荷兰政府资助前往南美洲的苏里南，用了2年时间完成以蝴蝶和蛾类为主题（包括蛙、蛇、蟾蜍等在内）共60幅版画的《苏里南昆虫变态图谱》，以高超的艺术性和科学的精确性获得极高评价。现代动植物分类学之父卡尔·林奈在出版《自然系统》一书对某些物种进行描述时就是参考梅里安的记述。

在官方组织的科学探险活动中，邀请职业画家参加后来已是惯例，因此有许多是随行探险考察的职业画家的作品，也有的是回国后请画家根据采集的动植物标本绘制而成。如汉斯·斯隆爵士1687年的牙买加之旅，雇佣了当地艺术家加勒特·穆尔对采集的700种植物及鱼、鸟、昆虫进行素描。尚未完成的，回国后由另一位艺术家埃弗哈德斯·基修斯接手完成。又如库克横跨太平洋的航行（1768—1771），聘请了年轻的画家悉尼·帕金森负责对采集的动植物的绘制，由于数量巨大，帕金森往往只能对植物的重要部位进行素描，部分上色。回到伦敦后，又由参与出版计划的艺术家约翰·弗雷德里克·米勒复制并以水彩完成上色。

达尔文乘小猎犬号航行（1831—1836）是科学史上的大事，这次环球航行催生了达尔文"物竞天择"的进化论，因而动摇了上帝创造万物的"神创论"。小猎犬号先后有几位专任画家。奥古斯塔斯·厄尔"画下一系列以船上生活为题的风景画和水彩画，也记录下达尔文在海里和岸边采集到的各种生物。"后来由于健康原因，他不得不离开小猎犬号。继任的风景画家是32岁的康拉德·马顿斯，"他的铅笔素描和水彩，成为小猎犬号航程绝大部分的图像记录。"

小猎犬号航行的最后一年，即1835—1836年，绕经加拉帕戈斯群岛，经塔希提岛、新西兰、澳大利亚返回英国，船上没有职业画家，因此对于达尔文在加拉帕戈斯群岛的重大发现——关于众多独特的生物及其变异，没有留下珍贵的绘画。回到伦敦，达尔文将采集的哺乳类动物和鸟类标本送到伦敦动物学会请求帮助鉴定，得到该学会著名的鸟类学家和画家约翰·古尔德的帮助。他不仅对其中的新种进行了命名和描述，还发现了形状不同的鸟喙属于同一种鸟，为自然选择的理论提供了证据。此外，他还根据标本为达尔文的《小猎犬号之旅的动物学》画了大量鸟类图片，书中说："他在鸟类学上的能力，让他在达尔文演化理论的发展上做出重大贡献。"这个评价是恰如其分的。

当时许多画家热衷于科学探险、远洋航行，在恶劣的条件下，不畏劳苦，从事艺术创作，与那个时代人们钟爱探险事业，整个社会弥漫着对大自然的狂热息息相关。那是一个追求新奇事物充满激情的岁月，人们热衷于寻找新的土地和新的物种，渴望获得新知。许多博物馆、学会以重金资助科学探险，购买动植物标本。书中说，当时许多富有的荷兰人热衷私人收藏贝壳、矿石、鸟类标本，收藏精美的标本画成为一种时尚。

当然，值得一提的是，长期以来，这些动植物的素描或水彩画，尽管对物种分类和博物学的研究提供了与实物标本相似的作用，但是这些作品本身，在艺术界并未得到应有的评价，在科学界似乎也很少有人提及。至于这些艺术家对科学发现的贡献不仅鲜为人知，也很少被科学史家所重视。

正是如此，我以为《发现之旅——历史上最伟大的十次自然探险》的出版，很有意义，很有价值。

《通古斯卡火球之谜》

想起通古斯卡大爆炸

新春开笔，写什么呢？这些日子，世事纷纷扰扰，中国人在天上播撒礼花污染空气自作自受，朝鲜在地下搞核试验搅得四邻不安，美国暴雪成灾，澳大利亚山火蔓延……不过，比较而言，发生在俄罗斯乌拉尔山的天外来客似乎是世人最为关注的头号新闻。

2013年2月15日当地时间9点25分左右，一颗流星坠落在乌拉尔山脉南部车里雅宾斯克州，巨大的火球在大气层形成炽热耀眼的光带，伴着猛烈的爆炸声，震碎了许多建筑物的玻璃，摧毁了数以百计的房屋，有1200多人因玻璃破裂而被划伤，目前可以确认的是其中一块陨石坠落在距离切巴尔库尔市区一千米的湖泊里，湖岸上有一个陨石坑，直径达6米，发现的陨石碎片属于普通球类陨星，铁的含量约为10%。相信有关这次的陨石事件今后还将有详细的报道。因为据说这次陨石事件是通古斯卡河地区流星坠落以来，撞击地球的最大陨石，也是人类有文字记录以来导致受伤人数最多的一次陨石坠落。

那么通古斯卡河地区流星坠落究竟是怎么一回事呢？

据《通古斯卡火球之谜》（〔澳〕萨伦德拉·弗马著，梁鹿亭、王芬芳译，南海出版公司，2005年）介绍，1908年6月30日上午约7点14分，中西伯利亚高原通古斯卡河地区杳无人烟的泰加林与沼泽上空，一团晃眼的火球，在天空留下长长的光带，在离地面8千米处爆炸，然后坠落，威力相当于1000枚广岛原子弹，致使2150平方千米的针叶林带夷为平地。数以百万的树木脱叶断枝，只剩下光秃秃的树。爆炸形成的蘑菇云高达80千米，形成夹着石砾灰尘的黑雨。距离爆炸点1200千米远的村庄，都能听见猛烈的爆炸声。距离更近的地方地动山摇，热风扑面，房倒屋塌，山林着火。在世界各地，因通古斯卡大爆炸获得了广泛的信息：地震记录、地磁扰动、夜空出现明亮多姿的辉光……

《通古斯卡火球之谜》一书以较多篇幅介绍了利·亚·库利克（1883—1942年）三次赴现场考察通古斯卡火球之谜的经历。库利克是第一位精于实地考察的苏联科学家，爱沙尼亚人，在彼得堡博物馆从事矿物学和陨石研究。这三次考察分别是1927年2月至6月，1928年4月至10月，1929年2月至1930年10月。

他们乘坐火车横跨西伯利亚大铁路到泰舍特火车站，那里在爆炸点以南900千米，然后迎着暴风雪，坐马拉雪橇穿行在崎岖不平的针叶林中，涉溪流、过沼泽、攀爬陡峭的山坡，钻进驯鹿小道，终于看到"一个椭圆形的高地，70千米宽，森林已被夷为平地，所有的树木都被剥得精光，以冲击波的方向从半截折断。"第二天，库利克又到达一个直径5~7千米的沼泽盆地，通过测量倒在地上的树的方向，确信这里是陨石坠落的中心，它的形状像一口"大锅"，"树一排一排地以与坠落中心相反的方向躺在地上，没有树枝，没有树皮，倒下的树排成了一个奇特的扇形图案……"

不过，遗憾的是，尽管库利克锲而不舍地考察了爆炸点的地形、土壤、枯树，挖掘冻土，排干积水，打孔钻探，却始终没有找到陨石的踪影。因而也给通古斯卡爆炸蒙上了科学之谜的神秘色彩。

该书也以很大的篇幅介绍了各国科学家一百多年来对这一现象坚持不懈的探索和五花八门的解释，诸如彗星、反物质、小黑洞、球状闪电、小行星，甚至包括外星人的宇宙飞船、飞碟，等等。这些解释虽然各有千秋，但细细琢磨，也颇有趣味。

如今，研究陨石、寻找陨石，是南极地区科学考察的一个重要项目。因为那洁净的冰原，没有人类的污染，是保存天外来客——陨石的最佳地点。

可以想见，车里雅宾斯克州的天外来客，以及人类如何应付类似的突发事件，必将成为科学探索和社会关注的一个热点。

《走向有水的罗布泊》

西北科学考查团与鲁迅

前些日子，在网上查询有关西北科学考查团的信息，意外地得知，当年中国科学家与瑞典大探险家斯文·赫定合作进行的科考，一些当事人的遗物如今由他们的子女亲属捐给了鲁迅博物馆保存，这引起了我的极大兴趣。

于是我向老友、曾任鲁迅博物馆副馆长的王得后研究员询问，他证实此事确信无疑，因为西北科学考查团中方团长徐炳昶的子女向鲁迅博物馆捐赠遗物，王得后还参加了相关活动。得知我对西北科学考查团的历史有兴趣，王得后立即热情而慷慨地给我寄来两本书，一本是《走向有水的罗布泊》（陈雅丹著，昆仑出版社，2005年），另一本是《高尚者的墓志铭——首批中国科学家大西北考察实录（1927—1935）》（以下简称《高尚者的墓志铭》，王忱编，中国文联出版社，2005年）。前者是考查团地球物理学家陈宗器的女儿、画家陈雅丹为父亲写的传记，后者是中方团长徐炳昶的亲属王忱等人整理的有关西北科学考查团的历史资料汇编，非常珍贵。

关于西北科学考查团，其全称是"中国学术团体协会西北科学考查团"，考察时间从1927年至1935年，正如王忱的《高尚者的墓志铭》前言中所说：这正是"连年战火、内忧外患，民生凋败，科教衰落的苦难年代"。然而这次由中国科学家与瑞典大探险家斯文·赫定合作进行的大型科学考察，却是我国第一次以我为主、与外国平等合作的科学考察，当时双方签订的19条协议，其中有"凡直接或间接对于中国国防国权上有关系之事物，一概不得考查""不得有任何借

《高尚者的墓志铭——首批中国科学家大西北考察实录（1927—1935）》

口，致毁损关于历史、美术等之建筑物""不得以私人名义购买古物等"，另外，协议还规定原则上不进行考古发掘工作，但遇有小规模的发掘，"得由中国团长同外国团长执行之"，并规定考古"收罗或采掘所得之物件"，"统须交与中国团长或其所委托之中国团员运归本会保存"，等等。这些条款，一改清末以来外国探险家、科学家在中国境内畅行无阻，任意发掘、考察，并将大量文物和动植物标本掠至国外的屈辱历史，成为以后外国人来华考察与我国签约的典范，其意义十分重大。

《高尚者的墓志铭》全文收入中方团长徐炳昶的《西游日记》（该书的最早版本，30多年前我在琉璃厂中国书店见过，现在已是很稀罕的了）、中方地质学家袁复礼的《蒙新五年行程记》以及杨钟健、袁复礼合作的《天山龙发掘经过》；地质学家丁道衡的《绥远白云鄂博铁矿报告》，气象学家刘衍淮、李宪之关于气象观测的回忆，地球物理学家陈宗器的多篇考察报告。考古学家黄文弼学术成果甚丰，著作已分别出版，该书仅提供考察报告目录。此外，书中还收集了当年协商成立科学考查团的新闻报道和有关消息、往来信件、简报，以及中国学术团体协会西北科学考查团报告和斯文·赫定撰写的《中国西北科学考查团诞生经过》等原始文献，弥足珍贵。

西北科学考查团组建时共有团员28人，其中中国团员10人、瑞典团员6人、丹麦团员1人、德国团员11人。后来又各增补团员5人，先后共计38人。

在为期8年的考察中遇到的困难，除了自然条件的恶劣，主要还有当时中国西北地区政局动荡及中央政府的政令根本无法下达的混乱。即使在这种情况下，考查团仍然在许多学科领域都取得了不寻常的成绩，填补了许多学科的空白。

例如中国年轻的地质学家丁道衡在包头的白云鄂博发现大铁矿，分析了该矿成因，当时徐炳昶就估计道："或将成为我国北方的汉冶萍。"目前，在白云鄂博铁矿的基础上建成了生产能力巨大的包钢，而且在矿区发现有丰富的稀土矿藏，使包头成为全国最重要的稀土金属产地。包钢为丁道衡树立了雕像，以纪念这位地质学家的卓越贡献。

又如地质学家袁复礼在新疆准噶尔盆地发掘出包括7个新种的72具二齿

西北科学考查团在新疆境内沙漠留影

兽、恐龙等爬行动物化石,使我国的古生物研究跃上一个新台阶。著名古生物学家杨钟健认为,"此其重要,殆不在中国猿人之发现以下。"袁复礼为此获得瑞典皇家科学院颁发的北极星奖章。瑞典一位地质学家曾对斯文·赫定说:"你们费巨款作考察,即使只得此一件大发现,也属不虚此行了。"

另外,对罗布泊的实地考察,地球物理学家陈宗器、霍涅尔和那林对湖区的测绘,斯文·赫定和陈宗器驾独木舟从孔雀河进入罗布泊考察,都是前无古人的。此外,在地图测绘、气象观测、地磁、动植物标本采集、人种学等方面都有不俗的成绩。

除了自然科学领域的巨大收获外,人文科学领域也取得了引人注目的成绩:瑞典的贝格满博士在额济纳河流域发掘出上万枚古居延的汉简,这就是闻名于世的"居延汉简",是研究汉代文化的珍贵考古资料。

黄文弼对古高昌国遗址、罗布泊北岸西汉烽火台遗址(土垠遗址)的考古发现,贝格满、陈宗器对罗布泊地区小河及楼兰古城等多处的考古发现,都是西北考古的巨大收获。

除了科考的成果外,这次科学考察在人才培养方面的贡献也是值得一提的。考查团的4名气象实习生是从北京大学物理系的学生中录取的，分别是马叶谦、崔鹤峰、刘衍淮、李宪之，在德国气象专家郝德指导下，他们很快学会独立从事气象观测。李宪之、刘衍淮完成任务后，入柏林大学深造。李宪之根据实际观测资料进行研究，发表博士论文《东亚寒潮侵袭的研究》，以后又找到台风的成因，成为著名的气象学家、北京大学教授。刘衍淮在柏林大学获得博士学位后，先后任北京师范大学、清华大学教授，后在国民党空军从事气象教育，曾任台湾师范大学史地系教授。

附带提一句，20世纪50年代我在北京大学读书，李宪之先生教过我们气象学。

现在回到本文开头的问题，鲁迅与西北科学考查团究竟有什么关系？

鲁迅虽然没有参与考查团的任何活动，但是鲁迅的两位好朋友却是这次中外合作科学考察的关键人物。除此之外，更为重要的是，作为始终站在时代前列、推动新文化运动的主将，鲁迅对这次科学考察十分关心，显示了他的远大目光。

鲁迅的两位好朋友，一位是刘半农，又名刘复，北京大学教授、著名文学家、语言学家、新文化运动的著名人物。1920年到英国伦敦大学学习实验语音学，1921年夏转入法国巴黎大学学习，1925年获得法国国家文学博士学位。他是当时成立的中国学术团体协会推举的常务理事，西北科学考查团名义上是中国学术团体协会组织的，刘半农负责与斯文·赫定及中央政府联络的具体工作。19条协议便是刘半农与许多中国学者共同努力的结果。

刘半农

另一位就是中方团长徐炳昶。徐炳昶（1888—1976），字旭生，河南唐县人，著名的史学家，留学法国，在巴黎大学攻读西洋哲学。学成归国后，先后任北京大学哲学

系教授、北京大学教务长、北京师范大学
校长、中国科学院考古研究所研究员，著
译甚丰。他知识渊博、为人正直、不卑
不亢、意志坚定、临危不惧，赢得全团中
外队员的钦佩，也为全团克服困难、团结
合作打下了良好基础。

前往法国留学前的徐炳昶

徐炳昶与鲁迅早有文字之交，鲁迅的
《华盖集》收有《通讯》一文，即是鲁迅
与徐旭生往来的4封信，时间分别是1925
年3月12日、3月29日（鲁迅致徐旭生），
徐旭生致鲁迅信则是同年同月的16日和31
日。这是徐旭生主编的《猛进》创刊不
久鲁迅给他的信，信中提出针对中国的现
状，"现在的办法，首先还得用那几年以前《新青年》上已经说过的'思想革
命'……除此没有别的法。""但我希望于《猛进》的，也终于还是'思想革
命'。"信中也交流了对国民性的看法和办报刊的想法。

鲁迅经常被引用的一段名言，关于如何办通俗的科学杂志，便是出自给徐
旭生的信："单为在校的青年计，可看的书报实在太缺乏了。我觉得至少还该
有一种通俗的科学杂志，要浅显而且有趣的。可惜中国现在的科学家不大做文
章，有做的，也过于高深。现在要Brehm的讲动物生活，Fabre的讲昆虫故事
似的有趣，并且插许多图画的；但这非有一个大书店担任即不能印。至于作文
者，我以为只要科学家肯放低手眼，再看看文艺书，就够了。"这番精辟的言
论，概括了鲁迅先生对于传播科学，以及科学家从事科普创作的方法，而且非
常具体地介绍了如何借鉴外国优秀作家的创作手法，至今没有过时，仍有很强
的针对性。

1927年，徐旭生担任中国西北科学考查团的中方团长，与斯文·赫定率团
出征，以及此前中国学术界维护国家主权的努力，这些频频见诸报端的消息，
鲁迅肯定是十分关注的。我们从《徐旭生西游日记》（民国十九年九月初版，

全三册，大北印刷所印制）叙言中可以看到，当考查团从大西北回来后，《东方杂志》的编辑立即找到徐旭生，转达了鲁迅先生的约稿要求。

徐旭生的叙言写道："东归以后，东方杂志的编辑曾由我的朋友鲁迅先生转请我将本团二十个月的经过及工作大略写出来，我当时答应了，可是迁延复迁延，直延到一年多，这篇东西还没有写出来，这是我十二分抱歉的。现在因我印行日记的方便，把这些东西补写出来，权当作日记的叙言，并且向鲁迅先生同《东方杂志》的编辑表示歉意。"可以看出鲁迅先生对于这次中外合作科学考察的高度重视。

他热切地希望老朋友徐旭生 "将本团二十个月的经过及工作大略写出来"，把考察中的见闻、科考的发现、取得的成果迅速地告诉国人，这无疑是一次最生动、有影响的科学传播。由此不难看出鲁迅先生的远见卓识。徐旭生在日记的叙言中写了六个方面的内容，即西北科学考查团的由来、西北科学考查团的团员、到额济纳河前分队的工作、额济纳河附近及西面大戈壁中的分队工作及其困难、入新疆后的困难及其工作之分配，以及此二十月中工作的成绩，内容很详尽，但是这些文字仅是《徐旭生西游日记》的叙言，其影响力比发表在《东方杂志》恐要差得多。

还有一件事与这次科学考察并无直接关系，而是由于斯文·赫定与刘半农从"不打不相识"转而两人之间建立了相互信任的友谊，于是衍生出斯文·赫定与刘半农相商，拟提名鲁迅为诺贝尔文学奖候选人。

刘半农是鲁迅的老朋友，认为斯文·赫定的建议未尝不是件好事，便托鲁迅的弟子台静农写信探询鲁迅的意见。鲁迅收到台静农1927年9月17日的来信，当即于9月25日回复了台静农，予以婉拒："九月十七日来信收到了。请你转致半农先生，我感谢他的好意，为我，为中国。但我很抱歉，我不愿意如此。"鲁迅拒绝诺贝尔文学奖提名一事，也是近代文学史上闹得沸沸扬扬的一桩公案，恕不赘述了。

独具特色的科学考察记

到三江源去考察长江、黄河和澜沧江三条大江大河源头的秘密，到挪威斯瓦尔巴群岛去体验北极的冰川和顽强的生命，到俄罗斯贝加尔湖去体察世界最深湖泊的绮丽风光，到巴西亚马孙河和热带雨林与食人鱼亲密接触……多么神奇的地方，多么有趣的故事，多么难得的经历，这些，正是福建教育出版社推出的"科考队带你去探险"丛书给我留下的深刻印象。

这套丛书有其鲜明特色，与许多中外科学考察记一样，作者们虽然职业不同，但是他们都有共同的特点：热爱大自然、热爱探险，不怕吃苦、勇于探索。正是他们亲身经历的科学探险促成了这些作品的诞生，这不仅是一次科学考察活动的实录，也是极富个人特色的考察生活的笔记。

众所周知，探险是勇敢者的追求，也是人类向大自然挑战、认识大自然的豪迈事业。古往今来，许多探险者留下的经典作品都以其传奇的色彩、惊险的经历，以及神奇的异城风情，赢得广大读者，并且激励着后人追随他们的足迹和一往无前的豪情壮志。这套丛书选择的四个选题，不论是《三江探源》（陶宝祥著），还是《北极科考故事》（孙丹平著）、《神秘亚马孙》（张瑞田著）、《探秘贝加尔湖》（毛国强著）均是一般人很少有机会涉足之地，当然随着时代的进步，会有更多的人前往那些神秘之境。正是如此，"科考队带你去探险"丛书以其题材的新颖，在同类出版物中占有相当的优势。相信对于富有好奇心且喜欢探险的读者，这将很吸引他们的眼球。

由于科学考察有着特定的目的性，与通常的浮光掠影式的旅游观光迥然不同，丛书融入了专业科学工作者的身影，或多或少选取了他们研究课题的细节，因而也包含着许多鲜为人知的科学知识，这是它的一个特色，也是读者深感兴趣的。读者随着作者的足迹，可以身临其境地领略三江源地区的壮丽景色。也会为草场急剧退化和遭到偷猎的藏羚羊的命运忧心忡忡。当读者跟随考察船沿着亚马孙河大小支流溯源而上，对于这个"地球之肺"的开发与保护也将留下深刻印象。对于贝加尔湖，它的特殊的生物种群透露的沧海桑田的身世，令人非常感兴趣。而远在北极的斯瓦尔巴群岛，除了迷人的极地风光外，当地严格的环保措施，冰川退缩对应全球气候变暖的警示，大概是读者最难忘的。此外，这套丛书很注重将一些科学的专题单独罗列，详加注释，又配以大量精美的彩照，这些都有助于读者加深对科学的理解。

　　还值得一提的是，尽管丛书的自然科学色彩甚浓，但读起来并不枯燥，这是因为书中融入了大量的人文历史内容。如亚马孙河热带雨林中的印第安人村落和沿河兴建的城镇的兴衰，北极小镇的社区和冰川下面的煤矿矿井，西伯利亚的城市与中国人赴俄罗斯经商的画面，藏族牧民的生活场景……这些来自亲身体验的观察着墨不多，但是弥足珍贵，也很有感染力。

　　科学考察记可以开拓读者的视野，增长见闻与知识，振奋人的精神，使读者对大自然充满热爱之情，因此我很愿意向读者推荐"科考队带你去探险"丛书。

《美军生存手册》

学会生存的本领

生命是顽强的，有时也很脆弱。各种突发的非正常死亡，即是常见的例子。2012年12月，几名喜爱探险旅行的"驴友"去门头沟登山，不料两名同伴因山区寒冷不幸冻死。2013年2月，在北京中日友好医院实习的5名学生，因煤气中毒不幸身亡。每当看到这类消息，我既震惊，又很痛惜，因为这类非正常死亡，本来是可以避免、不该发生的。粗心大意，缺乏必要的生活常识和野外生存的训练，是酿成悲剧的原因。

由此，我也想到生存教育的必要性。

我先谈一点个人的经历。由于种种因素，我很早就有意识地利用各种机会学习生存的本领。1957年考入北京大学，离开学还有些日子，我立即跑到俄文楼以北的露天游泳池，用一个月时间学会了游泳，从此我这个旱鸭子再也不怕江河湖海了。大三时，我加入北大登山队，虽然没有机会攀登高山，但是在国家登山队老师们手把手的培训下，学会了攀岩、用绳索从峭壁下行、行军、打绳结以及在冰山雪崩区如何宿营，遇到雪崩、泥石流、洪水来临时逃生、避险的方法。

由于我学的是地质地理，每年都有野外实习，从理论到实践，进一步学到更多的生存知识，特别是在沙漠中如何辨别方位、找水和食物、选择宿营地等。这些青年时代的生存训练，一生受用不尽。我两次去南极，后一次已届50岁，遇到各种危险处变不惊，不能不说和年轻时的训练有着密切关系。

由此我奉劝今天的年轻人，懂一点生存之道，学会在危急中自救的方法，很有用处。尤其是独生子女家庭，对孩子进行生存技能的训练，比什么都重要。

再转回正题，我这次向读者推荐的书是《美军生存手册》（美国陆军司令部制定，张雪兰译，陕西人民出版社，2004年），这本手册是用来训练特种部队在各种气候和地形条件下的生存技能，但是它的大部分内容却是"军民两用"的，对于徒步旅行、探险的"驴友"和热衷野外活动的人都很适用。

《美军生存手册》的特点是适用性、针对性强，没有过多的无用的"理论"阐述。手册开宗明义第一章，讲的是"生存意志"，强调在陷入困境时意志和信心是首位的，但同时也指出掌握各种生存技能的重要性，特别强调冷静应对，避免恐惧、焦躁、失望、盲目冒险等情绪，树立坚定的求生意志和保护自身安全的心理素质。在这方面，盲目地冒险和逞能都不足取，首要的是保护自己。这是各国救援行动的准则。

针对野外生存之需，手册中分别介绍了对受伤同伴紧急救治的方法，应急武器和工具的制作，如何寻找水源和获取食物（植物与动物以及烹饪方法），如何寻找和建造避身场所、如何辨别方向和发信号，以及在沙漠、热带丛林、极地、海洋自救与生存的方法，书中专有一章介绍各种绳结的打法，在野外行军、攀岩和自救救人时，绳结用途极大。此外手册附录中有大量图片，介绍了各种毒蛇的性状、判断天气变化的云图和可以采食的植物。

诚然，这本手册的内容很有参考价值，如果能结合各地的具体情况，参照《美军生存手册》的体例，再依据时代的变化，编纂新的生存手册，在当下是很需要的。

附带说一句，如果你去南极从事科考，你要上的第一课，肯定是《南极生存手册》的内容。你必须了解在暴风雪和严寒中如何生存，诸如怎样防寒防冻，怎样搭帐篷、建雪屋，注意防火，落水后的自救，等等。这是在南极生存最起码的常识。

《终极间谍——惊曝鲜
为人知的谍海内幕》

间谍与科技

在文学作品、电视剧或电影中，间谍戏一直都受到读者和观众的青睐，最叫座的。早期的电影《羊城暗哨》《永不消逝的电波》和前些年的电视剧《潜伏》以及外国大量的间谍片，很受大众喜爱。这当然首先在于无论中外的间谍，他们都是从事一种有别于普通人的特殊职业，而这种职业的生存环境和怪诞的工作目标、紧张而诡谲的氛围，以及时刻处于生死威胁的心理压力，富有刺激，充满悬念，这正是间谍戏长盛不衰的一个主要原因吧。

其实间谍一词，是个中性的名词，但我们长期以来形成的观念是间谍有敌我之分，敌方的间谍称为"特务"，我方的称为"地下工作者""隐蔽战线的红色战士"，这当然也有它的道理。间谍，就是在隐蔽战线执行特殊任务的人，无论中外，都是最古老、最富有传奇色彩的职业。

写间谍的书很多，包括文学作品和回忆录，但是介绍间谍的科普图书却很少，当然也许是我孤陋寡闻，因此在看了《终极间谍——惊曝鲜为人知的谍海内幕》（〔美〕H.基斯·梅尔顿著，鲁坦、吴晓妹译，中国旅游出版社，2005年），我不但很感兴趣，还产生了一些有趣的联想。

这本书是由著名的英国DK出版公司推出的集知识与科学人文于一体的普及读物，它以大量精美图片配以简单明了的文字，介绍世界主要国家的情报机构和著名间谍的传奇故事，还以很大篇幅介绍间谍如何用科技手段刺探情报、传送情报以及他们执行特殊使命所用的武器与设备。

在"装备和技术"一章中，"详细介绍那些令人难以置信的间谍装备和技术""他们使用的装备和技术必须要量身定做""必须要容易伪装和隐蔽"。书中介绍了各种照相机、隐蔽照相机、罗伯特照相机（靠发条驱动自动拍摄，不需手动）、F21隐蔽照相机（克格勃参照德国罗伯特照相机研制，用于监视摄影）、各种伪装的袖珍照相机及米诺克斯照相机、复制照相机、监视摄像机、窃听装备和录音机，还有神偷们使用的各种撬锁工具、武器和反监视的设备、秘密活动的通信器材、密码、微型照片及隐蔽装置等。这些过去鲜为人知的秘密武器，随着电子时代的到来，多半是谍报时代的"老古董"，但是据说其中有很多照片是经过特别授权公开发表的，因此也特别珍贵。

F21隐蔽照相机

书中有两篇很好玩的推荐序言，一篇是美国中央情报局前局长理查德·赫尔姆斯写的，他说该书"系统介绍了冷战后各国情报机关在反间谍和反恐怖方面所面临的新问题"。另一篇由前民主德国情报局局长马尔库斯·沃尔夫所写，指出："尽管科技在不断进步，但间谍活动的基本方式从没有改变过"。

从这本书中可以清楚地看到，在当代，间谍活动与科技发明的关系十分密切。正是不断更新、量身定做的科技产品，为间谍们提供了刺探情报、窃取机密、清除对手、潜入逃遁的有效工具，而间谍与反间谍的殊死较量，除了双方斗智斗勇之外，也往往依赖于科技手段的高低。有不少最初为间谍定做的科技产品，像军事技术一样，后来经过改进演变成了民用产品，像F21型和泽尼特MF1型照相机，冷战结束后去掉隐藏装置，都成为面向大众的商品。

值得一提的是，当今世界的间谍活动，除了政治和军事目的之外，一个普遍趋势是出现了工业间谍，也可称之为科技间谍。窃取高科技发明成果和垄断集团的核心机密，破获竞争对手或他国的经济情报，是这些以各种伪装潜入对方的间谍的头等任务。科技发明成果成为搅动谍海风云的主角，并关系国家之安危，而这些谍海精英往往又戴着科技专家的桂冠，这是现实中时刻在演出的故事，不可掉以轻心。

《人类的由来》

一部巨译里的心血与辛酸

　　英国生物学家达尔文的著作《人类的由来》1871年出版，在《物种起源》问世12年后，据费孝通所言：达尔文在这本巨著中"收集充分的客观事实来揭发人类起源的奥秘"，"用来阐明他以往已形成的观念，即对于物种起源的一般理论也完全适用于人这样一个自然的物种。他不仅证实了人的生物体是从某些结构比较低级的形态演进来的，而且进一步认为人类的智力、人类社会道德和感情的心理基础等精神文明的特征也是像人类的结构特征那样，可以追溯到低等动物的阶段，为把人类归于科学研究的领域奠定了基础"。这本巨著中包含的科学真理，对于上帝造人的神创论无疑是沉重的一击，因此尽管成书很早，但至今仍具有很高的学术价值，被视为"科学研究人类的起点"。

　　《人类的由来》中译本于1983年由商务印书馆出版，纳入"汉译世界学术名著丛书"，距原著出版的时间相距112年。译者是我国著名社会学家潘光旦，他是费孝通的老师，另一位译者胡寿文是潘光旦的长婿、北京大学教授。特别需要指出的是，《人类的由来》这部巨译的诞生，不仅凝集了中国老一辈学者的心血，也渗透着他们的辛酸与悲愤。

　　关于潘光旦，不用我在这里赘述，读者只需在网上搜索，便可以得知他是著名的社会学家、优生学家、民族学家，清华学校的高材生，后留美就读于达特茅斯学院和哥伦比亚大学。我曾经有幸见过他，那只是远远地一瞥：年迈的老学者拄着双拐，倔犟地仰着他硕大的头颅，给我留下难忘的印象。潘光旦生性好动，爱好体育运动。1915年在清华的一次跳高时，伤及右腿，不得不锯掉。从此，潘光旦终生与双拐为伴。然而他并不因身残而改其志，他拄着双拐赴美留学，登山远足，回国后野外考察，深入基层，从不落后于他人。由此一点，可知他的意志何等坚强。

长话短说，《人类的由来》的中译本下册附有一篇很有分量的文章《潘、胡译〈人类的由来〉书后》，作者是费孝通。这是一篇以回顾《人类的由来》中译本的翻译始末为由，同时也是以学生身份回忆恩师一生学术成就以及不幸结局的文章。费孝通的这篇文章落款是"1982年5月19日于东方红39号长江轮"，对于了解潘光旦和那个对知识分子摧残的时代，都是很宝贵的文献。

"这本书的翻译是潘光旦先生一生学术工作中最后完成的一项业绩，充分体现了他锲而不舍、一丝不苟的治学精神。我师从先生近四十年，比邻而居者近二十年。同遭贬斥后，更日夕相处，出入相随，执疑问难，说古论今者近十年。这十年中，先生以负辱之身，不怨不尤，孜孜矻矻，勤学不懈，在弃世之前，基本上完成了这部巨著的翻译。"在这里，费孝通概述了潘光旦翻译这部巨著的背景和其中的波折。

潘光旦

具体说来，那场政治风暴，潘光旦、费孝通都未能逃脱。"潘先生从事翻译这本书的十年并不是风平浪静的十年。文章憎命达，风波平地起。1957年，他承担翻译这巨著的翌年，反右扩大化的狂潮累及先生。我和他比邻，从此难师难徒，同遭这一历史上的灾难。"正是在这般背景下，有好心人提醒潘先生：这书即便翻译出来，还会有人出版吗？"先生一笑置之。"据费孝通说，"他从戴上'右派'帽子后，十年中勤勤恳恳做了两件事。"一是为了摘录中国少数民族史料，重读《二十四史》（斯时他在中央民族学院），再就是翻译此书。终于，功夫不负有心人，在长婿胡寿文相助下，1966年初这部由潘先生用蝇头小楷誊写的译稿全部杀青，"他将全稿整整齐齐地用中国的传统款式分装成册，藏入一个红木的书匣里，置于案头"。十年辛苦不寻常，潘光旦有理由为自己付出心血的成果而高兴。

岂料，潘光旦本人和辛苦十年的译作都成了接踵而至的政治风暴的祭品。费文写道："晴天霹雳，浩劫开始。1966年9月1日，红卫兵一声令下，我们这些'摘帽右派'全成阶下囚。潘先生的书房卧室全部被封，被迫席地卧于厨房外的小间里。每日劳作不因其残废而宽待。到翌年6月10日因坐地劳动受寒，膀胱发炎，缺医无药，竟致不起。我日夕旁侍，无力拯救，凄风惨雨，徒呼奈何。"

　　一代学术大师，竟落得如此结局。至于那部书稿，所幸潘光旦的女儿在父亲死后，"入室清理时发现木匣被弃地下，稿文未散失，但被水浸，部分纸张已经破烂，急携归保存"。这也是不幸中之万幸，由于家属以性命保护，分头抄写，这部译著终于历尽浩劫而长存。

　　在中国科学名著出版史上，这是不该忘却的一页。这是那个荒诞年月集体犯罪抓不到凶手的一桩案例，但即使退一万步，人们也不该忘记潘光旦的名字。

《石油记忆》

令人玩味的石油记忆

在我读过的书话类图书中（当然我的阅读是很有限的），像《石油记忆》（白智勇著，石油工业出版社，2009年）这种以行业为类别，专门对石油、天然气及其开发利用的古籍和文献资料进行梳理、研究的书话，还是颇为稀罕，独具特色的。在某种意义上，这种专业性很强的书话，不同于内容广泛，涉及文史哲经、自然人文的书话，它往往是学术研究衍生的副产品，对于关心这一领域的读者，尤其是从事该专业的人员都有很高的参考价值。

《石油记忆》收有86篇书话，围绕石油这个主线，涵盖了有关石油及其开发的我国古代文献，涉及石油及野外寻找油层的近代地质矿物学著作，近百年来中外学者关于我国石油资源的调查及开发利用展望的读物，以及围绕石油资源的争夺、石油市场的瓜分引发的国际政治、经济、外交、军事冲突的种种著译作品。

该书有不少文献是十分珍贵的，对于中国科学技术史的研究，有着重要的史料价值。例如《延长油矿沿革史》一书，1918年6月由陕西教育图书社出版，作者为张丙昌。该书介绍了自光绪二十一年（1895年）德国人调查延长石油开始，而后从1903年至1917年延长油矿创办和发展的曲折艰辛历程。

延长油矿是我国陆上第一口油井。光绪二十九年有陕西乡绅拟与德人及德商洋行私自合作，开采延长油矿，遭到陕西官员的斥责，并奏请朝廷力主官办，试办"延长石油官厂"，获得清政府批准。清政府不仅派员赴湖北采购机器，还将油样送汉口化验，证明油质"胜于东洋，能敌美产"。于是聘请日本专家实地勘察，发现多处油苗。乃与日人签订合同，聘日本技师，向日本定购钻采机械设备。清政府还动用当地驻军修建西安至延长的道路，以便于运送钻采机械设备。光绪三十三年九月，延长油矿第一口油井成功见油，日产油150~200千克，后又加深，初期日吸油1~1.5吨。值得一提的是，清政府对延长油矿给予很大支持，"慈禧、光绪御批增拨官银27万两，慈禧还把美国人赠送的皇宫照明发电机转赠延长石油厂"。这些史料，对于了解历史真相，避免片面性地评说历史，无疑是很有说服力的细节。

　　书中有一篇文章很有趣味，说的是当年大庆油田的位置以及其他重大信息（这在当时是国家机密）是如何被日本人破译的。文章出自中国科学院图书馆编辑的《资料工作文集》，题为《要重视情报资料的分析工作》（作者董一鸣）。文章指出，由于保密工作十分到位，当年外界对大庆油田这一中国最大的油田一无所知。日本为了获取大庆油田的位置、规模等方面的情报，想方设法却毫无进展。不料，一些中国公共的出版物这时无意中泄露了秘密：画报上刊登了铁人王进喜在钻机旁的照片，他们从铁人的棉衣得知，油田位于北纬46°~48°的区域，因而判断大庆油田可能在冬季为－30℃的齐齐哈尔到哈尔滨之间的东北北部。又从宣传王进喜先进事迹的报道中，得知最早的油井在北安的马家窑。此外，日本情报部门根据公开发表的一张炼油厂反应塔照片，依据对大庆油田年产量分析，认为中国炼油设备不足，很可能从日本进口轻油裂解设备，等等。这些重要情报并非用非法手段窃得，而是来自对公开信息的收集与分析，由此可知刺探情报在信息时代的特殊性，这是值得引起保密部门高度警惕的。

　　《石油记忆》还涉及不少科学技术以外的话题。例如郭沫若（以笔名易坎人）翻译美国作家辛克莱反映矿工生活的小说《煤油》（1930年光华书局）和《石炭王》（1928年上海乐群书店）；热情讴歌石油工人的作家李若冰和诗人李季；著名科普作家叶永烈的《石油的一家》（1978年中国少年儿童出版社）和《石油漫话》（1978年安徽人民出版社）；张天民的电影《创业》引发的风波，等等，都是文学史、翻译史、科普史、电影史上很有意思的一页。

　　在我写这篇短文之际，中国政坛的反腐风暴揭开了中石油、中石化的惊天大案。数以万计的石油石化工人在恶劣的自然环境中战天斗地，艰苦奋战，而位居高层的一批"油耗子"拉帮结派、监守自盗、贪赃枉法，令人愤慨。但愿内中黑幕，能够纳入《石油记忆》的续篇。

　　这也是当下难忘的石油记忆啊！

《点石斋画报》的科学传播

如果你看见报纸上出现用线条画逼真地表现飞艇上天、飞机在空中进行飞行表演，或者摩天大楼巍然矗立、巨型大炮安放在要塞等画面，你能想象这是100多年前的中国传媒吗？那可是老佛爷坐镇紫禁城的年代。但是历史就是这样有趣，在那个号称晚清的封建社会末期，科学文明之光冲破古老帝国的阴霾，亮起了最早的曙色。

这份曾经传播科学文明的传媒，便是当年享有盛誉的《点石斋画报》（以下简称《画报》）。

《画报》于清光绪十年（1884年）创刊，光绪二十四年（公元1898年）停刊，是中国早期石印画报，旬刊，随上海《申报》附送。每期8幅，为吴友如、王钊、田子琳、张志瀛、周慕桥等苏州籍画家所画，由吴友如主要负责，内容有时事、科学发明、社会生活等。部分作品对清朝腐朽统治、帝国主义侵略以及人民生活疾苦有所揭露和反映，也有不少涉及社会风情、民间习俗。

从创刊到停刊，为期14年，《画报》共发表了4000余幅作品，共出44部528册。停刊后，光绪末年曾由《申报》馆出过合集，每部20大洋，现已成为稀世珍本了。《画报》的重印本如今有多种，并不稀罕。据熟知内情的人讲，这份100多年前的图文并茂的新闻画报，业已成为不同学科研究者深入发掘的富矿：有人视其为晚清中国社会的"清明上河图"，从中窥探清末民初的民俗民风；有人以图文并茂为切入点，探索近代中国新闻传播方式的改进；也有人对吴友如等画家参照西方透视画法开一代新风饶有兴趣，探索近代文人画风的嬗变……于是围绕《画报》的研究也如"红学"一般，日渐形成一门涉及多门类的学问，这倒是很有趣的。

日前翻检《回眸晚清——点石斋画报精选释评》（黄勇编著，京华出版社，2006年），全书分为四个部分：（1）牵动国人的战事，（2）中华域外的新知，（3）耸人听闻的新闻，（4）多面世相的展映，大体上将《画报》的内容做了粗略的分类。我比较感兴趣的是有关"中华域外的新知"，即科技发明。吾生也晚，不知100多年前的报纸如何报道科技发明，《画报》至少满足了我的好奇。

我大体上看了看《画报》介绍"域外新知"的内容，还是为它敏锐独到的眼光而啧啧称奇，因为对于当时最新的科技发明，特别是用于民生的科技成果，《画报》都做了及时的报道。

例如，在现代交通工具方面，多次报道了载人气球和搬运重物的气球，对各种飞行器的报道也屡见不鲜：如美国芝加哥有人发明的载200多乘客的"飞舟"（"飞舟穷北"）；法国人制造的飞车"能在半空中行走如飞"（"妙制飞车"）。对于关系国防的坚甲利炮的消息，《画报》也很关注，诸如英国当时正在建造的载重量1万吨的铁甲舰（"铁甲巨工"）；由阿姆斯特朗厂制造的8尊巨型大炮运抵上海的消息，都及时做了报道，特别提到"前几天在码头上卸载，每提一炮上岸，船身都为之浮起，可见巨炮之重"，现场感极强。

"藉瀑生电"，以生动的画面展示了水力发电的实景，消息来源是"美国南省有一峻岭，其瀑一泄千里，势甚建瓴"，于是利用水力发电，"可抵二十万匹马力……从此愈加推广，利赖无穷"。此外，对电的普及应用，也是报道的一个热点，"电气捉贼""驯兽新法"，前者报道意大利人在住宅内安装自动开关的电灯以吓退入室窃贼，后者报道西方某动物园以电棍制服猛兽，虽然讲的不是什么大事，却也对电的广泛使用，提供了一些有趣的花边新闻。

值得一提的是，涉及民生最为关心的一个方面，是先进的西方医疗技术的传播，在

1933年芝加哥世博会上的飞艇

科学魅力

这方面，《画报》功不可没。它所报道的X光透视检查（"宝镜新奇"，苏州天赐庄博习医院西医师柏乐文从美国进口）、剖宫产（"剖腹出儿"，广东博济医院）、输血与洗肠（"西国扁卢"，消息来源系一美国医院）、尸体解剖（"戕尸验病"，上海虹口礼查客馆）等，这些以典型案例解析西方医学的新闻，无疑向大众普及了现代医学知识。

对于当时外国的建筑成就，也是它关注的一个方面。"第一高楼"报道了美国某地兴建的一幢28层高楼，特别指出楼内"置起落机器十二架"。这是有关电梯的早期应用。特别有趣的是，"救火妙药"报道了美国人携新型灭火器在上海街头当众表演的消息，并指出"上海一隅之地，房屋鳞次栉比，而城内尤为危险"，呼吁当局未雨绸缪，及早引进先进的消防设施。看了这篇报道，怎不令人感慨万千。

此外，"借发种发"涉及女子美容的现代医疗技术；"制衣御弹"报道"澳京裁缝"发明的防弹衣；"雨师听命"报道美国人成功进行人工降雨实验，以解旱情；"铁人善走"介绍了美国一博士发明的机器人"自能行走，迅捷异常"。特别值得一提的是：1900年在巴黎举行万国博览会期间，《画报》及时介绍法国人阿鲁莽过发明的以火车牵引的巨型观光车，循游会场（"游观台"）。这大概是当年中国对巴黎万国博览会为数不多的新闻报道吧。

纵观以上介绍，总体而言，《画报》的科技报道相当精彩，相当前卫，相当成功。如果考虑到《画报》并非专门报道科技新闻的报纸，加上当时消息来源有限，缺乏新闻图片，采用图画来表现闻所未闻的科技新闻，难度是很大的。因此，现在看来，个别报道有所夸大或失真，也是可以理解的。

我觉得有以下几点是值得思考的：一是研究中国科学传播与科学普及，不能忽视《画报》的贡献，进而也衍生出一个新问题，不能忽视晚清这段历史时期。

另外，"窥豹一斑"，从《画报》的科技传播，不难看出他们面向世界、充满自信与进取心的开放心态，这一点特别令人鼓舞，令人遐想不已。这与当时社会大环境也有关系吧。

晚清，至少是一段值得重新认识的历史时期。

《气象万千》

气候与国情研究

前些日子读了林之光的《气象万千》，掩卷之余，我写了封信给他，谈了谈我的读后感。看到一本好书，总想推荐给有此同好的朋友，于是将这点感想略加整理，求教于更多的读者朋友。

《气象万千》与通常的气象知识普及读物不同，它的内容偏重于中国气候特征的分析，根据作者多年研究的成果，对于气候与中国传统文化和各地风土民情的潜移默化，作了深入的别开生面的诠释，是了解中国国情的一部很有见地的创新之作。

众所周知，我们天天挂在嘴边的国情，一般而论，大体上可以分为两大类，一是自然方面的，一是人文方面的。仅就自然方面而论，以地理环境最为重要，山川地貌、海陆分布、自然资源等自不待言，但气候条件却是国情极其重要的、具有牵一发而动全身的决定性因素。研究中国的国情，不能不首先考虑中国气候，大到制定治国方略，绘制经济发展蓝图，小到安排一村一户农业生产，都必须认识我国气候特点。作者从中国的大陆性季风气候概括出来"冬冷夏热"和"冬干夏雨"的特征，进一步分析其优越性和不利因素，对各种气象灾害进行了辩证分析，其中不乏令人耳目一新的真知灼见。例如谈到沙尘暴，人们通常认为沙尘暴是有百害而无一利的灾害天气。但本书从"沙尘暴能缓解酸雨""沙尘的阳伞效应有利于抑制全球变暖""沙尘暴是良好的凝结核，有利成云致雨""沙尘天气制造了厚厚的黄土高原"等方面，科学地论述了这一自然现象的复杂性，并且从全球高压带的分布导致沙漠的形成，提出"地球上的沙尘暴是无法消灭的"这一重要结论，不仅使人们的思考进一步深化，也有助于在开发沙漠时避免盲目性，这是很重要的。

我国历史悠久的传统文化，无疑也是中国国情（人文领域）重要的组成部分。《气象万千》的另一个亮点，恰恰是凝集了作者几十年来潜心研究的成果，涉及气候与中国传统文化之间的关系。这些内容超越了气象学的范畴，而是扩展到自然科学与人文科学交叉的一个崭新的领域。从气候对人类社会的形成及其生存状态和文化艺术的深远影响，作者从中国人日常生活中的衣食住行、二十四节气文化、中国园林文化和中国古诗词等层面，以大量实例，诠释了这些中国特色的传统文化背后承袭的气候因素。作者富有创意地提出：中华传统文化是一种"寒暑文化"，即影响中国传统文化的气候各因子中以"寒暑"为最重要。书中对古诗词中一些涉及气象学的争议，也作了颇具新意的科学解析。如苏东坡著名的《登州海市》，提到诗人在登州（今山东蓬莱）见到"海市蜃楼"。后人对诗的真实性颇多质疑，认为苏轼在阴历十月二十日的初冬季节，何以能见到"海市蜃楼"。为此，作者从气象学角度论证，根据海面温度的垂直变化等因素，认为初冬季节不是不可能出现海市蜃楼的，并指出苏诗中实际上已经存有并非作假的气象学证据。这就从科学角度解释了文学史上一桩争议不决的悬案。又如在"中国气候与中医、中医养生文化"的专题中，作者认为中医遵循的阴阳五行学说，《黄帝内经》提出的"故阴阳四时也，万物之终始也，死生之本也。逆之则灾害生，从之则苛疾不起，是谓得道。"以及"顺四时而适寒暑"的养生之道，无一不是与我国四季分明的气候对人体健康息息相关而提炼出来的科学论断。对于几千年来为维护中华民族的健康和繁衍做出贡献的中医中药，作者认为："从气象学的角度，中医只能诞生在中国（黄河中下游地区）。"这一结论颇有新意，也为中医的发展提供了有力的支持。

还有一点需要特别指出，我们现在强调繁荣科普创作，尤其要倡导科学家也来动手参与，《气象万千》就是一本科学家写的富有创意的优秀科普读物。本书作者林之光研究员是著名的科普作家，但他首先是一位科研成果累累的气象学家。他的关于中国大陆性气候与海洋性气候的划分指标和方法，修正了气象学界沿袭多年的"大陆度"理论（波兰焦金斯基），已经得到学界的一致公认，这仅是其科研成果之一。因此他的《气象万千》科学性强，内容扎实，有很多结论来自作者长期的实地考察和研究心得，这是很宝贵的。借此机会，也希望有更多的科学家像林之光研究员一样，加盟科普创作队伍，为读者提供更多更精彩的科普读物。

《"阿波罗-11号"登月飞行》

科学传播史上一页史料

1969年7月20日，美国国家航空航天局发射的阿波罗11号完成了人类有史以来第一次登月任务，三位执行此任务的宇航员分别为指令长阿姆斯特朗、指令舱驾驶员迈克尔·科林斯与登月舱驾驶员巴兹·奥尔德林，阿姆斯特朗与奥尔德林成为首次踏上月球的人。7月21日2点56分，阿姆斯特朗扶着登月舱的阶梯踏上了月球，说了后来众所周知的名言："这是我个人的一小步，但却是全人类的一大步。"这个历史性的镜头可谓轰动世界，当年通过电视观看实况转播的，据说全球有6亿多人。

不过，此时的中国正处在"文化大革命"热火朝天的日子，当然顾不上遥远的月球发生的那点事儿。由于手边没有资料，不知当年国内媒体是如何报道太空开发史上这件重大的事件。不过，有趣的是，最近看到一本当年作为"内部参考"的出版物，使我们对于人类首次登月成功在中国的反映多少有了直观的印象。

这本名为《"阿波罗-11号"登月飞行》的出版物，实际上就是一本书，但没有书号，也没有定价，深蓝色封面，白色标题，大32开，由科学出版社出版，封面大标题下有"内部参考"字样。扉页与封面的要素相似，但增加了两个很重要的信息，一是该书为"科技资料组译"，这是出版社内部的机构或是什么机构，语焉不详；另一个信息特别重要，在科学出版社的标识下注有"1970"的字样，这就明确了该书出版的准确日期。由此可以推断，这本书是在阿波罗11号登月飞行成功后不久，即着手组织相关人员翻译出版的，大概是作为特殊的政治任务进行的。

《"阿波罗-11号"登月飞行》在扉页背面的"作者及内容简介"中，比较详细地介绍了该书的来龙去脉：这是一本译著，作者耶思科·普特卡梅

"阿波罗11号"登月飞行

　　（Jesco von Putt Kamer）生于德国莱比锡，由于他在液体火箭"台风"的研究中取得火箭技术的经验，在德国宇宙航行研究院担任工程师，1962年后担任美国国家航空与宇宙航行局最早参加土星5号功率计算的设计工作，在发射阿波罗11号任务中，他负责技术计划和同阿波罗计划的"系统工作"。关于本书内容，"作者及内容简介"指出，"全书共分八章，对登月飞行的准备工作、模拟试验、对飞船在月球着陆及返回地球的过程作了简要的叙述。"但它有一个错误的表述，认为"本书是以小说形式写成的"，不知道这是笔误，还是有意为之。实际上这是一部内容翔实、真实可信的纪实性作品，绝对不是虚构的小说。如果是小说，估计科学出版社也绝不会翻译出版。

　　该书正文前面，按当时约定俗成的规则，共有两页印有三条毛主席语录，一条是"美国垄断资本集团如果坚持推行它的侵略政策,势必有一天被全世界人民处以绞刑,其他美国帮凶也将是这样。"另一条是"美国确实有科学,有技术,可惜抓在资本家手里,不抓在人民手里,其用处就是对内剥削和压迫,对外侵略和杀人。"还有一条是"帝国主义者的寿命不会很长了,因为他们尽做坏事,专门扶植各国反人民的反动派,霸占大量的殖民地、半殖民地和军事基地,以原子战争威胁和平。这样,他们就迫使全世界百分之九十以上的人正在或者将要对他们群起而攻之。"

该书有一篇不短的译者序写得很有意思,颇能反映当时对于美国登月成功的很有代表性的观点:"众所周知,月亮上没有氧气,没有水,其表面除了一些火山口、岩石以外,没有生物,是死土一堆。美帝为登月飞行花费239亿美元,仅阿波罗11号就花了3亿5000万美元。他们花了那么多钱财,登上这个死死的月球,无论在军事上、科学上都没有什么价值,对于这种飞行,我们应该藐视它,没有什么了不起。美帝大搞阿波罗计划,其实质是垄断资本借此大肆压榨剥削人民,大发横财,同时进行政治、军事讹诈,炫耀其国防力量及科学水平,欺骗人民。"

译者序接下来又以兴奋的笔调写道:"曾几何时,打着'从月球汲取知识'旗号的阿波罗13号,在飞离地球四十万公里时发生严重故障,被迫取消了登月计划。惊恐万状的美帝,丑态百出。尼克松不得不宣布一个'全国祈祷日',美国宇航飞行负责人哀叹道:'我们在载人宇宙飞行计划中处于最严重的境地。'美联社也惊呼这是美空间飞行中出现的严重危机。"

文章最后说:"美帝阿波罗计划的实施丝毫也不能挽救它覆灭的命运。"

查有关资料,阿波罗13号是1970年4月13日发射的。发射后两天,服务舱的氧气罐发生爆炸,严重损坏了航天器,使其氧气和电力大量损失。所幸的是,三位宇航员使用航天器的登月舱作为太空中的救生艇。指令舱系统并没有损坏,但是为了节省电力在返回地球大气层之前都被关闭。三位宇航员经历了缺少电力、正常温度以及饮用水等问题,仍然成功地返回了地球。

由这个时间判断,《"阿波罗-11号"登月飞行》的译后序应该是在1970年4月13日后添加了相关内容,然后开印的。

值得一提的是，这本《"阿波罗-11号"登月飞行》的用纸及印刷质量之高，在40多年后的今天看来也堪称是精品中的精品，尤其是书中的插图，无论是黑白照片或是彩色照片，印制都达到相当高的水准：火箭发射现场，从飞船上拍摄的月球和地球的照片，宇航员在月球上着陆的照片，长达4页的登月飞行示意图和土星五号火箭与宇宙飞船解剖图，都极为清晰、准确，非常珍贵。在当年许多出版社纷纷关闭，科技图书很少出版的情况下，这样漂亮的高科技的图书实属罕见。

为什么会出现这样一例意外呢？为什么印制如此优良的科普读物没有正式出版呢？详情不得而知。不过，该书译者序最后透露了一点秘密："我们翻译出版《"阿波罗-11号"登月飞行》一书，目的在于向中央首长和有关人员提供这方面的情报，以供参考。"注意：是"情报"而不是资料！所以文末非常谦恭地表示："请首长和同志们批评指正。"

看来，这是一本仅供中央首长们阅读的出版物（正确地说，应该是一份"情报"）。不知怎地，经过怎样的渠道，它竟流入坊间了。

由这篇译者序可以看出极"左"思潮是如何使人的头脑产生荒诞的思维，它可以无视人类的科学发现，也可以随心所欲地编造自欺欺人的谎言，而且振振有词地把歪理邪说吹得天花乱坠，由此也不难理解在那个荒诞岁月里演出的诸如批判爱因斯坦相对论的闹剧了。

然而，无论如何，在中国科学传播史上，这本"内部出版物"毕竟是提供了颇有研究价值的一页重要史料。这是毫无疑义的。由这本书也连带想到当年这类特殊的出版物的发行范围，发行渠道，印刷数量，组织何人翻译，谁来执笔写译后序，一些提法有什么依据，谁最后审稿拍板，等等，诸如此类的问题，相信研究"文化大革命"出版史的人，是会感兴趣的。

《和平的梦》

顾均正先生的《和平的梦》

面对美国科幻大片独领风骚的局面，据说中国影视界的有识之士也在筹谋制作中国科幻电影的各种准备，这当然是令人兴奋的。不久前出席一个会议，我也听到业内人士说这项工作进展并不顺利，原因是国内从事科幻小说创作的作家太少，相应的是可供拍成大片的优秀作品也少，因而也很棘手。这当然也是意料之中的事。关于这个问题，我也不想多说什么，只是由此想到，如果可能的话，在以往出版的中国作家创作的科幻小说中，也许有些作品经历时间的淘洗，还有其巨大的价值，不论是故事情节的曲折，还是科幻构想的新颖，作为制作一部科幻大片，起码还是有借鉴价值的。

我在这里推荐的是顾均正先生（1902—1980）的《和平的梦》（湖南教育出版社，1999年）。

《和平的梦》创作于第二次世界大战期间，发表于1940年，距今已70多年了。小说写的是美国与极东国（指日本）之间发生的信息战。小说的科幻构思是这样的：当美国与极东国发生战争即将取得胜利的关键时刻，突然美国本土朝野上下弥漫起反战的浪潮，人们纷纷上街游行，要求政府改弦更张，与极东国世代友好，并且荒谬地同意将一部分领土割让给极东国。

小说通过主人公、美国特工夏恩·马林的调查发现，这是极东国向美国实施心理战的结果。极东国派遣以科学家李谷尔为首的特工，潜入美国田纳西州荒无人烟的山岭，建立了一个秘密电台，每天晚上发射强大的催眠电波，使美国人入睡，然后向他们灌输与极东国友好的思想，于是，造成美国人心大乱。

小说最终是美国特工夏恩·马林冒着生命危险，驾机找到敌人的藏身之地，抓获了发明催眠法的李谷尔，以子之矛攻子之盾，威逼李谷尔照常发出催眠电波，但改变了灌输的内容，宣讲"极东国是美国的仇敌。美国绝不能向极东国屈服。美国必须继续抗战"的道理，结果形势迅速逆转，美国全国上下一致要求与极东国血战到底，狡猾的极东国离灭亡的日子不远了。

《和平的梦》是典型的"硬科幻"。小说中，为了说明如何找到敌人的电台，插入了一段关于"环状天线"的科学依据，甚至画了说明原理的几幅技术性插图。有的评论者认为，这表明顾均正对科学小说的科学性十分注重。不过，"在小说中忽然插入一大段知识硬块，使作品失去了和谐的统一。"他们对此表示怀疑。

现在看来，《和平的梦》真正的科学构思并不仅仅是如何运用环状天线捕捉敌人的电台，除此之外，贯串小说的另一个重要的线索，即极东国利用发射催眠电波，对美国人灌输反战的心理暗示，确是一个很值得关注的科学预测。考虑到小说创作于抗日战争时期，当时信息战这个概念尚处在萌芽状态，但是《和平的梦》却以敏锐的洞察力，预见到可以改变敌方思维的电波，能起到正面战场无法起到的作用，这是很超前的科学幻想，也是一个绝妙的科学构想。如果我们联想到今天无孔不入的信息战，以及形形色色的宣扬"颜色革命"的网络战，也许就不难看出顾均正先生的这部科幻小说的警世价值了。

我正是根据这些情节，认为《和平的梦》是可以改编成一部科幻大片的。它的场面很宏大，正面战场与隐蔽战线，美国国会与民间的互动，极东国的渗透和电子信息战，美国特工的追踪与搏斗……这些分镜头都是很有戏剧性的。当然这只是我的一孔之见。

写到这里，忽然想到有一点是值得一提的。从顾均正的《和平的梦》，到郑文光的《飞向人马座》、童恩正的《珊瑚岛上的死光》、叶永烈的《腐蚀》、王晓达的《波》等作品，可以看出中国的科幻作家沿袭着一个可贵的传统，即强烈的忧国忧民的意识。当祖国面临强敌威胁之日，他们都以自己的作品向世人显示了与敌人殊死抗争的爱国主义情怀，以及用科学发明的利器（科幻作家头脑中的发明，如珊瑚岛上的死光）与敌人一决雌雄的胆识，这是很可贵的。只是这些，似乎很少引起评论家的关注。

除了《和平的梦》外，顾均正的科幻小说还有《伦敦奇疫》《性变》和《在北极底下》，1940年由巴金任主编的文化生活出版社把《性变》外的另外三篇结集出版，书名《在北极底下》，后来以《和平的梦》为书名。

《植物知道生命的答案》

植物世界的秘密

我们对植物是太熟悉了。几乎每一天，我们都要和植物打交道：人行道上，挺拔的大树以它的浓荫为行人遮挡骄阳；花坛草地，四时不绝的鲜花绿草，为城市增添了几许妩媚。至于最实惠的，就是一日三餐的食物多半是植物的叶、茎、根、果实和种子，植物与人类的衣食住行，关系实在太密切了。

虽然对植物很熟悉，比起对动物的了解，人类对植物的情况可以说相当陌生。比如植物有视力吗？植物能区分颜色吗？植物有嗅觉吗？植物能向邻近的同类植物发去信息吗？植物有感觉吗？植物是什么也听不见的聋子吗？植物有记忆吗？诸如此类的问题，恐怕不是那么容易回答的，很多至今仍是困扰科学家的难题。

《植物知道生命的答案》（〔美〕丹尼尔·查莫维茨著，刘夙译，长江文艺出版社，2014年）就是介绍植物生命现象的一本有趣的科普读物，尽管内容涉及遗传基因和植物神经生理等学科，有的实验需在航天飞机或空间站的失重状态下进行，但本书突出的特色是行文浅显，深入浅出，避免枯燥乏味的陈述，尽可能使深奥的科学内容易于被非专业的读者所了解。

还是举几个例子吧。

曾经发表《物种起源》的达尔文一直痴迷于植物生命现象的实验研究。他和儿子弗朗西斯通过实验揭示了植物的向光性，成功地展示了植物的原始视觉：植物的"眼睛"在茎尖，对光做出反应的部位在茎中部。后来许多科学家的实验进一步发现证明，由于光是植物的食物（光合作用），寻找和捕捉光是生存必需，因此植物总是向着食物生长。"在感知水平上，植物的视觉要比人类视觉复杂得多。"书中提到，植物能看到的光谱的波长范围要比我们能看到的宽广得多。植物能区分颜色，它们靠蓝光知道向哪个方向弯曲，却靠红光测量夜晚的长度。"任何植物在白昼将终的时候看到的最后一道光都是远红光，这意味着植物该'休息'了。早晨，植物看到红光便又醒来。"

人类很早就会利用一种水果催熟另一种水果，这种果实之间的信号传递揭示了植物的"嗅觉"。进一步的研究证实，成熟的水果都会释放乙烯这种植物激素，而"嗅"到乙烯的另一种未成熟的果实会迅速成熟。在自然条件下，由乙烯诱导的成熟连锁反应，对于保证种子的传播无疑具有很大优势。20世纪80年代，更加吸引眼球的消息迅速传播开来，科学家宣称，树木可以彼此警告食叶昆虫即将会来伤害它们。实验表明，被一种天幕毛虫侵害的柳树，附近的健康的柳树叶子里出现酚类和单宁类物质，这恰是天幕毛虫不喜欢吃的，而病树的叶子里找不到这种化学成分，说明"病树向周边的邻居传达了借空气传播的外激素信号"，让它们做好防备。

谈及植物的"记忆"，书中提到一个很有趣的例子，居然涉及苏联生物学界鼎鼎大名的人物李森科，此人曾以意识形态斗争对待摩尔根的遗传基因学说而臭名昭著，书中写道："如果不谈这些政治话题，李森科在1928年倒是有一个里程碑式的发现，一直到今天还在影响着植物生物学"。

书中指出，苏联农民种冬小麦，需在秋天播种，在冬天温度降到冰点以下之前发芽，然后冬眠，直到春天土壤回暖之后才苏醒开花。如果不经历冬天的寒冷，冬小麦在春天不会开花，也不会结果（我国北方的冬小麦大概与之相似）。由于20世纪20年代苏联出现异常暖冬，结果冬小麦没有收成，导致苏联的饥荒。李森科发现，如在播种之前将小麦种子置于制冷器中，在种子并未实际经历漫长冬天的情况下，仍然可以发芽开花。李森科把这个过程称为"春化"。由此他正确地指出，即使在遭灾的情况下，农民在春季再播种经过冷处理的小麦，仍然也有收成。这个理论的价值是不难想象的。李森科的"春化"，如今已成为冷处理的通用术语，而这一现象的科学依据，即是小麦的花期与寒冬对应关系的长久"记忆"。

诸如此类关于植物的触觉（以含羞草、捕蝇草为例）、听觉以至记忆的考察，书中都有详尽的介绍。当然对植物的生命现象的研究，现在还刚开始，有的结论还有待进一步探索。值得注意的是，对植物生命现象的研究，看似纯理论性的，一时半会也没有经济效益，但是从已知的研究成果不难发现，植物生命现象的解密，对人类的未来将会产生难以估量的影响。例如前面提到的冬小麦的"春化"，以及改变光照和有色光，可以控制植物的花期，促使果实提前成熟。又如分析植物的DNA，很有可能找到人类癌症治疗的新方法，等等。

世界上许多顶级科学家热衷于植物生命现象的研究，这也从一个侧面表明，基础理论研究有着广阔的前景。

大博物学家范成大

钱钟书对范成大的诗评价很高，在他编的《宋诗选注》一书中，收了诗人12首诗，数量仅次于苏东坡和陆游，并指出："他晚年所作的《四时田园杂兴》不但是他的最传诵、最有影响的诗篇，也算得中国古代田园诗的集大成。"范成大的《四时田园杂兴》60首"可以跟陶潜相提并称，甚至比他后来居上"。把范成大和陶渊明相提并称，这大概是有史以来第一次吧。

范成大是宋代大诗人，与杨万里、陆游、尤袤合称南宋"中兴四大诗人"。同样，范成大是宋代杰出的大博物学家、地理学家，也是当之无愧的。遗憾的是，他这方面的贡献，长久以来被科学技术史家忽略了。

范成大（1126—1193），字致能，自号石湖居士，吴郡（今江苏苏州）人。绍兴二十四年（1154年）28岁中进士。孝宗乾道六年（1170年），44岁的他曾以资政殿大学士出使金朝，不辱使命而归，并写成使金日记《揽辔录》。后历任多地行政长官，为老百姓办了不少实事。淳熙时，官至参知政事（副宰相），因与孝宗意见相左，两个月即去职。晚年隐居故乡石湖，南宋光宗绍熙四年逝世，享年67岁。

范成大除了使金日记《揽辔录》外，还著有《骖鸾录》《桂海虞衡志》《吴船录》《梅谱》和《菊谱》等多种笔记体著作。这些作品突出的特点是作者以亲历所见，记录了各种自然现象及地理气候、动物植物、矿产土产、风土民情，不仅是极其珍贵的博物志，还有很高的科学价值，在很多方面，填补了许多学科领域的空白。

以《桂海虞衡志》为例。乾道八年（1172年），范成大被贬到地方任职，任静江府（今桂林）知府兼广南西路经略安抚使。当时，地处边陲的广西，在人们的印象中是炎荒瘴疠之地，亲友也为他的安危担忧，但范成大从杜甫、白居易等唐人诗词中得知，桂林为无瘴、宜人之地。及至到了桂林，"则风气清淑，果如所闻，而岩峭之奇绝，习俗之醇古，府治之雄胜，又有过所闻者。"桂林的山川、风物给他留下终生难忘的好印象。两年后，宋孝宗淳熙二年（1175年），范成大离职赴四川转任成都路制置使。他怀着深深眷恋的离情，写成了这部记载广西风土人情的重要著作——《桂海虞衡志》。

桂林的山水是《桂海虞衡志》的重中之重。范成大回顾平生南来北往，对各地山川的特征予以比较，指出：各地的高山虽是雄伟，但它们的山峰不过是山岭突起形成，又地处僻绝之境，不能轻易到达，难窥其真面目。对桂林的山，范成大下的结论是："桂之千峰，皆旁无延缘，悉自平地崛然特立，玉笋瑶簪（〔唐〕韩愈《送桂州严大夫》：山如碧玉簪。注：簪与簪同），森列无际，其怪且多如此，诚当为天下第一。"又说："山皆中空，故峰下多佳岩洞"。范成大还透露一个信息：他曾经将桂林的山"图其真形，寄吴中故人"，居然"盖无深信者"，这位桂林的地方官也无可奈何。

这毫不奇怪，因为桂林地区这种又称喀斯特地形的岩溶地貌，当年其他地方的人们是颇为陌生的。喀斯特地形通常是指石灰岩分布地区，在热带、亚热带湿热多雨气候条件下，含有碳酸的地表水和地下水对岩层长期的溶蚀，形成了峰林、残丘、洞穴、竖井、落水洞（俗称天坑）等地形。洞穴又称溶洞，内有洞顶滴水沉积，即常见的钟乳石和石笋，以及千姿百态的碳酸钙沉积物，俗称石花、石蘑菇、石葡萄、石幔等。这一地貌因在西方最早发现于南斯拉夫西北部的喀斯特高原而得名，喀斯特地貌已成为国际通用术语。

在我国，对喀斯特地貌的观察、研究并见于文字记载却很早，《桂海虞衡志》即是我国记载喀斯特地貌的一部重要文献，成书于宋孝宗淳熙二年（1175年），距今已近千年。《桂海虞衡志》的第一章"志岩洞"，介绍有名可记的奇特峰林岩洞达30多个，都是范成大亲自踏勘考察过的。短短两年，这位地方官除了处理公务外，差不多平均每月考察1~2个洞穴，并且对每个岩洞的特征作了简要的描述。如记伏波岩，"突然而起，且千丈。下有洞，可容二十榻。穿凿通透，户牖旁出。有悬石如柱，去地一线不合。"又指出：伏波岩"前浸江滨，波浪汹涌，日夜漱啮之。"这正描写了漓江对岩岸的侵蚀现象。

范成大对石钟乳的观察十分细微，并且多次对其成因予以思考。记七星山，"七峰位置如北斗"，故得名。"石洞在山半腹。入石门，下行百余级，得平地，可坐数十人。旁有两路，其一西行，两壁石液凝冱，玉雪晶莹。顶高数十丈，路阔亦三四丈，如行通衢中。顿足曳杖，彭铿有鼓钟声，盖洞之下又有洞焉。"这里不仅指出岩洞的洞中有洞以及旁支错综的复杂结构，也用"两壁石液凝冱，玉雪晶莹"的比喻，点明石钟乳由含有特殊成分的"石液"凝固而成。在接下来的记述中，又写到"两旁十许丈，钟乳垂下累累。凡乳床必因石脉而出，不自顽石出也。"在《志金石》一章，范成大对石钟乳的形成又进一步作了小结，指出："钟乳……余游洞亲访之，仰视石脉涌起处，即有乳床如玉雪，石液融结所为也。乳床下垂，如倒数峰小山，峰端渐锐，且长如冰柱。柱端轻薄中空，如鹅管。乳水滴沥未已，且滴且凝。"

"石液融结""乳水滴沥未已，且滴且凝"，这些基于非常敏锐的考察得出的科学结论，终于揭开了溶洞中各种美不胜收的钟乳石形成的秘密。

对于溶洞与地上河相通，尤其是溶洞内藏有地下暗河的现象，《志岩洞》也分别作了详细记载。如写龙隐洞、龙隐岩："皆在七星山脚，没江水中。泛舟至石壁下，有大洞门，高可百丈，鼓棹而入……舟行仅一箭许，别有洞门可出。"这是地上河与溶洞贯通的情形。记曾公洞，旧名冷水岩："入门，石桥甚华……有洞水，莫知所从来，自洞中右旋，东流桥下，复自右入，莫知所往，或谓伏流入于江也。"这是典型的地下暗河。

范成大对喀斯特地貌的考察及其成因的探究，早于明代大地理学家徐霞客（1587—1641），更是早于南斯拉夫的茨维伊奇（代表作为1893年的《喀斯特现象》）。范成大不愧是我国喀斯特地貌研究的前驱。

《桂海虞衡志》（收入《范成大笔记六种》，中华书局，2002年）全书共13篇：除《志岩洞》记喀斯特地貌外，还有专门章节介绍矿物、香料、酒、少数民族的兵器和生活用品、珍禽异兽、珍稀动物、奇花异木、花木果蔬等，是关于广西的一部详尽的博物志、民族志，具有很高的学术价值。限于篇幅，不再赘述。

值得一提的是，《桂海虞衡志》受到同样是博物学爱好者的鲁迅的喜欢，《鲁迅辑校古籍手稿》中也收有《桂海虞衡志》，是1910年至1911年间抄录的。

《海错图笔记》

由《海错图笔记》想起的

　　海错，这个对我们有点陌生的词汇，查《辞海》，得知是指海中产物种类复杂众多的意思。成书于战国的地理著作《禹贡》中，列举了天下九州的山川、土质、物产、贡赋，谈到"海、岱惟青州"（即今山东半岛）时有"海物唯错"之说，形容海洋生物种类繁多、错杂的意思，这大概是"海错"一词最早的由来吧。另外，"山珍海味"一词，古人也常说成"山珍海错"，唐代诗人韦应物的《长安道》中有"山珍海错弃樊篱"，可见当年这是很寻常的词汇。

　　《海错图笔记》（张辰亮著，中信出版集团，2016年）的出版使消失已久的"海错"一词，重又回归大众眼中。看似无心插柳，实则借博物学的再度复兴，使湮没尘土的古籍重见天日，这本身就很有趣味，很有价值。作者坦言，"清代画家兼生物爱好者聂璜绘制的《海错图》，共描绘了300多种生物，几乎

201

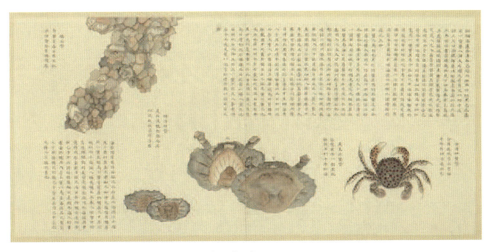

《海错图》插图1

涵盖无脊椎动物门和脊索动物门的大部分主要类群，还记载了不少海滨植物，是一本颇具现代博物学风格的奇书。"他的这本"笔记"，则是"用今天生物学的角度，对《海错图》中的生物进行分析考证，从他的文字和画作中发现蛛丝马迹，辨别真伪"。正如作者所言，书的内容涉及"海洋生物的科普，有故纸堆里的考据，有中国人和大海之间的逸事……"确实是一本有意思、有意义的书，在海洋生物的普及读物中也是独具特色的。

其实记海错的书，也并不仅仅限于聂璜绘制的《海错图》（清康熙三十七年完书，即公元1698年）。近日翻检《鲁迅辑校古籍手稿》第六函（北京鲁迅博物馆、上海鲁迅博物馆合编，上海古籍出版社，1991年），内中收有鲁迅辑录、校订的涉及博物学古籍10种手稿，其中之一即是《记海错》，这是1910年至1911年鲁迅从《郝氏遗书》中抄出的，另有两种是《蜂衙小记》和《燕子春秋》。

《记海错》的作者郝懿行（1757—1825），字恂九，号兰皋，山东栖霞人，清嘉庆年间进士，官户部主事，为清代著名学者，清经学家、训诂学家。长于名物训诂及考据之学，《海错》《蜂衙小记》《燕子春秋》是郝懿行关于自然科学方面的书，另有《宝训》是一部农书，共分八卷，详细记载了种田的学问。

在鲁迅辑录、校订的《海错》中，作者自述"余家近海，习于海久，所见

《海错图》插图2

《海错图》插图局部

海族亦孔之多，游子思乡，兴言记之。所见不具录，录其资考证者，庶补《禹贡疏》之阙略焉。"书中记山东胶东海域的各种海洋生物计有48种，如土肉，"土肉正黑，如小儿臂大，长五寸，中有腹，无口目，有三十足。炙食。余案今登莱海中有物长尺许，浅黄色，纯肉无骨，混沌无口目，有肠胃。海人没水底取之，置烈日中，濡柔如欲消尽，瀹以盐则定然。味仍不咸，用炭灰腌之即坚韧而黑，收干之犹可长五六寸。货致远方，啖者珍之，谓之海参，盖以其补益人与人参同……今验海参乃无足而背上肉刺如钉，自然成行列，有二三十枚者"。

又如昆布与海带，"今昆布出登州者，纠结如绳索之状……海带者青色而长，登州人取干之柔韧可以束物，人亦啖之。昆布旧以充贡，海带今以供馈，二物皆消结核。"值得注意的是，当时人们已知昆布、海带的医疗作用。

郝懿行在《晒书堂诗钞》中有一首诗《拾海错》，原注是"海边人谓之赶海"，颇有地方风情："渔父携筥篮，追随者次子，逐虾寻海舌（即水母），淘泥拾鸭嘴（蚬形如鸭嘴），细不遗蟹奴，牵连及鱼婢。"在海边生活过的人都会记得，"赶海"是多么愉快而富有诗意啊！我至今仍忘不了当年在长山列岛、在青岛"赶海"的情景！

顺带再说几句，《鲁迅辑校古籍手稿》除收郝懿行的《海错》《蜂衙小记》《燕子春秋》外，还收有《岭表录异》《云谷杂记》《南方草木状》《释虫小记》《桂海虞衡志》《南方草物状》《说郛录要》等多种我国古代涉及博物学的典籍，弥足珍贵。倘若有识人士以现代科学的眼光，加以实地观察，考订真伪，作一番比较研究，当是功德无量，肯定也是博物学研究的一大收获。此外，据著名已故藏书家郑振铎先生讲，他曾在北京隆福寺的文渊阁旧书店买到三册《闽产录异》、二册《海错百一录》（均郭柏苍著，光绪刻本），"研究海产和南方的动植物者必当一读，有许多记载是第一次见之于这两部书里的。"（见《郑振铎书话》）

《换脑以后——外国青少年科幻小说选》

叶君健眼中的科幻小说

提起叶君健（1914—1999）的大名，人们首先想到的是安徒生童话，在他大量的翻译作品中，首推《安徒生童话全集》，这是中国读者尤其是伴随亿万孩子成长的宝贵精神财富。为此，叶君健荣获丹麦女王授予的"丹麦国旗勋章"，据说这是全世界《安徒生童话》众多译者中唯一获此殊荣的。叶君健不仅是翻译大家，也是著作等身的作家、儿童文学家，不过这里仅谈一谈叶君健论科幻小说，因为这是研究中国科幻小说史不应忽略的。

1981年5月，叶君健为《换脑以后——外国青少年科幻小说选》一书（陈军选编，北京出版社，1981年）写了一篇代序。作为儿童文学作家和翻译家，关注科幻小说的发展，尤其是科幻小说对青少年的影响，这是理所当然的。

这篇不短的代序不仅对科幻小说的特征以及幻想这种精神现象的起源作了深入的剖析，充分肯定了科学幻想的合理性，而且也对西方科幻小说的发展历史作了很多重要的补充，比起同时期国内发表的文章有了新的见解。

按照许多研究者普遍一致的看法，西方科幻小说的滥觞，当推1818年英国玛丽·雪莱夫人的《弗兰肯斯坦》。代序却指出："在西方，最早可以称得上是科学幻想小说的，恐怕要算古希腊学者卢西安写的《真实故事》了。它分为两卷，描写一群旅行者的奇异经历。这群旅行者从赫古勒斯柱（现直布罗陀海峡东端的两个海角）出发，忽然被卷到太空中去。他们被月球上的人招募去与太阳上的人作战，目的是要争夺'晨星'这个星球上的土地，以便在那里殖民。最后这群旅行者连人带船被海里一个庞大的怪物吞掉。他们好不容易才逃脱出来，终于航行到一座幸福的小岛上。"叶君健认为，"这是一部充满惊险和趣味，并能开阔眼界的古典科学幻想作品。"

代序中还提到17世纪法国作家萨微耳·西郎诺·德·贝歇拉（1620—1655）的两部长篇幻想小说《关于太阳情况的趣闻》和《关于月球情况的趣闻》，叶君健认为这两部小说"把科学和幻想很有技巧地溶合在一起，为后来一系列伟大的同类作家如斯卫夫特（1667—1745）、爱伦·坡（1809—1849）都提供了重要的启示"。上述观点为研究西方科幻小说史无疑是提供了新的史料。

在论及法国的凡尔纳和英国的威尔斯对科幻小说的贡献及影响力时，叶君健在代序中以不短的篇幅，对威尔斯的作品作了很高的评价："他的科学幻想小说具有他的同辈作家所缺乏的思想性。因此科幻小说，通过他的创造，也成了一种具有高度艺术性和思想性的文学品种"。这个评价非同寻常。威尔斯的科幻小说在中国曾被形象地称作"软科幻"，即较多地涉及社会现实与人性探究。想当年，科幻小说涉及社会现实，在中国是个颇为敏感的话题。哪怕作品触及和机器人妻子闹离婚，或者为逃避压迫逃往外星球等内容，都有可能被无限上纲上线，遭到口诛笔伐。现在看来是多么幼稚可笑。

叶君健的代序是一篇论述科学幻想小说很有分量的文章，他特别提到第二次世界大战以后，"由于科学和技术高速度发展的刺激，作品的题材也在迅速地扩大，相对论、波动力学，一切有关近代物理学，甚至生物学、心理学和社会科学各方面的新概念，也都成为科学幻想的新题材。有才能的作家和较优秀的作品相继出现……"接下来，他提到阿西莫夫、阿瑟·克拉克等一系列英美作家和他们的代表作，并以十分乐观的口吻指出："科学幻想小说呈现出一派空前繁荣的景象。"

需要特别指出的是，叶君健的代序写成之日，正是中国科幻小说园地凋零之日，许多刊物被迫停刊，许多作家从此封笔……当年叶老写这篇序是需要勇气的。今日重读此文，感触良多。我以为，叶老此文十分难能可贵，称得上是中国科幻小说史上一篇重要的历史文献。

《飞机潜艇及其他——
模型制作法》

符其珣的科普译作及其他

日前在天通苑旧书摊上，无意中"淘"得一本科普读物，这是很意外的收获。因为在旧书摊上，依我十多年的经历，能碰上哪怕有可看的科普读物，机会也是很小的。更不用说有收藏价值的科普读物了。

我"淘"得的这本书，是开明书店出版的《飞机潜艇及其他——模型制作法》，作者是阿柏拉摩夫，译者是符其珣。我一眼看中这本书是因为它的译者符先生，我认识呀！在一起开过好几次会。另外，我不得不坦白交代，这本《飞机潜艇及其他——模型制作法》的价值还在于它的版本早，它的版权页注明"民国廿八年九月初版，民国廿九年六月二版"，也就是说这是1939年出版的一本翻译的科普读物，碰巧和我的年龄相同！它和我一样，从诞生那一刻起在人间漂泊了70多年，不知道它从何而来，经历了怎样的风风雨雨，如今又落入我之手……

这本书很吸引眼球，橘红色的封面封底，32开，胶版纸印制，有88幅黑白图，被列入"苏联少年科学丛书"之一，其内容涉及汽车、汽动雪橇、滑翔机、直上直下飞机、轮式轮船、螺旋桨推动式轮船、潜水艇、滑水机和汽动车等模型的制作方法。在版权页背面，实际上是开明书店的新书广告，透露了不少有趣的出版信息，关于"苏联少年科学丛书"，除了这本（售价四角）外，还有一本是《少年电机工程师》（售价八角），均注明"符其珣译"，下面有一段文字介绍："模型制作是少年们课外的一种最高尚的娱乐。在国外，由于各通俗科学杂志的提倡，已经造成了一种极普遍的风气。中国向少此项参考书籍，致少年们虽有此癖好，亦无从问津，实在是一件可惜的事。上列两书系符先生由俄文原书译出，均为苏联少年最欢迎的读物。前者包含交通模型制作法九种。后者则自日用电器以至射线管止，无不网罗在内，而其中怎样布置电机实验室一章，更属切实合用，使读者易于着手。"在这段文字的另一半篇幅，是开明书店出版的"开明青年丛书"，介绍了董纯才先生翻译的苏联伊林的六本科普读物《五年计划的故事——苏联初阶》《十万个为什么——室内旅行记》《人和山——人类征服自然》《黑白——书的故事》《几点钟——钟的故事》和《不夜天——灯的故事》。

符其珣先生是我国著名科普翻译家，他的译作很多，但是奇怪的是，与他的学术成就很不相称的是，互联网上几乎没有他的生平和翻译生涯的信息，仅仅能出现他的译作连带译者的名字，这至少说明这位终生献给科普翻译的大家，太快地被时代无情地遗忘了。因此我写这篇短文时也遇到很大困难。现将有关信息转述如下：

符其珣（1918—1987），广东高要人，1936年毕业于哈尔滨铁路学院电机科，1937年在上海震旦大学攻读法语，课余常去光顾霞飞路一家外国人开的外文书店"Fleet Books"，符其珣在那里看到苏联科普作家别莱利曼的《趣味几何学》，觉得很有翻译的价值，便将书买下，将译出的部分章节向开明书店办的刊物《科学趣味》投稿并陆续发表，由此开始了他的翻译生涯。

当时，著名科普作家、翻译家顾均正（1902—1980）在开明书店任编校部主任、编辑室主任，向青少年普及科学是他所极力提倡并身体力行的，他对符其珣很器重，鼓励他直接从俄文原著翻译。1939年，《飞机潜艇及其他》《少年电机工程师》相继由开明书店出版。也就在这一年，在顾均正支持下，符其珣与几位志同道合的同学在上海成立"苏联少年科学读物编译社"，计划将《趣味几何学》全部译出，并设想了其他选题，不料抗日战争的局势日益严峻，不久符其珣离开上海，连原版的《趣味几何学》也丢失了。

直到1948年，在老出版家陈原的鼓励下，符其珣又陆续译出伊林的《自动工厂》，以及《动脑筋博士》《飞机大炮的故事》和《玻璃的故事》，由生活·读书·新知三联书店出版。

1950年，符其珣调往北京，先后在三联书店、一机部工业教育司等单位任编辑、编译。1958—1987年任一机部（原机械工业部）情报所科长、室副主任，译审。

1950年，顾均正任中国青年出版社（开明书店与之合并）的副总编，邀请符其珣一道，访问苏联国际书店驻华总代表葛里舍立，希望他们能提供别莱利曼的《趣味几何学》原文版及其他著作。不久葛里舍立通知符其珣来国际书店驻华总代表处，向他展示了所需的图书，其中有《趣味几何学》（上、下册）、《趣味物理学》（正、续编）、《趣味力学》《趣味天文学》。葛里舍立说这些书全部赠送给符其珣，建议他译成中文，"惟一的条件是不许对原著有所歪曲"。符其珣没有辜负他的期望，克服很多困难，以高质量、高速度陆续译出《趣味几何学》（上、下册）、《趣味物理学》（正编）、《趣味力学》《行星际的航行》共5种。《趣味物理学》（续编）由开明书店找滕砥平翻译，《趣味天文学》由符其珣找唐实翻译，至此，别莱利曼的主要代表作几乎全部被译为了中文。

符其珣共译书29种，科幻小说《工程师的失踪》的部分章节于20世纪50年代选入中学语文课本，《趣味物理学》共印刷15次、累计56万册，《趣味几何学》共印刷29万册，《趣味力学》印刷30多万册。

符其珣曾任中国科普作家协会第一、第二届常务理事，外国科普作品翻译研究委员会第一、第二届主任委员，1982年加入中国翻译工作者协会，任第一届理事会理事。我与他在1982年北戴河一次科普座谈会见过面，后来也一同出席一些会议。可惜每次都匆匆忙忙，没有深谈。

符其珣的科普译作曾经是许多科技工作者青少年时代的伴侣，不少人因为这些作品的引领而进入科学殿堂。今天，斯人已去，但这位中国科普翻译前辈的学术贡献，仍然值得大力弘扬、认真总结。

另外，关于顾均正先生，多年前鲁迅的公子周海婴先生以回忆录《我与鲁迅七十年》相赠，书中有一段内容是涉及顾均正的，他们俩家是邻居，多有往来，很有参考价值，现照录如下：

我家隔壁63号住着顾均正。他家早于我们3个月从狄思威路麦加里搬来，是索非帮助介绍的。他先预付3个月房租，自住二楼和亭子间。一楼三楼借给洪姓和金姓两位房客居住。

抗战爆发，上海沦陷成孤岛，开明书店内迁，顾先生留守，每月只有30元的生活费，无法养活一家七八口人，只有白天上班，晚上伏案拼命写作，常到深夜一二点钟。

顾是科普作者，在中学教化学课。日寇时期，每户每月限用电三度。那年代，煤油是军用物资，老百姓用电不够，只好点豆油灯。记得那时顾先生领我们几个青少年钻研提高植物油灯亮度的方法，从灯芯、上油方式的改变，到使用酒精灯烧玻璃管拉制灯罩，用各种异形进出气口径，强制通气以增加氧气供给，通过不断的改进，灯芯的光焰竟然因燃烧温度上升更亮了，效果居然接近小煤油灯，读书做作业，不再是灯光如豆。令我难以忘怀的，还有顾先生用科学方法生煤球炉。那时木柴稀缺，他切细成丝条，在炉膛里搭架成交叉状，用半张报纸，浇点酒精，竟然也把劣质煤球生着了。记得那时每户人家，每餐烧饭煤球按个数使用，一旦多耗费，就不敷应付到月底了。当然，也有黑市煤球可买，但囊中空瘪的文化人买了煤就没了买米钱，哪家不是"数着米粒"过日子的。有一日中午我到他家，听到孩子们欢欣鼓舞像过节般地在吃饭，我走近看去，桌上没有菜，只有一点猪油用以拌饭。

《通俗天文学——和宇宙的一场对话》

金秋的随想

金色之秋悄然而至，天蓝如洗，草木异彩，连挤上铁篱的牵牛花也争先恐后绽放紫色的花、艳红的花和白色的喇叭花。一年一度的大自然时装节，在深沉的大森林，在缓缓的山坡，在幽静的湖岸，在湿地的芦苇丛那边，拉开了异彩纷呈的序幕。

远方吹奏起风花雪月的牧歌了，还是说说科技史上的趣事吧。

科技史上有个不大不小的现象，即中外科学家在本行之外涉足文学艺术的人还真不少，这方面的例子俯拾皆是。例如何鲁、苏步青先生热衷古诗词，许多科学家醉心于绘画、戏曲和音乐。我熟悉敬重的高分子化学家胡亚东对于西洋音乐不仅仅是一般的爱好，而是这方面的专家，十多年前承胡老赠送一本新作，竟是《听！听！勃拉姆斯》，一部独具特色的音乐随笔。胡老今已90岁高龄，仍醉心古典音乐，令人钦佩。

反过来，文化艺术界的人士热衷于自然科学的也大有人在，尤其是博物学盛行的时代。许多文化人热衷于石头、贝壳、植物标本的收集。《洛丽塔》的作者纳博科夫既是著名作家，也是出色的蝴蝶专家。"每年夏天，我和妻子都要去捉蝴蝶。制成的标本陈放在科研机构，例如，哈佛比较动物学博物馆或者康奈尔大学收藏馆。钉在蝴蝶下面的采集地标签，对某个有兴趣研究那些属于鲜为人知品种的蝴蝶生长历史的21世纪学者来说是有帮助的。"他在《关于一本题名〈洛丽塔〉的书》中如是说。

这里再举一个身边的例子，20世纪30年代，美国天文学家西蒙·纽康（Simon Newcomb）的一本新书传入中国，引起中国学人的兴趣，结果是有三位译者不约而同各自翻译了这本书，由于译文的水平也很高，三家中国著名的出版社相继出版了这部天文科普著作。这就是商务印书馆出版的《闲话星空》，译者是李光荫；开明书店出版的《宇宙之大》，译者是侯硕之；中华书局出版的《流传的星辰》，译者是金克木。我现在手边有金克木译著的新版本，书名改为《通俗天文学——和宇宙的一场对话》（当代世界出版社，2006年）。

这三个译本中，除商务印书馆出版的《闲话星空》，译者是南京紫金山天文台的专业研究人员外，另外两位译者都是非天文专业人员。当时侯硕之是清华大学电机系学生，而金克木还是北京大学图书馆职员。众所周知，金克木先生是著名语言学家和学者，北京大学教授，精通梵语、巴利语、印地语、乌尔都语、世界语、英语、法语、德语等多种语言文字，在梵语文学、印度文学、佛学、美学、比较文学等领域有很深造诣。不过，在翻译《流传的星辰》时，他还在求学时期。人称他是自学成才的天才。

金克木晚年回忆道："1936年，从春到夏，我在西湖边孤山脚下的俞楼住了大约一百天""一百天中我译出了一本《通俗天文学》""戴望舒见我译天文学，大为惊异……竟像是专程前来把我从天上的科学拉回人间的文学的。"（见《金克木散文选集》第57页，百花文艺出版社，1996年）他在另一篇文章中提到，"因为初次译书没有把握，托人送给南京紫金山天文台的陈遵妫先生（著名天文学家）审阅。陈先生退回稿时让人告诉我，要赶快送去商务，因为天文台也有人译了。我不了解出版界情况，又将译稿托上海曹未风向商务接洽，已经晚了一步。幸而中华书局接受了，我不算白花功夫。我的译本是到抗战期间中华书局才出版的。"（见《金克木散文选集》第102页）

有趣的是，因为翻译了同一本天文科普读物，两位素不相识的年轻人，经过热心朋友牵线搭桥，在一个暑假刚开始的夜晚，在清华园里见面了。金克木在《记一颗人世流星——侯硕之》一文中，深情地回顾了他与侯硕之在清华园极富青春浪漫色彩的晤面，在星空下畅叙天文，指认浩渺夜空的星座，"那一夜，我们谈天说地讲电力，把莎士比亚诗句连上宇宙膨胀，相对论，谈中国和世界，宇宙和人生，文学和科学，梦想和现实，希望和失望，他不掩

《金克木散文选集》

侯硕之摄于清华大学

侯硕之译《宇宙之大》扉页

饰自己的抱负和缺憾。他又说又笑，我看不出他平时是个不爱说话的人"。

金克木笔下的侯硕之，可能是这个"天真而有志气的人"（金克木语）留存世间唯一的文字记录。在文中，金克木还写到他同侯硕之第二次也是最后一次见面，是欧战爆发后不久，在昆明一家茶馆匆匆晤谈，"他已经毕业，在一个什么机关里工作了""他完全失去了在清华园时的兴高采烈的气概。一副严肃而有点黯淡的面容使我很吃惊。他说，天文不谈了，在西南开发水电也没什么指望了，不知怎么才能为抗战出点力。"侯硕之透露他想去西北，然而"随后过了没有几年，我听到传说，他在去西北的路上遭遇土匪，不幸被害了。"金克木沉痛地说："在中国的西北方化为流星了……"

写到此，我想补充几句：英年早逝的侯硕之是我的老师侯仁之（著名历史地理学家、北京大学教授）唯一的亲弟弟，手足情深。他们原籍是山东恩县，侯仁之1911年出生在河北枣强县肖张镇，一直视这里是故乡。侯硕之比他小3岁。他们上面还有一个姐姐。父亲侯天成，字佑忱，早年就读于通州协和书院，大学毕业后在肖张镇一所教会学校任教。母亲刘毓兰，出身于一个信仰基督教的家庭。多年前，侯仁之先生在与我谈起弟弟不幸夭亡时，仍然十分伤感。硕之的遇害是老人心中永久的痛苦。

斯人已逝，值得欣慰的是，他们的名字，永远在中国科普的天空闪烁！

《征服北极点》

皮里和他的忠实朋友

1909年是北极探险史上最重要的一年，4月6日上午10时，美国探险家罗伯特·E.皮里在经历了近一年的航行和艰难的冰上跋涉，终于到达地球最北端的北极点，实现了三百年来无数航海家、探险家追求的梦想，而为了实现这个目标，皮里本人也花费了一生中最美好的二十年。

在这个令人激动的历史时刻，有史以来从未有人涉足的北极点的茫茫冰原，升起美国国旗和其他旗帜，皮里和他的冲刺小分队尽情欢呼！这个小分队的成员中除了皮里、他的黑人助手马特·亨森外，其余的4位都是因纽特人。因纽特人在人类北极探险中发挥的重要作用，是值得探险史研究者高度关注的。

今天，我们重温罗伯特·E.皮里的经典之作《征服北极点》（陈静译，商务印书馆，2017年），在我看来，有两点是耐人寻味的。

进军北极点的征程是如此漫长而艰辛，这是今天的人们很难想象的。（这也是为什么我不赞成用"征服"这个傲慢的词汇形容一切人类与大自然的接触行为。其实人类任何时候都不要狂妄地自夸"征服大自然"的口号，那不过是轻薄无知的狂言。）我们只要回顾一下近几个世纪以来人类的北极探险史，对此就有清醒的认识。

1908年7月6日下午约1点，皮里率领的探险队乘罗斯福号从美国纽约码头起航，开始了又一次驶向北方的远航。对于北极探险来说，皮里本人已经不是第一次，他向北极点挺进历经了23年，至于人类的北极探险已经过去了4个世纪！在罗斯福号向北方航行的旅途，许多荒凉的岛屿，被浮冰堵塞的海峡和急流险滩的海湾，它们多半是用早期勇敢的航海家、探险家的名字命名的，而在狂风呼啸的冰崖或者人迹罕见的孤岛，往往可以找到他们的坟墓（至于葬身冰海者，还有很多）。

人类的北极探险史真是可歌可泣、无比悲壮的旅程！仅举一个例子：1845—1847年，英国富兰克林探险队乘两艘装备精良的帆船埃列巴士号和特洛尔号，在北美的维多利亚海峡被浮冰挤碎，逃上荒原的船员因寒冷、饥饿、疾病而死亡，两船共129人全部遇难。

皮里这次探险有个突出的特点，我以为也是他最终夺取北极点荣誉桂冠的重要因素，这就是他的探险队员中加入了因纽特人。皮里在以前几次曾经与生活在格陵兰岛西部的因纽特人有过很友好的接触，在他们支援下完成了横穿格陵兰冰原的探险。这次，他从中挑选了17名因纽特人及133头爱斯基摩犬，为探险队运送物资。"起用因纽特人担当我的雪橇队伍的普通成员是我所有北极工作中的一项基本原则。"皮里在书中指出："没有妇女灵巧的手艺，我们将缺少绝对必要的抵御寒冬的温暖皮衣，同时，因纽特犬是适合于严峻的北极雪橇的唯一驱动力。"他在书中另一处还详细地描述了随行的因纽特妇女娴熟地制作皮衣的过程。在向酷寒的北极点挺进时，"每个人都有一套舒适的、和因纽特人一样的衣服，包括内有软毛的长袜。否则我们的双脚会经常受冻而不是偶尔几次。"以前探险时冻掉脚趾的皮里，对此深有体会。

书中，皮里时时情不自禁地流露出他对因纽特人的真挚情感："我开始爱上这个孩子般单纯的民族，并且珍视他们许多令人敬佩和有用的品质。"由于长期与因纽特人生活在一起，皮里对这个北极民族有了更直接的了解，《征服北极点》中留下了不少因纽特人的民族学等方面的珍贵史料："他们是野蛮人，但是他们并不野蛮；他们没有政府，但他们并不是无法可依；根据我们的标准，他们是完全未受教育的，然而他们展示出很高程度的智慧。"在皮里看来，这个单纯如孩子的民族忠诚、有耐性、不自私、关爱老人和无依无靠的人，"他们身体健康且血统纯正；他们不淫乱，不酗酒，没有坏习惯——甚至不赌博。总而言之，他们是地球表面上独一无二的民族。"（皮里也很担心因纽特人接触西方文明后的变化，事实也证明，他的担心不是多余的。）

正是依靠因纽特人，他们强壮的体力，对北极寒冷气候的适应，随时随地建造可抵御严寒的"雪屋"，他们狩猎、垂钓获取食物的本领以及驾驭狗拉雪橇在冰上行进的技能……皮里才有可能摘取北极点的桂冠！

当然，皮里本人的坚韧、勇气和非凡的组织才能、周密的计划以及雄厚的资金和物资保障，同样是不可忽视的因素。

在人类探索北极的历史上，不能忽略因纽特人的功绩。

文学之旅

《银河铁道之夜》

宫泽贤治的童话

虽是一衣带水，我对日本文学除了芥川龙之介、川端康成、井上靖之外的作家，还真是知之不多。最近读了宫泽贤治（1896—1933）的《银河铁道之夜》，印象很深。据说在日本，对于川端康成这位诺贝尔文学奖获得者，还有人不熟悉他的名字，但是没有人不知道宫泽贤治的大名，因为他的作品频频出现在中小学教科书及更多的儿童读物中，成为孩子们成长的伴侣，还有的被拍成电影，因此宫泽贤治成了家喻户晓的作家。如果这个说法不错的话，那么我们对宫泽贤治的作品倒是应该有了解的必要。

《银河铁道之夜》（欧千华译，吉林出版集团，2012年）是包含14篇长短不一作品的童话集，也是宫泽贤治的代表作。

其中《银河铁道之夜》讲的是一个痴迷天文学的少年乔万尼乘坐夜行的小火车，遨游银河系的故事。这是一篇别开生面的童话，也可看作是颇具科幻色彩的幻想故事。作品着力渲染了银河系美丽、神秘、动人心魂的壮观，它以诗人的语言，画家的彩笔，作曲家的音符与优美旋律，竭力展示银河系的宇宙大美，但也溶入了淡淡的愁绪和忧伤。这似乎是日本文学的一种特色。

在这个充满浪漫色彩的宇宙之旅的故事里，插入了一段令人悲伤的现实故事，这是很奇特的：在火车上，乔万尼遇见一个青年家庭教师带着一男一女两个孩子，他们竟然是泰坦尼克号海难的幸存者。青年家庭教师向他们讲述了泰坦尼克号发生海难时的场面，以及他们遇难的经历。最后他们三个在南十字座星站下了车，原来这儿是天堂的入口，男孩和女孩早已过世的母亲在那里等待他们⋯⋯

宫泽贤治的童话，正如《银河铁道之夜》一样，创作手法独具特色，思维很活跃，想象力很丰富，独特的视角和非同寻常的夸张，显示了作家深厚的功力。比如《镇北将军与医生三兄弟》中的嵩巴优将军，率领十万大军，在沙漠中与敌人周旋30年。作者写这位老将军忠于职守，竟然30年身不离鞍，没有下过马，以至下半身和坐骑连在了一起。当他率大军凯旋，拜见国王时，因为不能下马行礼险些闹出了乱子。最后还是医术高超的医生三兄弟给他做了手术，才得人马分离。这当然是夸张的笔法，但不能不佩服作家构思的巧妙！

讽刺，是童话惯用的手法，宫泽贤治也是一位擅长讽刺的高手。他的《猫的事务所》在揭露无所事事、钩心斗角的衙门作风方面，令人捧腹。不过最精彩的还是《富兰顿农校的猪》。这篇童话写的是即将被杀的一头猪的故事。本来猪养肥了就会被宰掉，"对猪来说被人吃掉是一件再自然不过的事，不应该有什么抗拒的想法。在傍晚时分，猪甚至会感受到自己的幸福并向上天致意。"可是猪的这种麻木的心态被国王陛下的一道人道主义（应为"猪道主义"吧）的圣旨，给彻底粉碎了。

原来，国王最近心血来潮发布一道布告，那就是《家畜扑杀同意签署法》，公告规定，任何人想要杀家畜，都必须向家畜取得死亡承诺书或者是在该承诺证书上有家畜的同意签字。

多么仁慈的法律啊，多么伟大英明的国王啊！

实际情况可想而知，"那一阵子，不管是牛是马，大家在被杀的前一天，都被迫在证书上签字盖章。有一些上了年纪的马，更被硬生生地扯下马蹄铁，泪水汪汪地在证书上盖下个偌大的蹄印。"至于富兰顿农校的那头猪，它不想死，不愿意在那张黄色证书上盖上蹄印，结果是更加遭罪，人们想尽法子逼它就范，最后，"助手拿起长长的尖刀刺入猪的咽喉。"

宫泽贤治只活了37岁，短暂的一生之中，创作了94篇童话和1000多首诗歌，却一直默默无闻，童话集《花样翻新的饭店》和诗集《春与修罗》也是自费出版。然而和梵高一样，宫泽贤治逝世不久，他的作品便引起世人瞩目。他的作品被收入教科书，改编成电影、电视动画片，以他作品主人公命名的食品、商品数不胜数。热衷于宫泽贤治的研究家和热情的读者与日俱增，参观访问宫泽贤治纪念馆、资料馆的观众络绎不绝。已有10多个国家翻译出版了他的作品，他的名字已悄然走向世界。

丑小鸭变成了美丽的白天鹅，这也是一个好美好美的童话！

《伊索寓言》的译本

《伊索寓言》的汉译本很多。在我的藏书中，就有不同的版本。最近看到的两种《伊索寓言》译本也很有特色，至少在外国名著的翻译史上是值得一提的。

一种是《全译伊索寓言集》（中国对外翻译出版公司，1991年），列入《苦雨斋译丛》，译者是周作人。这个译本很有年头了。流行很广的1955年人民文学出版社出版的《伊索寓言》，就是根据周作人的这个译本付梓的，只是当时书名改了，内容由出版者有所改动，而这次根据译者手稿重新恢复原貌的译本，在某种意义上也有着特殊的价值。

周作人的《全译伊索寓言集》，最大的特色系周氏直接译自希腊原文，比较而言，周氏译本比起从其他文字再转译为中文的译本，似乎更接近原汁原味了。

周氏译本共收358则寓言，附录收有周氏的《关于伊索寓言》一文，文章对于这部文学经典的起源、作者、传播的历史作了简要介绍。值得一提的是，《伊索寓言》很早就流传到中国，贾瑜凯在"译者的话"中说，早在明朝《伊索寓言》就已传入我国。周作人认为，《伊索寓言》是19世纪末林琴南翻译此书选本用的名称，此前1840年教会出版的英汉对译本名为《意拾蒙引》，"意拾"与"伊索"是原名的拉丁文拼法，并用英文读法译成的，原来应读作"埃索坡斯"。另外，周氏并不喜欢"寓言"这个名称，认为"也是好古的人从庄子书里引来的"，他认为在希腊古代这些只称为故事，"说得详细一点，是动物故事，被用作譬喻来寄托教训乃是后来的事。"

周氏对于《伊索寓言》的作者也作了一番考证：伊索（埃索坡斯）原是希腊萨摩斯人雅特蒙的家奴，以擅长讲故事出名，后来成了自由民。他生活的年代约在公元前570年（公元前6世纪），比孔老夫子长一辈，而最早的寓言集成于公元前300年，名为《埃索坡斯故事集成》，由亚里士多德的再传弟子、巴勒隆的台美忒利阿斯所编，收有200则故事，但已散失。以后又有多种版本流传。因此周氏认为《伊索寓言》"虽然写着伊索的名字，可是没有一篇可以指得出来确是他的作品"，他认为这些"动物故事起源于民间，文人加以利用，或亦有临时创作者，随地随时本无一定，也难有作者的主名，但照例故事积累，自然终多归着于一处一人……寓言的著作遂归于伊索即埃索坡斯一人的名下了。"

由于古代各民族的文化交流和相互影响，周氏也谈到希腊寓言受到印度、阿拉伯动物故事的影响，以后还受到基督教文化的影响。这些都是需要进一步探究的东西方文化交流的课题。不过，关于《伊索寓言》的教育作用，周氏的看法是很值得重视且令人玩味的。他说："伊索寓言向来一直被认为启蒙用书，以为这里边故事简单有趣，教训切实有用，其实这是不对的。于儿童相宜的自是一般的动物故事，并不一定要是寓言，而寓言中的教训反是累赘，说一句煞风景的话，所说的多是奴隶的道德，更是不足为训。"

另外一种《伊索寓言》译本是人民文学出版社的名家绘本《伊索寓言》（2003年），这是由意大利和法国三位画家为伊索寓言创作的图画绘本，共收入178则寓言。这本名家绘本的作者都是多次在国际重要插图大展中获奖的画家，风格各异，而且内文强调的是"一般的动物故事"。画家们以各自独特的手法表现他们对经典的理解，不仅给人以强烈的艺术享受，也赋予经典作品以全新的艺术魅力。

这种尝试，对于许多经典作品的再创作，也提供了成功的经验。

《老人与海》

张爱玲的译作也值得一看

作为一位著名作家，张爱玲是以她的作品赢得广大 "张迷"的，并且确立了她在文学界的地位，这是人所共知的。不过，尽管翻译作品在她的创作生涯中并不占特别重要的分量，但是我们从这些有限的译作中，尤其是作家为译作而写的前言、后记那些抒发胸臆的文字中，不难窥见张爱玲的审美情趣和独到的慧眼，这也是研究作家创作实践不可或缺的一个方面。

我所看到的张爱玲的翻译作品，仅限于北京十月文艺出版社推出的《张爱玲全集》的译文集《老人与海》（2012年），另有一本是《爱默森选集》，当另文介绍。

这里仅就张爱玲的译文集《老人与海》略作评说。

《老人与海》包括3篇小说，欧文的《睡谷故事》、玛·金·罗琳斯的《鹿苑长春》，另外一篇就是海明威享誉世界的《老人与海》了。张爱玲翻译《老人与海》是1952年，该年12月在香港出版，1955年5月第三版时增加了一篇"译者序"。由此我们知道，当海明威的《老人与海》1952年发表，并于同年获普利策奖时，张爱玲以敏锐的目光捕捉到这篇非凡之作的分量，迅速将它译介到中国来，成为中国第一个翻译这篇作品的作家。到了1954年，海明威也是因为《老人与海》的成功而获得诺贝尔文学奖，于是借中文版再版之机，张爱玲写了一篇译者序。她以张氏特有的幽默说："我对于海毫无好感。在航海的时候我常觉得这世界上的水实在太多，我最赞成荷兰人的填海。" 然后笔锋一转，"所以我自己也觉得诧异我会这样喜欢《老人与海》。这是我所看到的国外书籍里最挚爱的一本。"

能够被张爱玲视为国外书籍里"最挚爱的一本"，这是颇不容易的。那么《老人与海》是怎样打动了这位心高气傲的女作家呢？"老渔人在他与海洋的搏斗中表现了可惊的毅力——不是超人的，而是人类应有的一种风度，一种气概。海明威最常用的主题是毅力。他给毅力下的定义是："在紧张状态下的从容。"书中有许多句子貌似平淡，而是充满了生命的辛酸……"张爱玲如是说。在这篇短短的译者序中，她再一次难以抑制自己的感情说："因为我太喜欢它了……无论如何，我还是希望大家都看看这本书，看了可以对我们这时代增加一点信心，因为我们也产生了这样伟大的作品，与过去任何一个时代作比较，都毫无愧色。"

从字里行间可以窥见，张爱玲对《老人与海》的钟爱包含了更多的难以明言的人生感慨。

玛·金·罗琳斯的《鹿苑长春》，也是值得一提的美国儿童文学的经典之作。1938年出版，1939年获普利策奖，并拍成彩色电影。小说写的是佛罗里达州一户农家在山野垦荒的艰辛，着力描写这家的小男孩乔弟在大自然的怀抱中与各种动物的接触，书中刻画了男孩与一只豢养的小鹿之间的纯真友情。小鹿是乔弟孤独童年的伴侣，他省下口粮喂养这只生下来就失去母亲的小鹿，相依为命，看着它一天天长大。但是小说的结尾却是长大的小鹿天性使然，吃掉了他们一家在遭灾后辛辛苦苦播种长出的玉米苗，断了他们的生路，于是乔弟的父母不得不枪杀了小鹿。乔弟悲痛欲绝，离家出走，直到受尽饥寒磨难又回到家……张爱玲认为小说中小男孩乔弟的形象"是令人永远不能忘记的"，"那孩子失去了他最心爱的东西，使他受到很深的刺激，然而他从此就坚强起来，长大成人了。"

张爱玲是根据作者1938年节本翻译的，1953年9月由香港天风出版社出版，她在译后中对这部小说十分推崇，认为它具有"强烈的泥土气息"，"它是健康的，向上的，但也许它最动人的地方是与东方的心情特别接近的一种淡淡的哀愁。"并准确地指出："书中对儿童心理有非常深入的描写，可以帮助做父母的人了解自己的子女，写父爱也发掘到人性的深处。"这是很中肯的评价。

附带提一句，《鹿苑长春》的全译本1980年由人民文学出版社出版，后纳入该社的"廊桥书系"。译者李俍民。

至于欧文的《睡谷故事》，则是一个讽刺性的短篇小说，写一个喜欢装神弄鬼的乡村教师反被装扮成鬼怪的乡民愚弄的故事。

《唐宋词选释》

古典诗词中的民风民俗

前几天，一场小恙将我送入医院。住院期间，只有俞平伯先生注释的《唐宋词选释》（陕西师范大学出版社，2005年）与我做伴。躺在病榻，随手翻翻，倒也排遣了不少寂寞。

掩卷之余，不禁想到我国古典诗词，作为文学艺术的精粹，内容涵盖极其广博，既有气势磅礴的抚时感事、忧国忧民之作，也有感怀故国、抒发情怀的忧思，还有大量描写离愁别恨、相思伤乱、宴乐歌余，以及即景抒情，讴歌良辰美景的优美篇章，读来真是动人心弦，美不胜收。虽然在时空上相隔千百年，然而我们仍然可以十分真切地感受诗人词客的心灵搏动，与他们一起或喜或悲，或忧或恨，这是文学跨越时空的无穷魅力啊！

对我而言，最感兴趣，也是感到特别亲切的，是古典诗词中描写的当时的社会风情和民风民俗，这些生动的市井与乡村生活的画面，毕竟远离了当代，是先人的鲜活的生活写照，它们再现于我们面前，激发了我们丰富的、温馨的联想！

"山上层层桃李花，云间烟火是人家。银钏金钗来负水，长刀短笠去烧畬。"唐代诗人刘禹锡的《竹枝四首》之一，描写的正是长江三峡两岸的景色：山民的房舍在高高的云端，掩映在盛开的桃李花丛。佩戴银钏金钗的女子到江边汲水，带上长刀短笠的男子去耕作。诗中描写的是刀耕火种的农作方式，楚俗烧榛种田曰畬，耕种三年，田地须休息一次，《尔雅》称"三岁曰畬"。

"木棉花映丛祠小，越禽声里春光晓。铜鼓与蛮歌，南人祈赛多。"唐朝诗人孙光宪的这首《浣溪沙》，写的是南方少数民族迎神赛会的热闹场景：荒祠古庙中的木棉花盛开了，孔雀等禽鸟在春光中鸣声相和，铜鼓咚咚与动听的对歌声不绝入耳……

宋代大诗人苏东坡一生命运多舛，也使他有机会接触劳动人民，写了不少田园生活的诗词，留下了古代社会风俗很珍贵的画卷。比如《浣溪沙》中的一首："麻叶层层苘叶光，谁家煮茧一村香，隔篱娇语络丝娘。垂白杖藜抬醉眼，将青捣麨软饥肠，问言豆叶几时黄。"这是描写乡村养蚕人家的生活：煮茧缫丝的日子到了，缫丝的女子怀着喜悦的心情隔着房前的篱笆墙相互问询蚕儿的情况。旧时养蚕人家禁忌甚多，如蚕时不可串门，所以缫丝的女子隔着篱笆墙说话呢。下阕是写白发老翁以收获的新麦果腹，久饥得饱。夏收在即，久饥的农民期盼着好收成。

另一首是"簌簌衣巾落枣花，村南村北响缫车，牛衣古柳卖黄瓜。酒困路长惟欲睡，日高人渴漫思茶，敲门试问野人家。"这首诗写的也是缫丝时节的乡村即景：枣树开花落满衣巾。村里家家响起缫丝车的声响，古柳树下有人在卖新鲜的黄瓜。走远路的旅人酒困欲睡，日高人渴很想喝茶，不如到附近农家敲门讨碗茶喝。

宋代另一位大诗人辛弃疾的《清平乐》："茅檐低小，溪上青青草。醉里吴音相媚好，白发谁家翁媪？大儿锄豆溪东，中儿正织鸡笼，最喜小儿无赖，溪头卧剥莲蓬。"这是一幅白描式的田园生活画卷，正如注释者所言："本篇客观地写农村景象，老人们有点醉了，大孩子在工作，小孩子在顽耍。笔意清新，似不费力。"

他的另一首脍炙人口的《青玉案·元夕》："东风夜放花千树，更吹落、星如雨。宝马雕车香满路。凤箫声动，玉壶光转，一夜鱼龙舞。蛾儿雪柳黄金缕，笑语盈盈暗香去。众里寻它千百度，蓦然回首，那人却在灯火阑珊处。"这里写的是正月十五元宵节的灯市焰火的盛况。火树银花，乐声飞扬，宝马香车驶来，观灯的妇人头戴珠翠、闹蛾、雪柳等头饰，一路笑声一路飘香。那个梦里相思的人在哪里呢？左顾右盼，蓦然回首，他竟然站在灯火零落的地方。

在古典诗词中，我们得以窥探早已消逝的古代世俗生活的方方面面，这是一个非常有趣且诱人的话题，我将继续去发掘、整理。

《过于喧嚣的孤独》

似曾相识的荒诞

读捷克作家博胡米尔·赫拉巴尔的小说《过于喧嚣的孤独》（杨乐云译，北京十月文艺出版社，2011年），有两点印象特别深，一是故事的一些情节有似曾相识之感，于是不由地产生许多联想；再一点是打破了小说的传统写法，现实与虚幻的时空错位，意识流与心理表达的交织，在某种意义上也是对现实主义模式一种大胆的挑战。

我这里只谈第一点，艺术手法的别致不谈了。《过于喧嚣的孤独》故事情节其实很简单，以第一人称，写一个在废纸回收站干了35年的打包工汉嘉的生活。他的工作辛苦劳累，成天在阴暗潮湿的地下室里，用一台压力机给废纸打包。但是他喜欢这个工作，因为从那些回收的废纸堆中，经常能发现被人们遗弃的珍贵书籍和画册。他不仅收藏了大量精美的书籍，而且如饥似渴地读书，成了精神的富翁。当然，有了知识、懂得思考，没有给他带来欢乐，相反，打包工汉嘉的知识越多越痛苦，这可能就是知识的罪恶吧。

《过于喧嚣的孤独》描写了作为人类文化精髓的载体——书籍的可悲命运，书中有这样值得注意的细节：

第二次世界大战刚结束不久的一天，几个废品收购员扔进收购站一批书。汉嘉发现这批图书太珍贵了，盖着普鲁士王家图书馆图章，烫金边、皮面精装，"书边和书名在空中闪着金光"。汉嘉是懂得书的价值的，对版本也不陌生，他抑制着激动的心情，向废品收购员打听来路，得知这批珍本图书来自斯特拉谢齐（可能在捷克西南部）的一个谷仓，藏在干草堆里。得知这一消息，汉嘉立即通知军队图书管理员，并同他一起到斯特拉谢齐，发现了大量普鲁士王家图书馆的藏书，装满三个大谷仓。他们找到军队，用军车将书运到布拉格，运了一星期，打算物归原主。

哪知消息泄露，这批普鲁士王家图书馆的藏书竟被当作"战利品"没收了，用大卡车运到火车站，装上敞篷车。那几天，天天大雨，"火车启动了，驶进倾盆大雨之中，敞篷火车一路滴着金色的水，掺和着煤烟和油墨。我站在那里，身体靠在大理石上，被目睹的景象惊呆了。当最后一节车皮在雨中消失了时，我脸上的雨水和泪水一起流淌。"小说中写道，打包工汉嘉眼见千辛万苦找到的珍贵图书（我想，这也可以算作捷克文化的瑰宝吧，犹如被八国联军抢掠的《永乐大典》）被毁，悲愤至极，主动恳求警察逮捕自己。"因为我犯了罪，犯了反人道主义的罪行"。

这虽是小说的一个细节，似乎不像黑色幽默，不像是空穴来风。由此使人浮想联翩。第二次世界大战后解放捷克的胜利者是谁？谁将普鲁士王家图书馆的藏书当作"战利品"没收？干脆把这批抢走的国宝放进敞篷火车，驶进倾盆大雨之中，宁可让它一路滴着金色的水，变成一堆纸浆。这个主意只有好兵帅克的哥儿们才会想得出来，捷克人的幽默那是出了名的。

至于现政权对文化的态度，作家在小说中未置一词，只是幽默地、轻描淡写地写道："几年以后又遇到了这种情况，但我开始习以为常，我把从各个城堡和大宅邸拉来的成套成套的藏书，漂亮的、用牛皮或山羊皮做封面的精装书，装上火车，装得满满的，装到30车皮时，整列火车便携带着这些书驶往瑞士、奥地利，一千克精美的书籍售价一外汇克朗，对此没有人表示抗议，也无人为此伤心落泪，连我也不再落泪……"

小说末尾，象征性地出现了一台巨型压力机，工效超过汉嘉使用的老掉牙的机器20倍，由年轻一代的社会主义突击队操纵着新机器，可以更快捷地处理更多地从图书馆清理出来的图书。于是，在废纸回收站干了35年的打包工汉嘉被辞退了，失业了。

在人类思想文化史上，书的命运多舛，古今中外似乎概莫能外。至于灭书手段，如焚书、禁书，化为纸浆毁之、篡而改之，等等，也花样翻新。像《过于喧嚣的孤独》描写的以"战利品"之名堂而皇之没收（实为抢掠），或者是败家子将祖传珍本图书三文不当两文贱卖以换外汇，还算是文明的方式。若能广泛收集、疏理古今中外这方面史料，钩沉稽考，说不定也是书话的一个有趣的内容。

《邦斯舅舅》

巴尔扎克笔下的邦斯舅舅

喜欢搞收藏、常到潘家园古玩市场"捡漏"的朋友，有兴趣的话，不妨看看法国大文豪巴尔扎克的《邦斯舅舅》（傅雷译，人民文学出版社，1982年）。在巴尔扎克的皇皇巨著《人间喜剧》系列中，比起《高老头》《欧也妮·葛朗台》等享誉文坛的大作，《邦斯舅舅》知名度没有那么高，然而许多研究者认为，《邦斯舅舅》是他一生最后一部作品，也是最重要的作品，思想的成熟，艺术的炉火纯青，对现实与人生观察的深邃，几乎都恰到好处地体现在这部小说里了。

小说的主角邦斯，是一位很有天分却并不得志的音乐家，按中国古训所言，他因"玩物丧志"而断送了成为大音乐家的前程。到了晚年，邦斯越混越惨，"替大街上一所剧院当乐队指挥""在几处女子私塾里当教员"，靠菲薄的薪水和可怜的学费过着紧巴巴的生活。

邦斯舅舅的"玩物丧志"不是别的，倒是当今中国最时尚的一个行业——古玩，当年"政府把西尔伐·邦斯送往罗马，想教他成为一个大音乐家，他却在那儿养成了爱古物爱美术的痴。凡是手和头脑产生的杰作，近来的俗话统称为古董的，他都十分内行。"留学期间，他花光了父母亲留下的遗产，在意大利各地漫游了几年，1810年回到巴黎时，"变成了贪得无厌的收藏家，带回许多油画、小人像、画框，象牙的和木头的雕刻，五彩的珐琅、瓷器等。"经过40年锲而不舍的努力，加上高超的艺术鉴赏力，以及从不拍卖的怪癖，邦斯的藏品目录编号已达1907号，说它价值连城大约不是夸张。

邦斯不是古玩商，而是收藏家。他是个善良的人，没有结过婚，没儿没女，于是就把他全部的爱倾注在收藏的艺术品上。他从不涉足拍卖行，像许多收藏家一样，偶尔和别的同行交换藏品。巴尔扎克对于巴黎当时的古玩收藏和拍卖行的内幕十分熟悉，他通过人物对话和现场描述，对这一行的细枝末节作了逼真的描述。

邦斯舅舅是谁的舅舅呢？这位老鳏夫的外甥是时任法院庭长、国会议员的加缪索，有了这么一点沾亲带故的关系，邦斯隔三差五就上几处有地位的亲戚家里走动。老收藏家很天真，又是个管不住自己的饕餮之徒，他去亲戚家的目的是看中了那儿的美食，尽管遭人白眼，邦斯仍然也抵挡不住口腹之欲的诱惑。由此也就引发了人生的纠葛和不幸的根源。限于篇幅，不再赘述。

一次邦斯舅舅在与庭长太太和小姐的一番对话中，道出了收藏家的秘密。作家活灵活现地描绘了邦斯如何狡黠地用极低的价格，三文不当两文，从古董商手里盘下一把精美的象牙扇子，物主原是大名鼎鼎的蓬巴杜夫人，是路易十五定做的。扇面是18世纪法国最著名的画家华多的真迹。"他提到略施小计把没有知识的古董商骗过了的时候，那种眉飞色舞的表情，老艺术家的兴致，大可给荷兰画家作个模特儿"。邦斯是精明的艺术品鉴赏家，"他决不买一百法郎以上的东西，而要他肯花五十法郎，那东西非值三千不可。他认为世上值到三百法郎的神品久已绝迹"，当然这并不影响邦斯能够弄到天下无双的精品，书中说这得益于他的勤快、有闲功夫和犹太人的耐性，但最重要的是识货，他有广博的知识和非凡的眼力。

邦斯有一番话颇为令人玩味，"现在造不出某些嵌木细工，某些瓷器，正像画不出拉斐尔、提香、累姆勃朗特、梵·伊克、克拉拿赫……便是那么聪明那么灵巧的中国人，如今晚儿也在仿制康熙窑、乾隆窑……一对大尺寸的属于康熙、乾隆的花瓶，值到六千、七千、一万法郎，现代仿古的只值两百！"

我们知道，《邦斯舅舅》这部小说注明写的是1844年10月至1845年2月的事，当时的中国正值清道光二十四年、二十五年，鸦片战争爆发第五年，由此也可以说，距今170年前的巴黎古玩市场上，就有来自中国的仿制康熙窑、乾隆窑的赝品，连巴尔扎克也对此了如指掌。

那么，不难想象，经过时代风雨的大浪淘沙，如今面对古玩市场、拍卖行标出天价的康熙窑、乾隆窑的瓷器，或者周秦铜鼎、汉唐佛像、宋元刻本，你就不能不多留个心眼了。

《邦斯舅舅》这部小说的主题当然是写邦斯这个人物的遭遇，在一个以金钱为中心的社会，邦斯倾毕生心血收藏的古董，没有给他带来晚年的快乐，反而成了惹祸的根苗。在他病危之际，围绕他的收藏品的继承权，一切有关的无关的人，包括照料他的门房女人、医生、律师、公证人、古董商和他六亲不认的外甥加缪索的太太，都以各自的方式卷入遗产争夺的鏖战之中，企图分一杯羹。当邦斯躺在寂寞的墓地时，战斗仍在继续。这也许正是恩格斯高度评价巴尔扎克小说的原因，它"给我们提供了一部法国社会，特别是巴黎上流社会的卓越的现实主义历史"。

邦斯的悲剧其实仍在不断重演。君不见，不少收藏家身后留下了兄弟阋墙、夫妻反目、子孙闹上公堂的人间喜剧，如今看得还少吗？

五彩斑斓的儿童世界

通常情况下，我们几乎无法知道别国儿童的生活，但是有一个简单的办法可以多少弥补这个缺欠，这就是看外国儿童题材的小说。（当然还有更加直观的，那就是精彩的影视作品了。这里暂且不论）

最近从旧书摊淘得一本《亚洲当代儿童小说选》（联合国教科文组织亚洲文化中心编，舒杭丽译，湖南少年儿童出版社，1983年），这本书说是"当代"，按照译者前言介绍，乃是1980年由联合国教科文组织亚洲文化中心编辑而成，屈指一算，35年弹指一挥间，书中留下的皆是过去的老照片了。然而，正如译者所言：书中15个国家的15篇儿童小说"从各个不同侧面反映了亚洲各国儿童今天的生活和情趣，富有浓厚的生活气息和民族色彩。"而小说中展现的异域风情和孩子们需要面对的特殊的生活场景，这往往是他国的孩子几乎不可能想象的——也是我最感兴趣的。

儿童的活动天地比起大人要小得多，家、学校、村庄，是小小年纪的他们有限的舞台。孟加拉作家的《阿纽的新学校》、缅甸作家的《足球比赛》、马来西亚作家的《红铅笔》、中国作家的《海滨的孩子》等都是围绕着校园生活描写孩子成长的故事：对新学校的憧憬，足球比赛中突出个人导致的失利，诚实的孩子与撒谎者的冲突……这些充满童趣的故事，不仅对孩子们，对每一个有过童年经历的大人都是亲切的，十分熟悉的。

也有几篇是写孩子之间纯真的友谊的，读来也很感人。斯里兰卡作家的《新年礼物》写出了富人与穷人的孩子天真无邪的可贵之处。巴基斯坦作家的《赛利姆的永生》写的是一个贫穷农民的孩子赛利姆，他在挖水渠时，突然发现同他一起干活的女孩艾苏背后有一条巨大的黑蛇，"赛利姆毫不犹豫，闪电般地冲了过去，猛地把艾苏从嘶嘶作响的蛇面前推开。艾苏跌倒了，赛利姆也失去平衡，滑倒在蛇身上。"不幸得很，赛利姆被毒蛇咬了一口，火速送到医院，终究还是死去了。这是一位舍己救人的小英雄！

《小象风暴》是越南作家傅沅的作品，这是一个富有传奇色彩的故事。在一个异常闷热的傍晚，伕族老人莱姆叫他的孙儿迪克，马上把家里的一头老象雷克登从象圈赶回家，因为变天了，大风暴袭来了。在倾盆大雨袭击下，附近发生了山崩，岩石滚落，树木被毁，野兽惊恐地嚎叫，在闪电照耀大地的瞬间，爷孙俩看见一群受惊的野象，跑下山坡，冲进了村庄。小说集中描写了这爷孙俩在风雨之夜，骑着他们那头老象雷克登，去捕捉一头迷路的小野象。野象群进村后，被村民敲的锣声惊扰，很快逃遁，只有这头山崩时伤了腿的幼象掉队了。老莱姆手里拿着一根长竿，长竿前头系着一个长圈套，连着一卷长长的绳子。

这是一场惊心动魄的追逐，最终年幼的野象被逮住了。

故事的结尾是，这头小象是伕族老人老莱姆留给孙儿迪克的全部遗产。因为老象雷克登老了，不中用了，该放回森林里去了，它的位置将由小象来代替。当地农民用驯服的大象耕地，驮运木材，运输盐和日用物资，它将是双亲早亡的迪克的好帮手，为此迪克给小象取名"风暴"，因为这头象是在风暴中获得的。

这是一个感人的富有阳刚之气的故事，如果拍成电影，肯定很精彩。

《都德短篇小说选》

普法战争与都德的小说

阴沉的天空，秋水溢满的莱茵河淹没了两岸低洼的河滩，有的地方可以看见露出水面的林梢和红屋顶，河道似乎一下子变得宽阔了。河岸突兀的一处山丘，耸立着一座灰暗的、雄伟的巨石纪念碑，很有名的普法战争纪念碑——这是多年前去德国时任由导游安排的一个项目。

这个游人如织的旅游点，对于我们东方人来说，尤其是对于战争毫无兴趣的人，似乎并没有什么吸引力。说白了，普法战争与我何干？普法战争发生于1870年7月19日—1871年5月10日，据称是普鲁士王国为统一德意志并与法国争夺欧洲大陆霸权而爆发的战争。详情不必赘述，这场战争的结局是法国惨败，普鲁士赢得了这场战争。企图阻止普鲁士统一德国的法兰西第二帝国已不复存在。不仅如此，普军包围巴黎，迫使法国签订了割让阿尔萨斯和洛林，赔款50亿法郎等屈辱条款。可想而知，这座纪念碑正是德国人炫耀胜利的丰碑，也是法兰西民族耻辱的纪念碑。

这场战争，不仅对于法国和德国，对于整个欧洲的政治格局都产生了深远影响。仅就法国文学而言，战争催生了不少文学经典，我们比较熟悉的法国作家阿尔丰斯·都德（Alphonse Dauder，1840—1897），他的一些著名小说就是以普法战争为背景的。都德本人参加过普法战争，这番经历为他的创作积累了丰富素材。他的短篇小说《最后一课》《柏林之围》和《打完这盘台球》，都堪称经典之作。

都德的这几篇小说，对于中国读者并不陌生。不仅是各种版本的外国小说选的必选篇目，《最后一课》还曾入选中国的语文教材，更是流播甚广。

不过，这三篇小说却是从不同角度、不同侧面展示了法国人眼中的普法战争。

《最后一课》写的是战争结束，被割让的阿尔萨斯省沦为普鲁士占领区后发生的一幕。小说通过一个孩子的眼睛，发现他所就读的小学从此将告别法文所带来的困惑和屈辱。在这个特殊的日子，老师含泪给孩子们上了最后一堂法文课，并且告诉他们："从柏林来了命令，今后在阿尔萨斯和洛林两省的小学里，只准教德文了……"过去学习不用功的顽童，此刻心灵受到强烈震撼，意识到祖国的语言多么动人，多么可爱。从今以后，他们将沦为亡国奴，被剥夺学习使用祖国文字的权利……

从一个细微的情节深刻揭示亡国之痛，是《最后一课》的感人之处。

不过也有人指出，《最后一课》乃是都德违背历史的编造之作。因为阿尔萨斯省大部分居民说的是德语方言，小说的关键情节站不住脚；也有人认为，1871年，阿尔萨斯有人口150万，说法语的有5万人口。作家是否选择这些少数讲法语的居民借题发挥，个中的是是非非，我们局外人就无法评说了。

《柏林之围》也是以普法战争为背景，却是一篇绝妙的反讽小说。通篇围绕一位爱国老军人、80岁高龄的拿破仑帝国的老上校对战局的关注，写出了法国上层对战争的盲目乐观、自欺欺人的精神状态。病入膏肓的老上校终日沉湎于法军节节胜利的幻影中，不能容许听到法军失利的真实消息，否则病情就会急剧恶化。万般无奈之下，侍候他的小孙女和医生串通一气，每天编造法军战胜普军的正面消息，而老军人也因此陶醉在喜报中日渐康复。当然，纸里包不住火，当普军进入巴黎，从凯旋门列队挺进时，站在阳台上观看的一身戎装的老上校起先以为是法军凯旋，当他明白"柏林之围"不过是一场幻梦时，"全身笔直地倒了下去"。

对于普法战争，《最后一课》《柏林之围》都是远距离的描写，只有《打完这盘台球》（选自《外国小说名篇选读》，赵少侯译，作家出版社，1988年）才是直接接触正面战场，然而小说所描写的不是两军鏖战的壮烈，也不是血雨腥风的残酷，却是法军将帅的昏庸腐败。

《打完这盘台球》用强烈对比的手法，一方面，描写法军将士在倾盆大雨的泥泞田野等待进攻的命令，但是命令迟迟不来；另一方面，在一座古堡花园的总司令部，杯盘狼藉的宴会厅一旁，身穿军礼服、挂满勋章的元帅酒醉饭饱之后正在兴致勃勃地打台球。小说轻描淡写地写道："这就是军队为什么在那里等待命令的缘故。元帅一旦打上台球，天塌下来他都不管，世上更没有任何东西可以阻碍他把这盘球打完。"

窗外，传来隆隆炮声，普鲁士人发起进攻了，元帅仍在若无其事地打台球。

一匹四蹄翻飞的马冲进院子，满身是泥的一名副官不顾卫兵阻挡，冲进来向元帅告急，元帅大为震怒："回头再说……等我的命令，真他妈的！"

作家悲愤地写道："他们在等候命令……不过，死是无须等候命令的，于是这些人就整百整百地死去，有的死在丛林后面，有的死在壕沟里……从他们张开的伤口里，不声不响地流着法兰西的忠贞之血。"

小说最末的结尾写道："军队是完全垮了，元帅打赢了他那盘球。"作家以高超的、凝练的艺术手法，揭示了普法战争法国战败的根本原因：法兰西有英勇的士兵，有爱国的人民，然而法军将帅的腐败与无耻，终于导致了法国割地赔款的惨败！

《狼图腾》

《狼图腾》与龙图腾

在我的有限的阅读中，《狼图腾》（姜戎著，长江文艺出版社，2004年）是迄今读过的中国本土的生态文学最优秀的作品之一。

20世纪60年代，我曾在内蒙古草原度过几个夏天，对《狼图腾》所描写的草原牧民与狼群共生共存、充满血腥的生态关系有所耳闻，但我去的草原当时已严重退化，很少能见到狼了，倒是沙漠逼近草原，草场渐渐被沙丘吞噬了。

《狼图腾》以生动的文笔和亲历的见闻，从现实和历史的宏观视角，深刻地揭示了狼与草原牧民之间为了生存而展开的生死搏斗，尤其是狼与游牧民族生死相依的关系。作者特别要强调的是，这种持续了几千年的生存竞争，并非完全是负面的，恰恰相反，正是人与狼之间斗智斗勇的拼死较量，反过来极大地提高了草原游牧民族的生存技能，积累了丰富的军事智慧。游牧民族从狼的狡黠、智慧、坚韧、不屈不挠及团队精神中获得巨大启示，拜狼为师。这正是成吉思汗率领的蒙古大军横扫欧亚大陆，成功地改变世界历史进程的原因。甚至连著名的乌珠穆沁马，也因为与狼群几千年的追逐而成为矫健的名马。狼从牧民的牧场中掠杀了牛羊，但同时又给予相应的回报，如大量清除了老鼠、旱獭等为害草原的小动物，减少了过度繁殖的黄羊和其他野生动物，为草原的长久兴旺带来生机。这种错综复杂的生态之链，使得过去人们印象中（特别是汉族农耕民族）对狼的误解彻底颠覆了。作者以大量事例证实，狼在游牧民族的心目中是神圣的，至高无上的，而"狼图腾"即对狼的崇拜，自古以来是游牧民族的精神支柱。

关于"狼图腾"与我国游牧民族的关系，上述说法是可信的，尤其是书中渗透着生态平衡的科学原理，以及生物链各个环节之间相互依存的关系，对于今天的牧区建设和草原环境保护都很有参考价值，这就无须多言。

该书正文之外，附有一篇《理性挖掘——关于狼图腾的讲座与对话》，作者以不短的篇幅阐述了这样一个理论，即中国自古以来形成的"龙图腾"发端于"狼图腾"，他认为："早期的狼图腾和龙图腾很可能就是一个图腾，龙图腾只是狼图腾的演变形式而已。"这个说法是值得商榷的。

　　我以为，狼图腾和龙图腾是两个处在完全不同的生产方式的古代先民独自创造的图腾。狼图腾无须再说了，具体到龙图腾，明显地产生于中原的农耕民族。龙图腾的龙不存在于现实世界，与狼图腾的狼截然不同。这个想象中的动物形象，从诞生的第一天起便被赋予了呼风唤雨、掌管天下降水的功能，这恰恰是与农耕民族世世代代经营农业渴望风调雨顺的期盼相契合的。它关系着农耕民族的生死存亡。

　　龙的形象虽然是想象的产物，然而它的形成并非空穴来风，除了有的学者认为龙的形象源自鳄鱼（当年大量生存于中原的河流湖沼湿地）外，另外一个不容忽视的原因是，位于亚洲东部的中原大地是典型的季风气候，冬季寒冷少雨；只有到了夏季，来自海洋的暖湿气流带来丰沛的雨水，而此时正是农作物生长的关键时刻。当经历冬春长期干旱之后，随着气温上升，雨季到来，天空景象也发生骤变：乌云压顶，阴云四合，翻腾的积雨云在天空奔涌，如同一头首尾不能相顾、体态硕大的怪兽出没天庭，挟风伴雨，电闪雷鸣，万物为之动容，天地顿时变色。这雄奇壮伟的景象不仅震撼人们的心灵，也令人浮想，令人敬畏。尤其是发生于江河湖泊海洋的"龙吸水"奇观（龙卷风），一条长长的、弯弯的带状水柱从云端伸向水面，不断移动，这种特殊的气象现象必然使人相信龙的存在。古代，因缺乏气象知识，人们对此深信不疑。这是不难理解的。即使是今天，在消息闭塞的边地，恐怕也有人相信蛟龙戏水之说。

　　靠天吃饭的农耕民族，对龙的崇拜和创造了龙图腾，正是源于雨水的多寡往往决定农作物的丰歉。雨水少则易旱，雨水过多又易洪涝，观天看云是农耕民族十分牵挂的头等大事。

　　不过，在中国几千年的岁月中，龙图腾也发生了两极分化。一种是属于平民百姓的龙图腾，人们兴建寺庙，供奉龙王爷，向龙王爷祈求风调雨顺，岁岁平安。此外在正月里舞龙灯，五月端午赛龙舟，这类与龙共舞、与龙同乐的民俗也是取悦龙王，祈盼龙王爷体惜下情，及时耕云播雨，保四方平安。

　　另外一种龙图腾则是属于封建帝王独有的龙文化，与老百姓毫不相干，盖此龙非彼龙也。最高统治者自诩为"真龙天子"，是至高无上的龙的化身，他们居住的宫殿为"龙庭"，坐的是"龙椅"，睡的是"龙床"，穿的是"龙袍"，连他们的面目也称为"龙颜"，所谓"龙颜大怒"之类，他们的后代当然是"龙子龙孙"了。这些都是文武百官及老百姓不可染指的，否则就有杀身之祸。于是以龙的化身自居的封建帝王，从龙的身上获得了君权神授的特殊地位，俨然是天神的合法继承人了。因此历代封建帝王都热衷于对龙的崇拜，连入主中原的游牧民族的统治者也对龙图腾十分欣赏、十分崇敬了。

　　这恐怕也是龙图腾崇拜的中国特色了。

《荒诞派戏剧》

读《等待戈多》的浮想

很久很久没有跨进剧院的大门了——自从迁到这个地僻人不稀的小区，与戏剧睽别已久。想当年，我曾是专司戏剧报道的记者，每日华灯初上，丝竹锣鼓响起之时，我便是京城大小剧场的常客，遇上热闹的各省剧团晋京汇演，一日看几场戏也是寻常之事。说这话，并非故意自夸，而是一点人生的感慨。这个小区据说居民有四十几万，相当于欧洲一个小国，楼房鳞次栉比，却不见一座图书馆，当然也没有一座破庙，剧院更是莫谈。于是退而求其次，找来一些老剧本读一读，我也知道，再好的戏剧靠读剧本也是无法欣赏其神韵的，画饼充饥吧。

这次读的是《等待戈多》（施咸荣译，收入黄晋凯主编的《荒诞派戏剧》，中国人民大学出版社，1990年），作者是爱尔兰籍作家塞缪尔·贝克特，他是诗人、小说家，但是使他驰名文坛的却是他的荒诞剧作品，而《等待戈多》被称为荒诞剧的开山之作。

和以往看到的戏剧不同，因为不论是传统的戏剧如京剧的连本戏，或者是近现代的文明戏（话剧），以及西方的悲剧喜剧，它们都有一些共同点，即任何作品都有性格鲜明的人物，贯串始终的情节和戏剧冲突是不可或缺的，除此之外，作品通过剧情或明或暗地宣扬某种思想观念或道德说教，这些都是构成戏剧的基本要素。然而《等待戈多》颠覆了传统戏剧的创作手法，它虽是一部两幕剧，但仅有两个流浪汉作为剧中主角，不仅人物没有鲜明的性格，而且整台戏没有连贯的故事情节，说句大白话："没有戏"。这两个来历不明的流浪汉的冗长对话，东扯西拉，毫无意义，十分沉闷。在百无聊赖的对话中透露出他们在等待一个叫"戈多"的人，但戈多始终没有上场，也不知他是何人，等他干啥？流浪汉日复一日地等待他，这便是评论家们强调的该剧的主题正是等待希望，是一出"表现人类在无望中寻找希望的永恒的现代悲剧"。还有的从哲学角度提出：《等待戈多》揭示了一个残酷的社会现实，即希望是存在的，但要等待希望的实现是未知的，等等。

　　说实话，我读《等待戈多》不是享受阅读的愉悦，而是折磨，我也无法揣测在剧场观看演出的真切感受（北京也曾演出）。不过有资料显示，尽管最初的演出并不成功，但1953年，《等待戈多》在巴黎的巴比伦剧院上演时轰动了法国，创纪录地连演300场，奠定了荒诞派戏剧风行欧美的地位。1957年11月19日旧金山演员实验剧团为圣昆廷监狱的1400名犯人演出《等待戈多》，起初导演和演员都担心这批特殊观众无法接受这出荒诞戏剧，说不定会闹出点事儿，结果出人意料，观众完全接受了这出戏，并且理解了"等待"意味着什么。一个犯人一针见血地说："戈多就是社会"，还有人说："戈多即便来了，也会令人失望。"

　　值得一提的是，两位荒诞派戏剧的奠基人后来相继获得崇高的荣誉：《等待戈多》的作者贝克特获1969年诺贝尔文学奖，而另一位法国荒诞派剧作家尤奈斯库（代表作《秃头歌女》《上课》等）1970年当选为法兰西学院院士。这也意味着主流社会对荒诞派戏剧的肯定。

　　关于荒诞派戏剧的现实意义，由于篇幅所限，这里不容细说，但《等待戈多》突显的人生充满等待，在无望中寻找希望的幻灭等隐喻，却是一个饶有兴趣的话题。其实不难发现：在人的一生，乃至整个社会，几乎时刻都处在等待的焦虑中。即如中国人的春节，它的中心议题也还是"等待"，家乡的老父老母"等待"异乡的儿女，几千万农村留守儿童望眼欲穿"等待"在外打工挣钱的父母，反之亦然，才出现地球上最壮观的春节返乡潮。至于人的一生，从生到死，各个不同时期都贯穿着"等待"，只是等待的目标因人而异，各有需求。一切正当的渴望改变命运的奋斗，升学、求职，无不伴随着一次次"等待"的考验，也因"等待"过程的不同而演变出不同的结果。至于"洞房花烛夜，金榜题名时"则无疑是充满喜剧色彩的等待。而残酷的战争中的反攻、出击，或者突围、逃遁，更是需要耐心"等待"，把握时机的。但"等待"的是天使还是魔鬼，谁能说得清呢？此外，古今中外还有一类"等待"，那是巴士底狱或纳粹集中营的囚徒们的无望的"等待"，他们年复一年"等待"牢门打开，"等待"与亲人团聚，等到的多半是幻灭的悲剧。

由此观之，"等待"是人生一大主题，无论是荒诞剧还是传统剧，只需截取一个小小片断，均可敷演出有声有色的一出好戏。怪不得巴尔扎克把他的小说称作"人间喜剧"哩。

《梦幻宫殿》

荒诞的梦幻世界与梦的解析

这是一个离奇而荒诞的故事：

地跨欧洲与亚洲的奥斯曼帝国，它的最高统治者——苏丹，为了长治久安，将一切异端和阴谋消灭于萌芽状态，别出心裁地创办了一个庞大的机构——塔比尔·萨拉伊，即"梦幻宫殿"。它的使命是主管睡眠和梦幻，收集全国老百姓的梦境，专门征集梦，对它们进行归类、筛选、解析、审查并处理，一旦发现任何对君主统治构成威胁的迹象，便立即上报给君主，君主会采取一切措施，坚决打击、镇压，毫不留情。正如它的主管所言："在睡梦的王国里，能够发现人类的各个侧面：既有光明，也有黑暗；既有蜜糖，也有毒药；既有伟大，也有脆弱。阴暗或有害的一切，或者在数年或数世纪内即将变成阴暗或有害的一切，都首先会在人类的睡梦中显现。""正因如此，君主颁布命令，帝国领土上的任何梦，哪怕由最最邪恶的人在最最偏僻的边疆和最最普通的日子做的梦，都不得逃脱塔比尔·萨拉伊的审查。"

于是，"塔比尔·萨拉伊"在全国各地遍布数以千计的分支机构，"梦幻宫殿"大楼内有几千人对各地送来的梦进行分类、筛选、解析、破译、归档、上报。大楼后院，到处是人、马和蓝色的货车，那些货车后面印有塔比尔的徽章，赶车人身穿皮上衣，足蹬沾满泥浆的靴子。这就是来自各地的运梦车……

以上荒诞离奇的情境，出自阿尔巴尼亚著名作家伊斯梅尔·卡达莱发表于1981年的小说《梦幻宫殿》（高兴译，重庆出版社，2009年）。译者指出："（小说）似乎在讲述过去，挖掘历史，但任何细心的读者都不难觉察到字里行间弥散出的讽喻的气息。因此人们也就很容易把它同卡夫卡的《城堡》、奥威尔的《动物庄园》等寓言体小说联系在一起，将它当做对专制的揭露和讨伐。难怪出版后不久，《梦幻宫殿》便被当局列为禁书，打入了冷宫。"

小说充满神秘、怪诞和压抑的氛围，像噩梦一样扑朔迷离。故事的主人公名叫马克·阿莱姆，出身于权势显赫的库普里利家族，几个舅舅都是高官。凭借家族的关系，他得以进入梦幻宫殿任职。这当然是因为他们十分看重梦幻宫殿对于家族兴衰的重要性。正是这样非同寻常的背景，马克·阿莱姆在梦幻宫殿很快步步高升，从筛选部调入更加机密的解析部，青云直上。在此期间，他几次读到上报来的一个奇怪的梦："桥边，一块荒地；那种人们扔垃圾的空地。在所有废物、尘土和破碎盥洗盆的中间，有件稀奇古怪的乐器在自动演奏着，一头公牛，仿佛被乐声逼疯了，站在桥边，吼叫着……"他百思不得其解，觉得这些碎片连成的怪梦毫无意义，无法解析它的含义，只不过没有将它丢弃、淘汰。没有想到，不久这个怪梦验证了一场苏丹挫败的未遂宫廷政变，打击的对象即是盘根错节的库普里利家族，他最喜爱的小舅为此丧命……

　　写到这里，我不由得想到"梦的解析"，以及"梦究竟是什么"这类困惑已久的问题。众所周知，人类今天的科学技术高度发展，既能飞往太空，揭开宇宙奥秘；又能破解基因，解读生命密码。但是对于每个人每天睡眠时必做的梦，究竟如何解读，却是一个至今众说纷纭的生命之谜。据说，科学研究发现，每个人一个晚上至少做3个梦，多者可达9个。但是，梦究竟是怎么回事？古往今来，不知有多少哲人志士试图从生理的、心理的、脑科学的角度，揭示梦境与现实之间的对应关系，寻找暗示、隐喻的规律，揭开梦的奥秘，但至今仍未有公认的结论。但不可否认，梦绝不是虚无缥缈的、不可知的，正如奥地利心理学家弗洛伊德所言："我必须坚持梦的确具有某种意义，而一个科学的释梦方法是有可能的。"遗憾的是，正确的、科学的释梦方法，目前似乎还没有找到。

　　梦所以难以解析，原因恐怕在于梦的成因是多元的，"日有所思，夜有所梦"，是一种常见的、朴素的解释，但至少不是唯一的答案。"时间就像一条河流，梦就像一只船，于是你可以上下游溯，左右漂荡。"这是一种朦胧的诠释。弗洛伊德认为：大多数富有想象力的作家多是倾向"符号性的释梦"，包括主张"梦是预言未来的观念"者。这种方法是将整个梦作为一个整体，利用"相似"的原则，以另一内容来取代梦境。还有一种称为"密码法"，视梦为一组密码，将梦视为一大堆片断的组合，对其中每个片断予以解析，从而获取真相。《梦幻宫殿》这部小说里破译怪诞离奇、杂乱无章的梦，用的就是密码法。

　　我在这里也是"痴人说梦"了。

《锌皮娃娃兵》

围绕诺贝尔文学奖的争论

2015年诺贝尔文学奖的桂冠，最终落在白俄罗斯女作家斯维特兰娜·亚历山德罗夫娜·阿历克谢耶维奇的头上，这件事在世界文坛掀起不小的波澜。文坛本是充满争议之地，对一部作品，对一位作家，如果没有争议，如一潭死水，反而令人担忧。所以，在我看来，斯维特兰娜获奖后文坛震撼也好，争论不休也好，是正常的。

斯维特兰娜是个擅长纪实文学中的口述文学的作家，让历史事件的亲历者现身说法，是她的作品的特色。有评论说：她的作品不仅闪烁着人道主义的光辉，而且开拓了当代战争文学、灾难文学的新视野。1984年2月发表的《战争的面孔不是女性的》（载苏联《十月》杂志），写的是苏联卫国战争；1990年末发表的《锌皮娃娃兵》（载苏联《民族友谊》杂志），写苏联入侵阿富汗的十年；另一部代表作《切尔诺贝利的祈祷》写的是震惊世界的1986年4月26日切尔诺贝利核电站4号机组爆炸事件酿成的悲剧；2013年创作的《二手时代》写的是苏联社会转型中普通人的心态和困惑……

总之，斯维特兰娜是以独特的方式来表现在重大历史事件中小人物的感受，以此凸显普通人的命运，和那种宏大叙述的表现手法截然不同，它是感性的、个性化的，也是真实的。对于她的获奖，可谓评说不一。她是因"给我们时代的苦难与勇气立碑并承载了多种声音的作品"而获奖（《文艺报》2015年10月14日5版），或者像有的中国评论者轻蔑地认为"她的作品就是二流水平"（《北京青年报》2015年10月16日B2版），抑或是某些俄罗斯作家所言"诺贝尔委员会偏爱挑选批评当局的作家。"（《中华读书报》2015年10月14日4版）真是见仁见智，饶有趣味。

其实，在没有与诺贝尔奖结缘之前，当她的作品译成中文时，著名俄文翻

斯维特兰娜

译家高莽就对斯维特兰娜的创作做了中肯的评价，今天回过头来读一读高莽的文章，也许可以绕开当下一些非文学本身的因素带来的困扰。

高莽的文章见于《锌皮娃娃兵》中译本（乌兰汗、田大畏译，昆仑出版社，1999年），此书收有乌兰汗译的《锌皮娃娃兵》和田大畏译的《切尔诺贝利的祈祷（未来的记事）》，高莽的"代前言"题为《阿列克谢耶维奇和她的纪实文学》。高文指出，1984年2月苏联《十月》杂志发表《战争的面孔不是女性的》后，"苏联评论界和广大读者一致为之叫好，认为这是从新的角度审视了这场伟大而艰苦的战争。"苏联最高苏维埃主席团为此向女作家颁发了荣誉勋章。《锌皮娃娃兵》是一部在苏联颇有争议的作品，这是由于如何看待苏军入侵阿富汗这场战争，存在尖锐的观念分歧。高文为此作了详尽的剖析，指出"作者是从妇女的角度在进行心灵的发掘，这是心灵活动的文献。《锌皮娃娃兵》的作者努力将人的心掏出来展示给读者，让他们看看人的心在战争中是怎样跳动的。"当然他也坦承：追求"超越时间、超越人的立场和阶级属性的真实"，谈何容易，"是要付出昂贵的代价的。"

对于《切尔诺贝利的祈祷》，高文认为与她的前几部作品相比，"她关心的核心仍是人与人的生命，这部书中多了一层人与科技发展、人与自然的关系的哲学思考。"并指出"这部作品在欧洲极受重视，1998年德国授予这部著作'最佳政治书'奖。"

高莽认为：她的创作形成了自己的风格，"作品具有'文献'价值和'真实'特色。""她是通过声音在认识世界，通过心灵在揭示真实。"

高文还透露了一个信息：即女作家斯维特兰娜·亚历山德罗夫娜·阿历克谢耶维奇1989年初冬曾随苏联作家代表团访问我国，11月6日在外文所做客。这件往事是时隔太久被人遗忘了呢，还是被媒体忽视了呢？我就不得而知了。

《蛤蟆的油》

听黑泽明谈《罗生门》

听大导演讲他的得意之作，这是很难得的学习机会，犹如看大作家的创作谈一样，不仅有助于加深对影片的理解，也由此可以知道导演的创作意图，以及许多作品之外的有趣故事。

黑泽明，日本著名电影导演，1943年执导影片《姿三四郎》一举成名。不过，使他获得世界声誉的却是1950年执导的影片《罗生门》。

罗生门是日本京都平安京中央通往南北的朱雀大道南端的一个城门，由于经历了地震、大火，罗生门残破不堪，成了盗贼与无家可归的流浪汉的栖身之所。

日本大作家芥川龙之介以此为题写了著名的同名小说。黑泽明借用来作为电影名，但情节则是改编自芥川的另一部小说《筱竹丛中》，故事情节是：在平安京破败的罗生门下，大雨滂沱，行脚僧、樵夫、杂工三人在此躲雨。他们聊起最近发生的一件轰动的社会新闻：武士金泽武弘被人杀害在丛林里，强盗多襄丸，武士的妻子真砂，女巫和目击者樵夫被招到纠察使署，分别叙述自己的见闻，或亲身所为，或亲眼所见，但这些当事人各执一词，相互矛盾，疑点多多，莫辨真伪。目击者对案情的不同叙述，充分说明人性的善与恶，充满了悬疑及猜忌，剖析了人在道德困局中的心理与动机，使人思索究竟什么是"真实"？世间还有没有真实可言？

这部电影一开始并不被看好，黑泽明本人似乎也没有料到它可能获得巨大的成功，以至于成为他的艺术生涯的新起点。

不料，电影获得了意想不到的成功，先后获得1951年威尼斯电影节金狮奖及第24届奥斯卡最佳外语片奖。由于这部电影的成功，奠定了黑泽明在日本和世界影坛的地位。他一跃而成为世界级大导演。

最近，读了黑泽明的回忆录《蛤蟆的油》（李正伦译，南海出版公司，2010年），对《罗生门》有了进一步的理解。

在《蛤蟆的油》中，以较多篇幅介绍了《罗生门》这部电影拍摄过程中一些有趣的事，如开拍前三位助手（副导演）跑来找他，他们有一个共同的问题，即他们看不懂这个剧本究竟说明什么。黑泽明告诉他们："人对于自己的事不会实话实说，谈他自己的事不可能不加虚饰。这个剧本描写的就是不加虚饰就活不下去的人的本性，甚至可以这样说：人就算死了也不会放弃虚饰，可见人的罪孽如何之深。这是一幅描绘人与生俱来的罪孽和人难以更改的本性、展示人的利己心的奇妙画卷。"

在此之前，黑泽明在提及芥川的小说对他的震撼时说："芥川的《筱竹丛中》描写了人心的奇怪曲折与复杂阴影，它以锋利的解剖刀剖开人性最深奥、最隐秘的部分，并把它公之于众。"为此，黑泽明决心"以错综复杂的光与影来表现在这个背景中蠕动着的人们的奇妙的心理活动"。

他终于获得了世界电影界的理解与认同，获得了巨大成功。如今，人们往往用"罗生门"一语来比喻对待同一件事，因为立场不同、各自利益所致而说出完全不同结论的现象。

最有意思的是，黑泽明在《蛤蟆的油》中还提到一件啼笑皆非的事：《罗生门》获得成功后，电视台采访了作品出品公司——京都上映公司的经理，这位当初百般刁难、压制拍摄《罗生门》的家伙，却无耻地颠倒黑白，吹嘘"一切都是他的推动才拍成的"，把全部功劳记在自己头上。

黑泽明气愤地说："我看着电视采访，心想，这才是真正的《罗生门》。"

这些日子，看到日本政客的拙劣表演，他们为掩饰第二次世界大战期间日本军国主义的侵略罪行，挖空心思地信口雌黄，歪曲历史，真是活生生的《罗生门》！

《罗生门》无处不在呀！在我们周围，在一切中外历史和现实中。

《巴别尔全集》

也谈巴别尔的小说

读苏联文学史，我的感觉总是怪怪的，打个蹩脚的比喻吧，就像考古学家在田野上发掘一样，说不定什么时候你会挖出一座古墓，或者是一具埋葬不久的尸骨。当你除掉厚厚的黑土层，或是令人掩鼻的垃圾，竟会惊讶地发现，呈现在你面前的竟然是无价之宝。这是多么令人高兴的事，然而你必定也会黯然神伤，因为这些珍贵的文学瑰宝，早已被许多人遗忘了很久很久。

近日读巴别尔的作品就有这样的印象。《巴别尔全集》中文版是2016年漓江出版社出版发行的，全集分为五卷，包括中短篇小说《敖德萨故事》（戴骢、王若行、刘文飞译），《骑兵军》（戴骢、王若行译），《故事与特写》（马海甸、刘文飞、靳芳译），《剧作集》（王树福、王宗琥、童宁译）以及《书信集》（谢春艳译）。巴别尔的小说前些年出过单行本，但是在中国大陆出版文集，尤其是作家的剧作和书信等结集出版，这是第一次，从而也满足了中国读者了解巴别尔文学生涯的渴求。

巴别尔留下的作品并不多，享有盛名的小说也仅有中短篇小说集《敖德萨故事》和《骑兵军》，前者包含他对故乡敖德萨的生活场景的鲜活记忆，尤其是对敖德萨的犹太人经商发迹和遭受歧视的境遇作了深刻描绘，他是出生在敖德萨的犹太人。后者则是1920年苏波战争期间，他随布琼尼的第一骑兵军征战数月的所见所闻，于1924年开始在《红色处女地》等杂志发表的描写第一骑兵军的短篇小说，共34篇，1926年结集出版，定名《骑兵军》。正是《骑兵军》《敖德萨故事》的问世，奠定了巴别尔在苏俄文学史上的地位。

巴别尔为什么获得许多文学大师的青睐，他的作品为什么历久不衰？这里面固然有多种因素，如真实地表现了战争与野蛮、死亡和性，以及滥杀无辜、屠杀犹太人等深刻主题，此外，一个不可忽视的因素是他的非凡的、独具匠心的艺术表现力。

"橙黄色的太阳浮游天际，活像一颗被砍下的头颅，云缝中闪耀着柔和的夕晖，落霞好似一面面军旗，在我们头顶猎猎飘拂。在傍晚的凉意中，昨天血战的腥味和死马的尸臭滴滴答答地落下来。黑下来的兹勃鲁契河水声滔滔，正在将它的一道道急流和石滩的浪花之结扎紧。桥梁都已毁坏，我们只得泅渡过河。庄严的朗月横卧于波涛之上。马匹下到河里，水一直没至胸口，哗哗的水流从数以百计的马腿间奔腾而过。有人眼看要没顶了，死命地咒骂着圣母。河里满是黑乎乎的大车，在金蛇一般的月影和闪亮的浪谷之上，喧声、口哨声和歌声混作一团。"（《泅渡兹勃鲁契河》）

巴别尔

这是一幅多么逼真的色彩斑斓的战争油画啊！从天空的太阳到落日余晖，从空气中飘拂的战场的腥臭的气息，作家以绚丽的色彩突现了战争惨烈的氛围，他用类似梵·高的粗犷而反差强烈的鲜丽色彩涂抹血染的天空和大地。然后又细腻地刻画千军万马乘着浓浓夜色泅渡大河的壮观。大河波涛汹涌，冷月注视着跃入水中的马匹、大车和一队队骑手。这是生与死的较量，是面对死神的义无反顾的搏斗。作家没有用过多的废话渲染这一切，只是以异于寻常的冷静，用混作一团的喧声、口哨声和歌声表现了泅渡大河的勇气和力量。这是极其精彩的一幅油画式的战争史诗。

"哗哗地下着雨。夜风和夜暗在湿漉漉的大地上飞翔。星星全被吸饱墨汁的乌云压熄了。筋疲力尽的马匹在黑暗中叹着气，抖着身子。没有马料可以喂它们。我把马缰绳拴在我腿上，裹上雨衣，躺到一个积满雨水的坑里。被雨水泡得胀鼓鼓的大地向我伸展开了坟墓令人慰藉的怀抱。马拉直了缰绳，拽

着我的腿，把我拖向前去。马找到了一小丛草，低头吃了起来。这时我睡着了……"（《札莫希奇市》）

这是一幅充满人性的战地速写，洋溢着浓烈的生活气息。大概这是鏖战之后的短暂平静吧，连老天爷也疲惫不堪，寒意随着倾泻而下的夜雨笼罩着湿漉漉的大地。疲惫不堪的战马在雨中叹息，实际上是疲乏的骑兵在深深叹息，这是不折不扣的人困马乏，没有草料喂马，人也忍饥挨饿。于是作家描写了一个温馨感人的细节：困倦的士兵将马缰绳拴在腿上，躺在积水的泥坑里，睡得像死人一样。而他的饥饿的坐骑拽着主人在泥泞中寻找食物，终于找到一小丛草，埋头吃了起来，但战士却还在甜蜜的梦乡……

限于篇幅，不再赘述。正是凭借这些为数不多的精彩小说，巴别尔被誉为"20世纪最有才华的俄国小说家"。高尔基认为，巴别尔是俄罗斯当代（他那个时代）最卓越的作家。博尔赫斯、卡尔维诺、海明威等文学大师对他都有很高的评价。1986年意大利《欧洲人》杂志评选百位世界最佳小说家，巴别尔荣登榜首。

不过，这位为世界留下珍贵文学遗产的苏联作家，他的一生就像一颗耀眼的彗星出现在天空，很快就消失于黑暗之中。1939年5月15日巴别尔被捕，罪名是"反革命罪"和"充当法、奥间谍"，次年1月27日被军事法庭判处死刑，在莫斯科卢比扬卡监狱被枪毙。"处决他的命令是斯大林亲笔签署的。"（见《巴别尔全集》"编者序"）

1954年12月18日，苏联最高法院军事庭为巴别尔平反，这时离巴别尔惨遭杀害已经14个年头了。

环球采风

《南非之南》

非洲南边的故事

不久前，一位小友到非洲南部的津巴布韦探亲，我顺口说了一句"能不能给我找一枚硬币？"不料她的回答令我吃惊。因为她多次去过津巴布韦，对那里的情况很熟悉。她说该国由于通货膨胀，本国货币早已作废，现在市面上通用的货币是美元。大约是不想让我这个老头儿失望吧，她说她可以送给我一张津巴布韦已经作废的旧钞票，于是在我的收藏中不久又增加了一笔相当"惊人"的财富：一张面额100万亿的纸币（编号为AA1788849）。这真是我这辈子见过的最大面额的钞票！如今它的价值是多少，不得而知，大概除了收藏，已经一文不值了。

现如今，国门大开，出国旅游、探亲、留学、创业乃至移民，都已是寻常之事。于是，旅居海外的作家学人以亲身经历、所见所闻撰写的作品，受到一些出版社的青睐，也是很自然的事。我因积习难改，对于外部世界充满好奇，而平日接触的传媒似乎热衷于新闻热点，很少关注真实的世界，于是只能退而求其次，从一些出版物的缝隙去窥探外面的世界了。

近日所读的《南非之南》（恺蒂著，上海书店出版社，2009年）是该社"海上文库"之一种，薄薄的一本小册子，收入了篇幅不短、内容各异的散文，以细腻的笔触，以亲眼所见、亲身经历的人与事，向读者讲述了那个号称彩虹之国的南非的巨大变化和伴随作者的困惑，许多内情对我而言闻所未闻，读来很是耐人寻味。

《南非的良心：无声者的声音》是一篇对诺贝尔和平奖得主、南非大主教图图的专访，写得很生动，把图图大主教的成长、政治理念、行事作风刻画得入木三分，其中谈到一件事引起我的极大兴趣。这就是1994年南非结束种族隔离制度之后，新政府面临的一件头等大事："是复仇和清洗，杀人偿命以血还血以牙还牙，还是以德报怨给全民族无论肤色黑白一个新的起点？"书中说，为了实现民族和解，解决因种族隔离带来的积怨、仇恨的社会矛盾，以曼德拉为总统的南非新政府宣布成立"真相与和解委员会"，"处理1960年到1994年5月10日间所有人犯过的罪行，对那些诚心忏悔请求宽恕的人实行大赦，对受害者进行补偿。"而图图大主教被曼德拉总统点名担任"真相与和解委员会"的17名成员之一，而且是主持者——这有点类似我国"文化大革命"后的平反冤假错案，虽然不完全像。

关于这个"真相与和解委员会"的工作，一言难尽，作者最后作了一个颇似小结的阐述："'真相与和解委员会'不是法庭，它是一个舞台，给受苦难者述说苦痛的机会。在委员会听审的三年中，委员会成员遍行南非各地，让受害者当众讲出曾遭受的痛苦与屈辱，也让当年的官员、警察、打手和告密者供出所犯罪错，以此求得人民的宽恕。他们审问的，不仅是白人作恶者，也有黑人，包括国大党的成员，其中最著名的，要数曼德拉的前妻温妮。"

对于"真相与和解"的功效，尽管有这样那样的说法，但作者通过图图大主教之口，并且引证非洲其他国家如比属刚果、卢旺达的种族大屠杀为例，深刻地指出："所有的人都承认，'真相与和解'让南非成功地避免了许多人预料的血腥冲突，为新南非的和平发展奠定了基础，也为世界其他冲突地区的和解提供了一个楷模。"这是很了不起的政治智慧。

作者引用图图大主教的话说：以报复的方式来伸张正义只会引起更多的种族冲突，杀人偿命的原则只会让死去的人越来越多。没有宽恕就没有未来。这个以宽容追求和谐的理念，实施起来并不容易，但南非做到了，因而今天的南非充满希望。

《南非之南》这本书的内容，主要涉及对南非社会现象的观察与思考，如南非的文学、城乡的两极分化、古老艺术的保护、危害社会殃及未来的艾滋病等，谈论的话题看似离我们很远，但是由彼及此，也并非没有可以思考之处。

书中有两篇文章论及南非的近邻津巴布韦：《来自津巴布韦的两种消息》《穆加贝：英雄还是独裁者》，也引起我的好奇。文中提到，"津巴布韦曾经是非洲最富裕的农业大国，土地肥沃，有'非洲的面包篮之称'，现在大批土地荒芜，整个国家正在经历一场饥荒"，"城市里也同样人心惶惶，通货膨胀如卫星上天……"作者讲，她家的女仆每个月的工资大部分换成玉米粉、白糖、菜油托人带回老家，她的母亲和3个孩子还在津巴布韦。而在南非与津巴布韦接壤的满是鳄鱼的林普普河，偷渡者冒死也要偷渡到南非……

由此，也可解释津巴布韦为何发行过面额是天文数字的货币了。

《万子美文集》

难忘的意大利情结

不久前，老友万子美特地到寒舍来，将散发油墨香味的皇皇巨著《万子美文集》（外文出版社，2012年）相赠，令人不胜欣喜。

在我的藏书中，有一部分是特别珍贵的，这就是朋友的赠书，我将它们放置在专门的箱子里。这是我的精神财富。每当翻阅这些留下友人手迹的书，友情的回忆便油然而生，那令人难忘的岁月也就浮现眼前了。

《万子美文集》装帧精美，以米开朗基罗的雕塑《大卫》《摩西》《圣母》分别为3卷的封面，封套则是波提切利的名画《春》中翩翩起舞的众神，显得十分庄重、鲜丽，洋溢着欢乐的气息。与封面设计相对应的是内容的厚重和深度。

万子美是一位著名翻译家，毕业于北京外国语大学意大利语专业，这套共3卷的文集有2卷是他的译作：一卷是《意大利中、短篇小说与喜剧》，包括加布列莱·邓南遮的中、短篇小说18篇，朱塞佩·德西的短篇小说《天使岛》，哥尔多尼的喜剧《女店主》和《老顽固》。这些译作很早以前出过单行本，深受好评，也因此奠定了他在意大利文学翻译界的地位。另外一卷是意大利著名女作家艾尔莎·莫兰黛的长篇小说《历史——延续万年的丑闻》，由万子美、袁华清、徐青春译，据称这是我国第一部从意大利文翻译成中文的文学名著。

万子美长期生活、工作在意大利，他曾是《光明日报》驻罗马的首席记者，文集另一卷《意大利，意大利》是作者在意大利采写的各种内容的新闻报道，友好往来与合作、文明与文化交流、历史与风景名胜、传统与当代生活、教育与科学技术、经济模式与发展、社会问题与思潮，几乎是全方位、多角度地介绍了意大利，时间跨度从20世纪80年代初到90年代。他在那个特定的历史时期，坚持不懈地将南欧古老文明之国的现状及时介绍给中国大众，为中意两国文化交流做出的努力，赢得了意大利政府的高度评价，为此他于1993年和2002年被意大利两任总统分别授予"意大利共和国功勋骑士"和"意大利共和国加勋爵士"称号，并颁发相应的勋章和证书，以表彰他作为文化交流使者的贡献。他是1861年意大利王国建立以来，唯一两次获此殊荣的外国侨民。

有趣的是，在《意大利，意大利》这一卷收入的"报刊文章"中，竟然有几篇是我俩共同署名的旧作，真是没有想到，也令人特别感动。

1988年那个地中海炎热的夏天，我应邀到意大利访问，万子美与我结伴而行，又当向导又当翻译。从罗马到威尼斯，从斯波雷托到佛罗伦萨，我们顶烈日冒酷暑，从一地奔往另一地，一辆刚出厂的雷诺面包车爆胎了，扔在威尼斯修理厂。等不及修好车，我们另外租车出发了。可见当时我们的工作效率，以及为了在有限的出访期间争取采访更多的新闻的劲头。对我而言，只有短短的15天！

当时中国的高速公路建设刚刚起步，为了借鉴意大利的经验，经多方联系，我们得以在罗马郊外的高速公路第5管理区现场采访施工工地，向工程师和管理人员了解意大利高速公路建设的情况。后来发表的通讯《在高速公路工地上》（《意大利，意大利》，第288~290页），特别报道了意大利自20世纪50年代实施高速公路计划以来，国家很少投资。修米兰—罗马—那不勒斯的太阳路时，国家投资仅占3%，而且不给现金，其余由高速公路建筑公司自筹。1966年以后，国家一分钱也不给，完全由承建的公司自筹经费。但公司将会得到回报，这就是高速公路竣工后，国家交给该公司管理30年。一般来说，高速公路10年可以收回全部投资，以后20年就是纯利润。因此，这一管理体制也使我们意识到，意大利高速公路的修建，通常不会或很少出现贪污的现象，高速公路建筑公司也不会偷工减料，因为它们将来是高速公路的经营者。这就如同一个人自己盖房自己住一样，从中贪污和偷工减料都是不可思议的。

当时在意大利采访，我们有明确的目的性，希望借他山之石可以攻玉，给国人特别是决策者提供可供借鉴的成功经验。那一次，我们采访了威尼斯一家大型化工厂的环境保护，罗马的古城保护和文物修复，斯波雷托艺术节和小城镇开展特色旅游业的思路，以及意大利高速公路建设与管理模式……当然，我们辛辛苦苦拣回的他山之石，能否攻玉，那就不得而知了——我相信，万子美不会忘记1988年夏天的那次难忘的采访。

他在自序中说："我先后在意大利生活工作了20多年，而且在那里经历的是我一生之中的黄金时段。"说《万子美文集》凝聚着他的意大利情结，该是恰如其分的。

《秘境不丹》

不丹的追求

《秘境不丹》（多杰·旺姆·旺达克著，熊蕾译，九州出版社，2012年）是我看过的有关不丹的自然、地理环境、历史、政体、宗教和社会、文化、风俗最详尽也最具权威的读物。

说它权威，因为它的作者多杰·旺姆·旺达克，据本书护封上的介绍：她"1955年出生于不丹西部的罗布岗村，之后在印度西孟加拉邦的大吉岭教会学校接受教育，1979年与吉格姆·森格·旺达克国王结婚，成为不丹王后。"在同一护封上又特地标明"不丹王太后心血力作"，由此可知作者非同一般的身份了。

当然，并不是说王太后写的书一定就好，但《秘境不丹》却不乏作者个人独特的视角。作者在"关于本书"的简要文字中，坦诚地指出该书"几乎完全基于我自己的经历"，该书第一部分"与不丹一起成长"，"讲述我的童年和学生时代"，第二部分"我们这样生活"，涉及不丹的宗教、传统医学和建筑，以及精神信仰如何帮助保护了不丹的自然环境。第三部分"人民和地域"，以作者在全国各地的徒步旅行，深入乡村和偏远山区的经历，展现了不丹的山川壮美和人民淳朴的、多样性的风貌。

了解不丹，有几个数字是需要知道的：不丹国土面积3.8万平方千米（与瑞士差不多），人口68万，79%的居民从事农业，森林覆盖率为72%，20%的国土常年被冰雪覆盖。

《秘境不丹》的作者以细腻的文笔，和对祖国的挚爱之情，透过家事国事的回忆和充满自信的客观描写，揭开了这个长期封闭的山国的神秘面纱，把一个真实的、充满朝气的不丹呈现在世人面前。

不可否认，《秘境不丹》不仅客观地介绍了不丹秀丽的山川和传统的文化，也以相当篇幅介绍了不丹独具特色的执政理念和重大国策，这也是世人对这个喜马拉雅山包围的蕞尔小国刮目相看的原因。书中写道，1974年不丹第四任国王吉格姆·森格·旺达克加冕不久，提出了国家未来发展的理念，不是依据国内生产总值，而是国民幸福总值。具体说来，包含公平的社会经济发展，全国各地区和社会各层面的共同繁荣，保存和保护原生态环境，保护并弘扬不丹文化遗产，以及行善政和提倡老百姓参与管理等。

在世界各国竞相攀比国内生产总值，不惜以牺牲环境和社会两极分化为代价的今天，不丹提出追求国民幸福总值的执政理念，无疑是对狂热的、发高烧的地球的一剂清凉剂。

如今，人们把目光投向这个山中小国，除了那里童话般的自然景色和田园牧歌式的情调外，也有不少人关注的是她的现状，追求国民幸福总值的治国方略，究竟实际效果如何，这是世人瞩目的。

书中介绍，从1985年至2005年，不丹的人均预期寿命从47岁提高到66岁，识字率从23%提高到54%，小学入学率达到了89%，全国现有30所医院，176个初级卫生站，476所教育机构。在环境方面，不丹因其生物多样性和对自然资源的模范管理，被命名为世界十大生物多样性热点之一。不丹立法不准许任何引起环境恶化和威胁野生动植物的工业和商业活动，所有利用河流的水电工程没有一个造成生态损害，而不丹的水电提供了全国财政收入的40%。此外，不丹不鼓励发展大规模旅游，也不去开发丰富的自然资源如铜矿，以免造成对人类及自然居住地的破坏。

我对不丹骄人的成就十分钦佩，不过，我仍然感到困惑，或者说有很多问号在脑子里盘旋。不丹是怎样做到这一点的，这是我始终不得其解的疑问。

无论如何，许多人向往不丹，对这个被誉为喜马拉雅山最后的香格里拉的小国感到浓厚的兴趣，说明人们的观念正在悄然改变。过于快速的城市化带来的生存空间拥挤、环境恶化和疏离大自然的空虚和压抑，也许又将促使不少城里人向往农村，向往田园，向往森林和大山了。新的"围城"生态正在发生逆转，也许不用多久，当年千方百计抛弃土地涌入城市的农民，他们中的智者又将像候鸟一样返回祖先的栖息地，结束漂泊动荡的生活了。这似乎也是有趣的自然规律啊……

《不去会死》

万里走单骑的感悟

　　书，因内容不同而有不同的感受，有的以情动人，有的给人智慧，有的指点迷津、促人思考，有的着重于知识传授，各有不同的功能。

　　不过，当我读这本名字怪怪的书——《不去会死》（〔日〕石田裕辅著，刘惠卿译，上海译文出版社，2006年）时，不仅被书的内容深深吸引了，而且心中涌起一阵莫名的冲动：如果时光能够倒流，也许我也会仿效这位年轻的日本人，加入环球旅行的行列中吧。

　　《不去会死》的作者石田裕辅出生于1969年，是一家食品企业的普通员工，收入不错，生活也很稳定。但是一个很单纯的、属于青春理想的强烈信念，促使他放弃了一切，决定骑自行车环球旅行，这个信念是"我要改变命运！"

　　当然，他并非一时冲动，在此之前，他已经是个自行车旅行的高手。千里走单骑很早就开始了，高中一年级骑车环游家乡——和歌山县一周，大学时环游日本，为此休学一年。长期的体能训练和野外生存的经历，决定石田裕辅的环球之旅不是仅有热情的单纯冒险。

　　《不去会死》是写他1995年开始（26岁），为期7年半，万里走单骑，环游世界9.5万千米的传奇经历。他是"日本自转车探险协会"的自行车环游世界纪录保持者（亚军），此外，他还创下了以5300美元环游世界7年半的纪录，其中在秘鲁沙漠遭强盗抢劫，被抢去2900美元，不得不在伦敦打工半年积攒旅费。

　　骑自行车环球旅行，倘若经济条件充裕，沿途夜宿旅馆，享受美食，从容不迫，优哉游哉，那另当别论。但石田裕辅是个穷小子，身上只有5300美元，他得带上近80千克的行李艰苦跋涉，尽量睡帐篷，自己做饭吃，节省每个铜板。这样的穷旅游，追求的只剩下精神的收获了。

　　这是属于勇敢者的行为，一般人是做不到的。

他的万里走单骑是沿着两条路线，一是纵贯美洲，以美国阿拉斯加安克雷奇为起点，进入加拿大，然后再次入美境，沿俄勒冈州海岸线一路南下，经加利福尼亚州、犹他州、亚利桑那州，进入墨西哥、哥斯达黎加，再由厄瓜多尔入秘鲁、玻利维亚、智利、阿根廷，终点是火地岛上的乌斯怀亚。为期1年9个月。

另一条是纵贯欧亚非。先到丹麦，北向挪威进入北极圈，然后南下经芬兰、爱沙尼亚、波兰，到伦敦后打工半年筹款，继续去爱尔兰，由西班牙渡海至摩洛哥，经撒哈拉沙漠，毛里塔尼亚、塞内加尔、几内亚、马里，然后由乌干达、肯尼亚、坦桑尼亚、津巴布韦、纳米比亚、南非，终点是非洲最南端的好望角。接着，飞往伦敦，骑车经欧洲中部进入土耳其、叙利亚、埃及，折返伊朗、乌兹别克、哈萨克、中国新疆、巴基斯坦、印度，再从尼泊尔飞泰国，又骑车至柬埔寨、越南，至中国广西桂林，飞往乌鲁木齐，骑向丝绸之路的大漠……

我不厌其烦地写下这些国名地名，是想在脑海中勾画出一幅路线图，也从中大致了解作者沿途自然环境和骑车旅行经历的甘苦。作者在书中写他在北极地区睡帐篷，在冷彻刺骨的河里洗澡；也写了在南美巴塔哥尼亚高原狂风中跋涉的艰辛。骑车翻越安第斯山，穿越撒哈拉沙漠和纳米比亚沙漠所经受的磨难，都是一言难尽，但是给他留下刻骨铭心的记忆，仍然是人间的冷暖。

在秘鲁沙漠遭到强盗洗劫的沮丧——这一带沙漠是我曾经涉足之地，固然一辈子不会忘记，不过作者也多次指出，给他心灵震撼甚至热泪盈眶的，却是一件件微不足道的小事：圣诞前夕的犹他州小镇，把他带到家中住宿的美国老人；路边出售自采蘑菇的波兰老人，坚持不收分文的自尊；莫桑比克街头，卖菜的老妈妈无比深厚的慈爱；在新疆的荒野因干渴处于昏迷时，素不相识的中国人停下车，送上救命的可乐和矿泉水。还有那些天真、纯朴、贫穷的非洲儿童的笑脸，以及许多萍水相逢的日本骑车族的真挚友谊。这些宝贵的记忆，是他一生也难忘的。

"我在旅程中找到最美好的事物，也深深地感受着。那就像我活着的收获，并不是有名的风景名胜，或历史悠久的大教堂，而是印刻在我的记忆中，绽放灿烂辉煌的光芒。"

也许，这种感情来自与大地的亲密接触，这正是万里走单骑最大的收获啊！

《最后的罗布人》

寻找"最后的罗布人"

连着三年的夏天，我在大西北的沙漠里游荡，美其名曰也算是参加沙漠考察吧。那是20世纪50年代末60年代初，读大学的时候。亲身的经历使我对于大西北的气候干旱与环境恶化，沙漠化的加剧与人类失去家园的窘境，有了一点直观的感受。因为这个缘故，如今已是耄耋之年的我，对于西北沙漠地区的环境演变一直很关注，有关的科学探险图书也会格外引起我的兴趣。这也是积习难改吧。

由杨镰主编的"中国西部探险丛书"第一辑共4册（中共中央党校出版社，1999年），其中《最后的罗布人》为杨镰所著，"中国西部有一支依罗布泊水域而居的罗布人。100年前，在环境恶化的重压下，罗布人举族撤离了'水草丰美'的伊甸园——渔村阿不旦。" 该书的内容简介如此写道："本书作者十几年间，沿罗布人退却的足迹一次次深入到如今已是沙漠的处处荒村，一步步走进了历史的死角，并以牵系古今的视野和自己丰富的经历，讲述了一个世纪以来发生在罗布荒原的真实的故事……"

罗布人被迫抛弃家园离乡背井的命运，发生在短短的100年，他们当中许多人与我们生活在同一个星空下，这无疑是特别典型、特别震撼人心的事件。

1896年3月底，瑞典著名中亚探险家斯文·赫定率领的探险队，从库尔勒前往罗布人的聚居地阿不旦，受到罗布人的头人、时年80多岁的昆其康伯克的热情接待。他告诉斯文·赫定：罗布人世代聚居在罗布泊湖岸，他们原来居住在罗布泊东北方的大湖畔，后来大湖干涸，族人迁往西南方新形成的湖泊（喀拉库顺）岸边，建了阿不旦村。罗布人以捕鱼为生，以罗布麻或水鸟羽毛织布为衣，用整棵巨大的胡杨挖空制成独木舟（当地人称作"卡盆子"）在水上通行，斧头是石斧，用芦苇和土坯垒砌房屋，过着与世隔绝的自给自足的生活。

斯文·赫定寻访罗布荒原是在冬天，虽然看不到芦苇的茂长，但他仍然在河水丰沛的河上泛舟，看到沿河的原始胡杨林和浓密的苇丛，水中野鸭与水鸟惊飞，苇丛不时有野猪出没，入夜甚至听见声声虎啸，那是百兽之王的新疆虎。斯文·赫定还画了一幅罗布人陷阱里的新疆虎速写。可见这时的罗布泊沿岸是何等生机勃勃，不愧是美丽的世外桃源！

然而这个美好的世外桃源，却在20世纪20年代随着塔里木河的流量日趋减少而消失。据98岁的库万老人（1984年）说：他出生在阿不旦村，一开始打鱼，后来半农半牧。"大约60年前（1921年），喀拉库顺干了，阿不旦河断流了，他和乡亲们才放弃了世居的故土，溯河而上……"阿不旦河是塔里木河下游紊乱水系的一段基本稳定的河道，即依列克河。

罗布泊作为一个内陆湖，是塔里木河等河流的终端湖。随着塔里木河的断流，罗布泊的干涸，罗布人不得不举族迁徙。但是他们始终赶不上环境恶化的步伐，不得不一次次搬家，最终只得各自逃生，致使罗布人成为消失的历史名称，如同他们的祖先楼兰人一样的命运。

本书的主要内容是讲述作者自20世纪80年代以来，多次深入罗布荒原，锲而不舍地寻访罗布人的踪迹，通过访问老人，企图复原罗布人迁徙的轨迹。他克服艰难险阻，找到了罗布人当年的村落，目睹了河床干涸，风沙掩埋的房舍和道路。大自然在短短几十年发生的惊人巨变和罗布人的遭遇，通过作者之笔，给读者以强烈震撼。

如果有所苛求的话，该书仅仅提出了一个现象，即生态环境恶化导致罗布人的最终消失。这当然是一个重大课题。然而深层次的问题是，罗布泊为什么在这个时期消失？塔里木河河水逐年减少以致断流的具体数据，尤其是塔里木河水量变化的气候原因，包括雪山融化的水量逐年变化对塔里木河的影响，以及人为因素影响（沿途截流及灌溉用水），等等。要回答罗布人消失的原因，还需要从气象、历史地理、冰川、水文、沙漠化等方面进行深入探索，这也是读者很关心的。

（本文写作时，惊悉杨镰先生于2016年3月31日在新疆考察时因车祸不幸去世，不胜惋惜，谨致哀悼。）

摄影家眼中的世界

　　说起科学与艺术的关系，似乎找不到比摄影艺术更典型的例子了。自从数码技术飞速发展，任何人拿起数码相机或者具有摄影功能的手机，都能拍出不错的摄影作品，摄影的神秘感瞬间被打破了。这是科学技术挑战艺术最明显不过的例子。不过，话说回来，尽管摄影技术普及了，并非人人皆可成为摄影家，这如同会写字的人不见得就是书法家，是同样的道理。

　　读（这话有语病，应说"看"）《摄影师的朝圣—— 一位摄影师30年的伟大旅程》（〔日〕野町和嘉著，邱永辉译，中国旅游出版社，2009年），细细鉴赏一幅幅精美的异地风光的画面，我的第一个鲜明的印象就是艺术创作必须具有与众不同的眼光。野町和嘉是日本摄影大师，美国国家地理学会著名摄影师，为了追求艺术之美，不辞劳苦地涉足自然的和人为的各种原因造成的难以到达之地，把他的镜头对准了一般人很难有机会捕捉的画面，这正是他的作品独到之处。

　　该书副标题是"一位摄影师30年的伟大旅程"，精选了野町和嘉30年来深入到撒哈拉沙漠、西藏、印度、埃塞俄比亚、麦加、麦地那、非洲大峡谷和尼罗河上游以及秘鲁安第斯山的摄影作品。每一个单元配有很精彩的、长短不一的说明文字，有助于对摄影作品的理解，也介绍了摄影家本人拍摄的背景资料。不过，与一般的摄影作品最大的不同是，他的镜头并不专注于奇山异水或者奇花异草（这些都是当今摄影的热门主题），他的取景框捕捉的是人，而且更多的是超然物外的人的精神世界，这是非常独到的视角，可以说这是野町和嘉作品一个鲜明的特色。

　　倘若简单地加以区别，可以把野町和嘉的作品分成两大类：一种是在地球最恶劣的自然环境下生存的民族，摄影家关注的是他们是如何顽强地利用有限的资源坚韧地活下来，而且和自然界和谐相处，在物质匮乏的生活中保持着平和、满足和感恩的心态。在撒哈拉沙漠生活的柏柏尔人，赶着大批干渴的牛羊，挤在一口深100米的水井旁等候饮水的画面；生活在南苏丹的白尼罗河湿地的丁卡人，虽然身无遮寒之衣，过着原始的游牧生活，但他们热情奔放的舞姿，与牛群相依为命的习俗，无不显示了他们精神世界的充实。

另外一类是各种宗教朝圣路上的虔诚面孔。不论是几百万穆斯林到圣城麦加朝觐的宏伟场景，还是埃塞俄比亚古老的十字形地下教堂举行的迎送圣碑的隆重仪式，以及秘鲁安第斯山"星雪朝圣节"狂热的信徒在雪山冰川跋涉的场面，摄影家的目光始终对准人类神秘的、宗教信念的虔诚，对来生的向往与追求的执着。在秘鲁安第斯山"星雪朝圣节"的前言里，摄影家写下了他的感悟："当一组人进入教堂，还未来得及放下背在背上的柴火、锅、盘子和毯子，就开始祈祷。祭坛蜡烛朦胧光照下的雕像，描述着星雪神耶稣受难，许多村民在雕像前热泪流淌，痛苦叹息。他们跪着，重复地画着十字，通过眼泪流露出他们朝圣的喜悦。我见过世界上无数的朝圣，但从未见过我在这里所看到的祈祷，如此朴素，毫不隐瞒而充满激情。人们终生忍受着贫困，安第斯山深处生活的艰辛，在他们炽热的祈祷中得以表达，谁能无动于衷呢？"

宗教信仰表现出来的纯朴的情感与惊人的执着是这些作品最震撼人心之处，也是超然物外的人类精神世界的玄妙之门。在介绍每年有成千上万的信众到西藏的圣山冈底斯山朝圣时，摄影家的镜头对准了一个个五体投地、一步一叩首的朝圣者，他（她）们之中有的人从家乡爬到圣山脚下，整整送走了20个寒暑。这是宗教的力量，也是精神的力量！我这样的俗人虽然难以理解，却从心底无比钦佩。

非常有意思的是，野町和嘉本人也是一位很有个性的人。他曾多次梦想到麦加、麦地那拍摄朝觐的场面，却遭到拒绝。由于伊斯兰教规，非穆斯林是永远禁止进入最神圣的麦加和麦地那的（见该书第296页）。当野町和嘉得知一位沙特商人邀请他拍摄一本麦地那的摄影集时，他毅然在东京的伊斯兰中心正式办了手续，成为一名穆斯林，于是1995年1月，他拿到了前往圣城的通行证。

也许正是由于这样的执着，野町和嘉取得了摄影艺术的许多最高奖项。

《携驴旅行记》

"驴友"史蒂文生的旅行

互联网兴起而创造的许多词汇，有些真是奇妙而传神。譬如"驴友"这个词，就是喜爱户外运动、热爱大自然的自助游爱好者的称号。这个词没有贬义，是一种尊称，大概是象征不畏劳苦的旅行家像驴子一样吃苦耐劳的品质吧。

英国著名作家史蒂文生（1850—1894）年轻时也是一名铁杆的"驴友"，虽然他享誉世界的文学作品是《宝岛》《化身博士》和《诱拐》，但在游记文学方面，史蒂文生的佳作也很出名，其中之一就是《携驴旅行记》。从这个别致的书名，把史蒂文生称作"驴友"，大概也算名副其实，没有冒犯这位一百多年前的大作家吧。

《携驴旅行记》有很多中译本，我所读的是辽宁教育出版社列入"新世纪万有文库"的一种，戴子钦译，1997年出版，并附有作家另一本游记作品《内河航行记》。

有的译本译为《骑驴旅行记》，其实在整个旅行途中，史蒂文生从未骑过小毛驴，一直与它一起在山道上跋涉。因此我以为《携驴旅行记》是比较贴切的。

1878年9月末至10月初，28岁的史蒂文生独自一人，来到法国南部的塞文山区进行了为期13天的旅行。

塞文山是一条漫长的山脉，东北连接阿尔卑斯山，西南连接比利牛斯山，山区各地有许多高峰峻岭，山坡布满森林和草地，孕育有无数溪流，汇成分别注入大西洋与地中海的许多河川。因此，塞文山是一道重要的分水岭，在山坡和河谷边，有许多山村和风景如画、历史悠久的市镇。

在一个名叫莫勒斯提埃的小镇（卢瓦尔河发源地一个风光秀丽的山区市镇），写完他的《新天方夜谈》的最后几章，史蒂文生决定徒步旅行，穿越塞文山区，前往加尔东河上的加莱镇。出发前，他花了65法郎买了一匹小毛驴，给它取了个名字，叫"小温驯"。9月23日，他和"小温驯"上路了。开始几天，根本不懂毛驴负重物如何安置的史蒂文生吃了不少苦头，"小温驯"更是遭罪。经过好心的农人的指点，史蒂文生才逐渐知道如何驾驭牲口。对于城里人来说，这可是一门大学问。他对此深有感触，也作了详细而真实的记载。

《携驴旅行记》很像日记，按天记下旅途见闻。虽然没有什么惊险的奇遇，但是作者敏锐的观察、丰富的历史知识和生动的文字，让我们从寻常的细节描写中，却能身临其境地感受到异常新奇的山野风光，淳朴的、狡狯的农人和虔诚的修道院传教士等生动的形象，以及震撼力很强的自然美。这是很不容易的。

途中，好几次前不巴村后不着店，史蒂文生便在野外露宿，找一处平坦之地，钻入特制的睡袋，安稳地享受星光下的睡眠。他对野外的宁静、星空的神秘和晨曦的壮美，都有非常出色的描写："天上众星明亮、多彩，犹如宝石，但并不寒冷。环绕在我四周的是乌黑的枞树尖顶，耸然挺立，一动也不动。我凭着白色的驮鞍，可以看到小温驯按照缰绳的长度一圈又一圈地在兜圈子，我可以听见它不急不缓地在用力啃啮草地，但这里再没有别的声音了，除了小溪淌过石块时发出的难以描述的声响……"他的描写富有诗意又像很美的图画。

对于有人认为野外露宿太危险，史蒂文生坦诚地说："我并不十分害怕这类意外事情：而且，在生活安排上斤斤计较意外事件或考虑细小危险，不管怎样，我都认为是不明智的。我承认，生命本身，就其整体来说，原是一项冒险事业，它的冒险性太大，因此就不值得再对每一件另添的危险事情加以注意了。"他认为，如果顾虑重重，那就只好关在家里，了此一生了。也许正是基于这样的坚定信心，一生体弱多病的史蒂文生，却到过许多地方，最后在南太平洋的萨摩亚群岛的乌波卢岛度过了最后的日子。

"我经常在口袋里放着两个本子，一本是阅读的书，另一本是笔记本。走路的时候，我的心里不停地针对所见的事物寻求适当的描写字眼；到我坐下在路旁的时候，我有时读书，有时手里拿着一支铅笔和廉价抄本，记下当地风景的特点，或者把随口吟成的几个诗节写了下来。我就是这样在文字里讨生活。"史蒂文生的这番话，是他的游记文学成功的诀窍，对于驴友们也是一番金玉良言。

《沿河而居》

一条消失在沙漠中的河流

读《沿河而居》（尚昌平著，山东画报出版社，2006年），想起一桩往事：

早年去南美，一次乘吉普车在秘鲁西部沙漠中驰行。沙漠中寸草不生，除了起伏的沙丘伸向天际，没有任何生命迹象。在沙漠东边，是安第斯山蜿蜒的山岭，岩石裸露，没有草木，像月球一样荒凉。在这般环境严酷的沙漠中看不见一个人，没有居民在这里生存。有趣的是，当唯一的泛美高速公路孤独地穿行于沙漠，突然经过安第斯山的一处宽阔的山口，这时你会看见有一条来自雪山的河流从峡谷中奔流而出，流向沙漠，于是奇迹发生了：在河水流经之处，或者河水潜入沙漠之处，都会出现一片绿洲，碧绿的庄稼，高耸的防护林，水声潺潺的渠道，人烟密集的城镇和村庄扑入眼帘。那些城镇的规模依绿洲的面积大小而不同。

这里的一片片绿洲，都是源自安第斯山的河川的产物。

《沿河而居》写的是新疆南部的克里雅河的过去和现在，这条源自昆仑山的河流，汇集了多条大小支流，孕育了山前的和田绿洲，继而在塔克拉玛干沙漠中形成了一条绿色走廊。最终消失于茫茫流沙中。在克里雅河下游的沙漠腹地胡杨林里生活的达克雅博依人，译成汉语就是"沿河而居的人"。他们从何而来，如何在严酷的环境中生存？他们有怎样的风俗习惯……作者正是带着这许多疑问，骑着骆驼，在沙漠中跋涉，寻访了长期与世隔绝的达克雅博依人，也为克里雅河扑朔迷离的历史梳理出比较清晰的轮廓。

据人们口口相传，达克雅博依人的祖先是400多年前从克里雅古城木尕拉和喀鲁克（即今之于田）迁徙而来，原因是躲避战乱。他们抛弃富庶的家园，一直向北，沿着克里雅河向荒无人烟的大漠深处逃遁，在有胡杨林生长的河岸栖身。他们深知，有胡杨林的地方就有水。

　　400年后的今天，跟随作者的脚步，走近一个个孤零零的简陋木棚，所见到的达克雅博依人过着近乎原始的物质生活：放牧羊群和少量的骆驼，以干枯的胡杨枝条搭木棚（四面透风），掘水井而居，以枯枝作燃料，用热砂烤馕为食。由于草场、水源的限制，他们居住很分散，有的聚落只有几户甚至一户。虽然生活清苦，几近与世隔绝，现代文明离他们十分遥远，但他们淳朴善良、热情好客，互相帮助，从不狩猎，与大漠、河流、胡杨林和睦共处。

　　作者经过一番考察，证实这条克里雅河如今已经日渐萎缩，水量日益减少，这也是达克雅博依人目前面临的生态危机，沙漠化加剧，吞噬草场与河道，河道不断变迁，胡杨林枯死，正在威胁这些沙漠中的居民。据作者考察证实，在沙漠腹地发现的古城废墟证明，历史上水量充沛的克里雅河比现在长得多，曾经注入塔里木河，沿河是南北向的古丝绸之路的通道，是一条生态良好的绿色长廊。然而由于气候变化，昆仑山冰川萎缩，溶化的雪水减少，加上人口繁殖，上游截流等原因，克里雅河水量越来越少，终于消失于大漠。这也是世界上干旱地区许多河流的命运。

　　人类文明与河流的关系，是人们耳熟能详的常识，正如古希腊历史学家希罗多德所言："埃及是尼罗河的恩赐"，其实世界四大古代文明都是河流的恩赐。河水流过的地方孕育了人类最早的原始聚落，形成交通便捷的水陆码头和人烟稠密的城镇；河水滋润的大地成为富饶的农田、牧场、果园、林带。河流与人类的文明、社会的进步，关系太密切了。当然，可想而知，当河流水量日渐减少，水质恶化，甚至断流，带来的后果也是不难想象的。

　　《沿河而居》是一本实地考察、发人深省的成功之作，写的是一条小河的历史，从中却不难看出世界的趋势。

《研究自己的乡土》

热爱祖国与研究乡土

火地岛，孤独地矗立在南美洲最南边的寒冷海水中，与冰雪覆盖的南极遥遥相望。这里，在海湾、山岭、冰峰的怀抱中却有一处面积很大的火地岛国家公园，遍布山毛榉、野樱桃、桦树组成的寒带森林，以及大片的草坡和湖沼，在这天之涯海之角构成奇特而莽荒的风景。

公园入口处，用天然的原木搭起的一座门楼上，正面是用西班牙文写的"火地岛国家公园"的字样，背面写的是"认识祖国是你的义务！"

这耐人寻味的标语很是吸引眼球，也令人怦然心动。

我是20世纪80年代去那里的，至今记忆犹新。

的确，不管是什么社会制度的国家，热爱自己的祖国，热爱祖国的大自然，这大概是天经地义的，对每个公民的基本要求。至于爱国的内涵，当然也有各种不同的要求和诠释。依我之浅见，有一点恐怕是基本的，这就是对于祖国的大自然，她的山川河流、森林草原、湖泊湿地，乃至戈壁荒原和动物植物，应该有一个基本的了解。爱国爱国，连祖国的大自然都十分陌生，你所爱的国家是个什么模样都十分模糊，这还从何谈起呢？打个不太确切的比喻，人人都会说爱自己的母亲，恐怕没有谁不记得母亲的音容笑貌吧！

我非常赞赏火地岛国家公园那醒目的警句："认识祖国是你的义务！"当然，认识祖国，了解祖国的大自然，可以通过很多方式：参观国家公园（包括森林公园、地质公园和自然保护区），可以直接体察祖国山川的壮美；观看有关专题的影像资料片或看书，也可间接获得大量信息。除此之外，提倡青少年从认识自己的故乡开始，了解故乡的大自然，对于生于斯长于斯的土地有比较深刻的认识，这是认识祖国的重要一步。

热爱故乡也即寄托了爱国之情。那么，认识故乡的大自然，从哪里下手呢？近日重读苏联著名地质学家奥勃鲁契夫院士主编的《研究自己的乡土》

（侯学焘、陆漱芬、李旭旦、张荣祖、孙承烈、徐成龙译，中国青年出版社，1955年），诚如本书的书名，这是一本指导有志于研究乡土的青年们如何开展乡土调查的读物。

该书的特点是将专业科技知识尽可能地做到通俗易懂，它从野外调查如何辨别方位和测绘地形图开始，分门别类地介绍了地质观察、如何采集矿物、怎样研究地形、河流与湖泊的研究、怎样观天和预报天气、土壤研究、植物与动物等。除了自然科学的内容以外，书中还对考古和乡土的历史等人文学科的野外调查作了简明扼要的介绍，每一章都由一位擅长该领域的专家撰写。由于原书是为本国青年所写，因此内容的地域性很强，都是列举俄罗斯本土的实例，这也无可厚非。

实际上，研究自己的乡土，与大自然亲密接触，不仅仅是加深对大自然的了解，增加一些知识，更重要的是，走进大自然的怀抱，与山川草木亲密接触，将是人与自然情感的交流。感时序之演替，知草木之枯荣，听高山流水之天籁，感花鸟虫鱼之无忧，可涤荡胸中之杂念，洗去俗世之尘嚣，置身自然界的思想升华，乃精神净化的有效途径。只有通过对大自然的观察，才能感受宇宙的浩渺，自然的奥妙，万物的神奇，认识人类自身的渺小，进而对大自然产生敬畏之心，潜移默化，影响至深。

当然，也只有与大自然亲密接触，溯河流之源而上，循山岭之脊而行，追踪野兽足迹，寻访密林深处，我们才会不断发现由于贪婪和无知，人类野蛮地掠夺、毁坏大自然的种种劣迹，因而酿成的生态灾难，也因此触动麻木的神经并唤起心中的良知。

《研究自己的乡土》是一本面向青年的博物学的入门指南，是理论联系实际的乡土研究的实用手册。

我期望中国的专家们也能根据本国国情编写类似的科普读物，引导青少年走向大自然，用科学眼光去研究自己的乡土，这无疑是很有必要的科学训练。

如果媒体能够开展相应的征文活动，动员青少年去观察大自然，研究自己生活的城镇、乡村、矿区、牧场、林区、小岛，以自己的眼睛摄下大自然的风采，以手机相机捕捉精彩的瞬间，那么从中评选出优秀作品，予以褒奖，必将产生极大反响，至少在传播爱国主义精神的层面收获丰硕成果。

《夏日走过山间》

讴歌大自然的赞歌

美洲大地原来是原生态的伊甸园，自从哥伦布"发现"新大陆以来，欧洲移民大批拥入，经过几个世纪的耕耘，原始生态的大地也发生了惊人的变化：一方面是工业文明催生了城市诞生、农田开垦、交通网延伸和工厂矿山的崛起；另一方面，人类对大自然无止境的索取，森林的滥砍滥伐导致了水土流失、沙漠化、土壤侵蚀、草场退化日益加剧，以及接踵而至的河流污染、资源枯竭和生态恶化，这种工业文明伴随的负面效应到了19世纪末已经非常明显，引起社会的广泛关注。于是人们掀起保护自然资源的运动，呼吁保护生态环境，与此同时，在文学领域，一种崭新的呼唤人们回归大自然、讴歌大自然、赞美大自然的生态文学诞生了。

谈到美国生态文学，不能不提到约翰·缪尔（John Muir，1838—1914）的名字。

约翰·缪尔生在苏格兰。1849年随全家移居美国，在威斯康星的农场长大。他在威斯康星大学上了几年学，但没有毕业，于是一边打工，一边开始了一生寻访大自然探险的漫长旅程。缪尔是美国早期环保运动的领袖，创建了美国最重要的环保组织山岭环保俱乐部。他不仅撰写了大量大自然探险的随笔和专著，深受读者喜爱，成为美国生态文学的经典；而且身体力行，多方奔走，促成了对约塞米蒂山谷等荒野的保护。在他的晚年，1903年，66岁的缪尔陪伴美国总统西奥多·罗斯福在约塞米蒂度过5天，他们一起攀岩登山，在冰川峡谷、湖泊溪涧盘桓，夜幕降临后，他们在林中空地燃起篝火露宿……罗斯福总统由于这次与缪尔的历史性会晤，领略了约塞米蒂的迷人景色，回到华盛顿后，决心加强联邦政府对自然遗产和历史文化遗产的保护，此后他颁布了一系列法令，宣布创建53个野生动物保护区，16个国家纪念保护区，6个国家公园。

缪尔也因此被誉为"美国国家公园之父"。

《夏日走过山间》（邱婷婷译，上海译文出版社，2014年）是缪尔的代表作，也是美国生态文学的一部经典。1868年3月，缪尔抵达旧金山，得知加利福尼亚州中部偏东有个叫约塞米蒂的地方，他随即前往。他被约塞米蒂山谷深深地吸引住了。"约塞米蒂"在印第安语中是大灰熊的意思，这景色宜人的山谷中有瑰丽的冰川、高大的红杉林，绿色的高山草地和茂密的森林，其间点缀着星罗棋布的湖泊和闪光的溪流。

1869年5月，缪尔获得了再次访问约塞米蒂的机会，有一位牧场主德莱尼给缪尔提供了一份工作，"雇我与其他牧羊人以及羊群一起去默塞德河、图奥勒米河的源头放牧——那正是我一心向往的地方。"于是从这年6月3日到9月22日，缪尔在一只小狗陪伴下，与牧羊人一道，随着2050头羊，再次进入约塞米蒂，《夏日走过山间》这本日记体的散文，便是这次别致的山间生活的收获。

《夏日走过山间》以第一人称忠实地记录了作者在约塞米蒂的夏天的所见所闻，他像一个勤劳的画家，饱蘸着激情之笔描绘着壮丽的山川：雄奇的山岭、银色的冰川、奔腾的溪流，宁静的湖泊和飞流直下的银瀑，甚至连一块顽石，一株挺拔的树，野生的百合花和林中的小鸟、黎明的曙色、夜空闪耀的星星，在缪尔眼中都是那么神奇，动人，充满灵动的生命。他怀着虔诚的心情，描绘大自然的壮丽给予心灵的感受，也以真诚的欢欣将这种朴素的感情诉诸文字，以讴歌大自然的大美。"感受约塞米蒂的伟大，比试图去理解或者用任何方法解释，都要更容易些。岩石、树木、溪流是如此细致和谐，它们各自的雄伟几乎都被这和谐所掩盖。三千英尺的峭壁上密密地覆盖着高大的树木，就像低地山丘边缘上的青草一样，延伸到这些峭壁的脚下的是一英里宽、七到八英里长的草带，看上去就像是一个农夫能在一天内割掉的草皮。五百英尺到一两千英尺高的瀑布，在它倾泻而下的峭壁面前显得如此渺小，仿佛是一缕青烟、一朵白云，但它的声音却充斥着整个山谷，震撼得地动山摇。沿着西边天际绵延的大山，前面耸立的穹顶山，以及之间波涛般起伏的山脉，一浪高过一浪，它们的山谷里长满了宁静的深色树林，生机勃勃而美丽无比……"

这类生动的描写比比皆是，《夏日走过山间》与生态文学的许多佳作一样，正是以美轮美奂的文字，真情毕露的情感，多姿多彩的画面，将大自然的壮美展现在人们面前，以唤醒人类的良知：去热爱大自然，热爱生育抚养我们的这片大地吧。（当然也有不少生态文学作品是以揭露人类对大自然的伤害为主，《夏日走过山间》涉及这方面内容不多。）

《地中海的冬天》

西西里岛的随想

从地图上看，意大利的国土酷似一只大皮靴，伸进温暖的地中海。在皮靴的顶端还轻巧地挑起一只足球，这个足球呈倒三角形，面积有2.57万平方千米，它就是地中海中最大的西西里岛（sicilia），比我国的海南岛略小。

多年前，我去意大利，一再要求安排去西西里岛一行。热情的东道主也满口答应，在我的日程表上排满了一个个难以割舍的地名：罗马、威尼斯、庞贝、佛罗伦萨、卡普里岛、圣马力诺……可是一直等到离开意大利，我也未能前往西西里岛。

我终于与西西里岛失之交臂。后来才知道，意大利朋友没有安排去西西里岛，是因为那几年正是西西里的黑手党闹得最凶的时候，政府加大警力对黑手党进行追剿，双方不时在闹市发生枪战……考虑到安全原因，西西里之行只好取消了。

这都是不值一提的往事了，但它留给我的另一个潜在的影响，却是我后来特别留意有关西西里岛的书籍，似乎是为了从心理上补偿失去亲历的遗憾吧。

近日读《地中海的冬天》（〔美〕罗柏·D.卡普兰著，郑明华译，黄山书社，2012年），书中重点介绍了西西里岛的自然风情、历史演变和市镇特色，对于了解西西里岛的过去与现在很有帮助——至少于我，是一次获益匪浅的卧游。

作者是从北非的突尼斯乘船斜穿地中海，在西西里岛西北角上岸的，"强烈感到北非和欧洲如此不同。"这是他刚开始获得的表面印象。然而，在西西里岛的深入探访，徘徊在乡间的山岩和巨大山丘、橄榄树园和麦田，乡镇的狭窄街巷和乱糟糟的港口，目睹荒野中的希腊神庙、罗马剧场的残迹以及大量伊斯兰郁金香拱顶的和罗马式塔楼的教堂建筑，他终于发现了西西里的最大特色：它"不仅是欧洲和非洲的，也是希腊和拉丁世界的汇合点。每一个伟大的文明都占领过西西里，并留下足迹：腓尼基人、希腊人、罗马人、阿拉伯人，还有汪达尔、拜占庭，以及许多欧洲民族，特别是法国诺曼人。"正是因为不同文明的交汇、融合，西西里岛"强烈地显示出这片土地稠密而层叠的历史。"

限于篇幅，这里只谈几个历史的碎片吧。

我们在文章中经常看到"达摩克利斯之剑"，这个典故来自何处呢？

在西西里岛东南有个港口城市锡拉库萨，"公元前5世纪末期，锡拉库萨及其周遭的繁荣达到巅峰。它是一个拥有数万居民的邦国，可能是当时规模最大的。"足以与雅典比肩。"狄奥尼修一世在公元前405年至公元前367年的统治期间，环城建立围墙……他有一座黄金床，由特别的护城河及吊桥保护。他的朝臣达摩克利斯赞美他是最幸运的人，于是他让达摩克利斯体验锡拉库萨专制君主的生活。他不但让达摩克利斯享受盛宴，还命美丽的女人陪他销魂，只不过后者的头上一直有一把以头发悬挂的利剑。'现在你可知道我的生活是怎样了。'狄奥尼修告诉吓得魂不附体的达摩克利斯。"书中这样写道。这个人们耳熟能详的典故也有或详或简的版本，但它的诞生地正是西西里岛。

油画《达摩克利斯之剑》

很有趣的是，尽管达摩克利斯之剑悬在头上，时刻可能完蛋，但争夺王位的你死我活的争斗，古往今来何曾停止过。

锡拉库萨历史上还有两件事值得一提，著名的诗人、悲剧家埃斯库罗斯（前525？—前456）在锡拉库萨完成了名著《被缚的普罗米修斯》。他后来迁住杰拉（西西里岛南端），完成了《俄瑞斯忒亚》，并死在那里。另外，著名科学家、发明家阿基米德（前287—前212）出生于锡拉库萨（当时称叙拉古），早年曾去埃及亚历山大城，跟欧几里得的学生们学习数学。他一生在物理、数学、机械等领域的重大发现发明，都是在锡拉库萨完成的。他为保卫家乡设计了投石炮、投火器等武器和城市防御工具，使进攻叙拉古的罗马军团遭到重大伤亡。公元前212年，罗马人攻入该城，75岁的阿基米德正在聚精会神演算数学题，被愚蠢野蛮的罗马军人杀害。

提到西西里岛，当然不能忽略了大自然的杰作——埃特纳火山，海拔3323米，欧洲境内最高的活火山，它的特点是经常喷发，喷发时间少则几天，多则数月，火山容貌在不停地改变。作者写道：埃特纳在北西西里的地景中金鸡独立，似乎不像一座山，而是像神。"埃特纳喷发出来的岩石据说就是《奥德赛》中波吕斐摩斯和其他独眼库克罗普斯人丢出的石头"，也许是第一批希腊人在西西里岛登陆目睹火山喷发，才导致了希腊神话的诞生吧。

当年，我渴望去西西里，恰恰是埃特纳火山的诱惑啊！

《赫丘力士之柱——周游地中海》

游记中透露的信息

　　不知是谁说过，游记只不过是旅行者在旅途中给家人写的明信片。它是即兴的、真实的，不事雕琢的，诸如当时糟糕的天气、旅馆房间的肮脏，吃的第一顿难以下咽的晚餐，看到的第一眼异国他乡的印象，以及遇到的第一个难忘的可笑的旅伴……这些纯属个人的、随心所欲的、不加粉饰的文字，就是最真实而生动的游记文学。从现在的越来越多的旅游出版物可以发现，个性化的游记目前很受读者青睐。

　　与以往专注于描绘山水的游记，以及热衷于介绍博物馆与考古遗址的游记所不同的是，这一类个性化的游记往往从衣食住行的琐琐碎碎的记述中留下了颇有价值的信息。由于作者旅行的时间恰好安排在某个特定的时期，这完全是巧合吧，因缘际会，于是留下了唯一的亲历者的文字，这些信息对于若干年后的读者来说，颇具新闻价值，尽管这是过时的新闻，它也和老照片一样弥足珍贵了。

　　《赫丘力士之柱——周游地中海》（〔美〕保罗·索鲁著，薛璞译，黄山书社，2011年）其内容正如该书的副题，是环绕地中海沿岸及海岛的一次跨国旅行。作者从直布罗陀出发，沿地中海岸向东，经西班牙、法国、意大利、西西里岛、前南斯拉夫、希腊、土耳其、叙利亚、黎巴嫩、以色列，然后到埃及，沿着地中海南岸，经北非的利比亚、突尼斯和阿尔及利亚，最后到达与摩洛哥接壤的休达。这里与直布罗陀巍然的岩岬隔海相望。在希腊神话中，赫丘力士扔下的两块大石，一块在直布罗陀，一块在休达，两根石柱控扼地中海与大西洋沟通的狭窄的直布罗陀海峡，这便是书名的由来。

　　作者这一趟环地中海之旅行程约3600千米，由于《赫丘力士之柱》出版于1995年，因此书中传达的诸多信息，包括一些出于政治原因或战乱之中的国家的状况，理所当然是1995年之前的情形，对于21世纪今天的聪明的读者是无须提醒的。

美国作家保罗·索鲁的旅行文学与众不同，他无意于旅游指南安排的名胜古迹，也不喜欢重蹈人们一窝蜂涌入的景点，他流连于游人罕至的边远小镇，深入到穷乡僻壤，乐于同底层的草民攀谈。因此有人说他的行文风格是"极其敏锐的观察，加上冷面笑匠式的幽默"，是"穿透世俗的虚伪，毫不留情，也绝不随俗"。从他的作品中，我们可以看到生活的真实面目，而不是旅游指南粉饰的虚假。

这里只能拣几个例子。

作者到达法国港口城市尼斯时，正巧绿色和平组织的彩虹勇士号停泊在码头，于是他对地中海的海洋污染有了一些了解。

据绿色和平组织巴黎分会的代表凯瑟琳·摩里斯介绍，"卡马尔格区的炼油厂和化工厂是造成地中海污染的元凶之一。"卡马尔格区是隆河河口的沼泽三角洲。"阿尔勒境内的隆河发臭，而且危险。那条河很恐怖，我们称它为'化学走廊'。它把卡马尔格区害惨了。"这仅是指法国濒临的地中海的一段。另一位绿色和平组织的核专家荣·路克·狄耶里说：地中海污染"最严重的区域是北部而不是南部。欧洲这边的大量废物和污染都影响到北非。"

地中海另一个人为灾难是过度捕捞。凯瑟琳·摩里斯说："在地中海拖网捕捞是合法的，但是意大利拖网特别长，长达好几千米。西班牙和法国也用拖网捕鱼。这种状况非加以阻止不可。"

尽管是零星资料，也可看出，地中海的海洋生态不容乐观。

由于历史原因，远离法国本土的科西嘉岛，山岭重叠，山路蜿蜒，较多地保存了传统特色。科西嘉岛最引以骄傲的，是这个僻远小岛出了一位改变历史的伟人拿破仑。"拿破仑年轻时离开科西嘉后，便不曾再返回家乡。后来他被放逐到艾尔巴岛。他说经常在西风中嗅到科西嘉的芳香"（艾尔巴岛位于科西嘉岛东北，相距不远）。作者以浪漫之笔描写了这位伟人的思乡之情。据说科西嘉以它特有的香气著名，它是浓密的灌木丛中的熏衣草、忍冬、仙客来、桃金娘、野生薄荷、迷迭香随风飘荡的醉人芳香。

岛上的村落保持着原生态，"沿途村落奇特而美丽，外观有如修道院或堡垒……越往内陆，村落的位置也越高，高到几近坐落在山顶上。我无法想象村民在如此陡峭的山上要如何营生，但其高耸而易于防备的位置，显然是科西嘉人抵御外敌而绵延迄今的主要因素。在这些可攻可守的地势中，科西嘉人完整地保存了文化传承。"作者盛赞这个几近与世隔绝的孤岛之美：峻峭的地形、断崖和峰峦、积雪的山峰、深蓝的海水、海岬与灯塔，以及"拿破仑旅馆"，"科西嘉每个镇上都有一家，仿佛是地方法令规定似的。"作者写道：在阿雅克肖，"我步出迷你车站，沿着主要街道'拿破仑街'往前走，经过'拿破仑餐厅''拿破仑时装店'，抵达'拿破仑饭店'。"

　　在纯朴的科西嘉人心目中，拿破仑是他们永远的偶像。

　　在环绕地中海的国家中，对我而言，还有两个国家的情况是颇感兴趣的，这即是前南斯拉夫和阿尔巴尼亚，作者以亲历见闻讲述前南斯拉夫分裂时发生的内战的残暴，以及那个"欧洲社会主义明灯"熄灭后的混乱、贫穷与衰败景象。作者写道：阿尔巴尼亚"当地景物还有一个特色，更令我困惑不解：一座座碉堡和防空洞……有些大，有些小，其他的则像是小地堡，有圆有方。比较小的只能容纳一两个人，大的则有如一座平顶屋，可容纳约20人。那些建筑有如大石块，没有窗户，但大部分都有枪口。"这些散布在原野上，以及聚集在首都地拉那市郊成群的水泥碉堡，共有60万座，一家人可拥有一座，是为"反帝反修"而建。阿尔巴尼亚住房短缺，据说用来造碉堡的水泥钢材，完全可以解决全国人民的住房。

　　限于篇幅，我无法复述更多精彩的故事，有兴趣的读者不妨阅读原书。

《柯南·道尔北极冒险日记》

柯南·道尔的北极之旅

以"福尔摩斯探案"系列享誉世界的英国侦探小说大师柯南·道尔（1859—1930），年轻时乘一艘捕鲸船前往北冰洋。这次为期半年的北极之旅，不仅使柯南道尔领略了北冰洋的寒冷、坚冰、大雾，水手生活的艰辛和捕猎海豹与鲸的刺激，也对他以后的文学生涯产生了无可估量的影响。作家的创作往往与他的成长经历有着难以割舍的关系，这位侦探小说家的文学成就，追根究底，也与他的北极之旅有着千丝万缕的联系，这也是很有趣的一个现象。

《柯南·道尔北极冒险日记》（刘永淳译，现代出版社，2014年）收入了柯南·道尔1880年2月28日至8月11日作为希望号捕鲸船随船医生的全部日记，还收录了他后来发表的与北极有关的一系列作品，包括《北极之诱惑》《格陵兰捕鲸船上的生活》《北极星号船长》和《黑彼得》。从这些130年前的文字中，不仅再现了当年在北冰洋的风浪中出生入死的水手们剽悍、豪迈的风采，也忠实地描画了当年捕鲸业和捕猎海豹的血腥场面，这已是早已消失的历史。

柯南·道尔怎么会去北冰洋，在捕鲸船上当随船医生？这也是命运的偶然，当时只有20岁的柯南·道尔在爱丁堡大学医学院读大三，1880年3月的一个午后，一个名叫嘉里的同学走来问他，愿不愿意当随船医生去捕鲸，每月有2磅10先令工资，还有分红。原来这个同学答应去当随船医生，突然去不成了，希望柯南·道尔顶替他，并且将他置办的北极装备借给柯南·道尔。"这事眨眼就定了，几分钟便改变了我的人生轨迹。"柯南·道尔后来愉快地回忆道。

重读柯南·道尔当年在希望号捕鲸船的日记，给我印象最深的有这样几点：一是在100多年的北极地区，在大量浮冰和开阔水域，极地生物数量之多是相当惊人的，也是今天不敢想象的。4月7日他在给母亲的信中写道："按照规定（指1877年英国与挪威签订的海洋保护协议），4月3日之前北极圈里是不能溅血的。3月20日的时候，我们终于得见了真正的海豹群，它们聚集在大约长15英里宽8英里的海面上，在冰块上叠压在一起，说有几百万只也不为过……4月3日，血腥的猎杀开始，并一直持续到今天。大的用枪打，小的直接用狼牙棒拍出脑浆，当场剥皮后，捕猎人把挂满油脂的海豹皮拖到大船边。"柯南·道尔沉浸在捕杀海豹的狂热中，时而也掠过良心的不安："这活儿真够血腥的，小家伙们抬起黑色大眼睛可怜巴巴地望着你的脸，你却要把它们的脑浆打得四处迸溅。"日记中这样写道，但也是仅此而已。

8月4日，他们遇到了鲸群。日记中写道："晚上11点被船长叫起来，那令人目瞪口呆的场面，这辈子也不能指望再看到第二次。海面上密密麻麻布满了驼背鲸，本是个很稀奇的品种，放眼望去，整个海面全都是喷出的水雾和舞动的大尾巴，有的在船头的斜桅杆下喷水，喷得满船楼都是水，把我们的纽芬兰人乐坏了。"当年捕鲸的目的地，一是格陵兰东海岸与挪威之间的海域，一直到斯匹次卑尔根岛，另一个目的地是格陵兰西边的戴维斯海峡，包括哈得逊湾和巴芬湾。

柯南·道尔日记中还特别提到当时捕鲸的目的，除了油脂的需求之外，利润最高的是鲸须。"一头鲸须完整、体型巨大的格陵兰鲸在今天来说，价值不下2000英镑到3000英镑，这么高的价格主要就在鲸须上，这东西虽然数量极其稀少，但却是交易的重要内容。"6月26日他们捕获了一头鲸，日记中写道："这头鲸不大，大约40英尺长，4尺1寸的鲸须，价值200英镑到300英镑。"7月8日，日记中提到又捕到

柯南·道尔

一头大鲸，每片鲸须9尺6寸长，总共产油12吨，价值至少1000英镑。

这里屡屡提到的"鲸须"，是鲸的口腔内由表皮形成的巨大角质薄片，如梳状，用以过滤水中的小鱼、小虾等食物。我看到一份资料，说当时欧洲上流社会的名媛贵妇时兴穿长裙，支撑圆形隆起的长裙（裙衬），就是柔软不易折断的鲸须。这是出席社交场合必不可少的。由于需求量大，货源有限，故而价格惊人，这也是鲸类惨遭杀戮的一个重要原因吧。据说到了塑料发明取而代之以后，加上女士的裙子随之改变，鲸须除了做点手工艺品外，已经没有什么市场价值了。

人类的怪癖是导致许多野生动物濒临灭绝的原因，就像中国人迷信虎骨酒以及虎鞭壮阳一样，倒霉的是老虎们。

柯南·道尔赚了有生以来一笔不少的钱（50英镑）回到英国，继续完成学业，后来开业当了一名医生。"我上船的时候，不过还是个散漫的大男孩，我下来的时候，已经是一个强壮有力、心智成熟的男人了。"他对这次北极之旅作出了如此不低的评价。实际上，北极之旅深深地影响着他的一生，也成为他一生宝贵的精神财富和创作灵感的源泉。他最终弃医从文，成为伟大的侦探小说大师。研究者认为："北极的经历也在《夏洛克·福尔摩斯》的系列作品中体现出来。"这是很有趣的。

《多拉报告》

瑞士的另一道风景

　　瑞士，这个至今未加入联合国的中立国，在人们的印象中始终是个柔情似水的少女，以她的笑容和好客欢迎来自世界各地的游人。凡是去过瑞士的人，谁不留恋瑞士的山山水水呢？雄奇壮美的阿尔卑斯的雪谷冰峰，如诗如画的山谷和奔腾的溪流，静谧的牧场和鲜花包围的村镇，梦幻般的湖泊和古老的教堂，以及宁静的小城、幽静的街道……无不给人留下难忘的印象。这个以旅游业为重要经济支柱的小国，以她的天生丽质吸引世界的目光，但是天赐的自然风光并非是唯一的优势，瑞士人对环境的精心保护，致使山林郁馥、河湖清澈，便捷的道路交通，清洁美化的村镇，周到的服务旅游业，其实更渗透着一个民族的素质和内在的精神。

　　这是瑞士柔美的一面，但是瑞士也有刚强的一面。

　　平时，她是温驯的小松鼠，而当面对强敌威胁，她立刻变成一只刺猬了。

　　近日读《多拉报告》（〔匈〕拉多·山多尔著，柴鹏飞译，群众出版社，1980年），使我对瑞士有了更深一层的印象。《多拉报告》是写的第二次世界大战期间潜伏在瑞士的反法西斯人士（即瑞士情报组），为苏联提供大量有关德国法西斯军事、政治等情报的回忆录，这当然是很有价值的史料。不过，我最感兴趣的一点，即作者对于当时的瑞士面对纳粹德国咄咄逼人的气焰和随时可能亡国的危险，表现出来的勇气和充分的备战措施，今天读来仍然令人动容。

　　时间回到1939年8月，"希特勒向波兰施加着越来越强大的压力，瑞士国内的形势也随而紧张起来。旅游者明显减少，街头巷尾、酒后茶余，人们谈得最多的是会不会打起来。联邦政府通知全国，一旦战争爆发，商店将停业两个月，要求居民根据此情况进行相应的准备。"书中写道，"全国顿时一片抢购风，人们不但争买金银首饰和罐头食品，甚至为孩子买了大小配套的鞋袜。"

8月31日，瑞士议会选举产生了部队的大将衔司令官吉赞将军。

9月1日，德军入侵波兰，"中立的瑞士于9月2日进行了总动员。瑞士政府向德国人透露，一旦德军越过瑞士边界，瑞士将毁坏所有工业设施，每个瑞士人将进行殊死的抵抗。同时瑞士向山区转移了够吃四年的粮食。"

"瑞士政府还向德国人透露，瑞士国家银行的黄金储备已经转移（原书作者按：瑞士的黄金储备相当于其所发行通货的3倍，转移到了美国的诺克斯堡）。德国大可不必为此进攻瑞士，并且瑞士已经动员起来的40万人也颇可一战。"

已经全民动员、决心背水一战的瑞士使希特勒颇伤脑筋，山地作战不是德国军队的长项，何况最有吸引力的黄金储备早已转移，再说瑞士人在山区储存了大量粮食和原料，足可支撑几年……在这种情况下，侵入瑞士对于纳粹德国实在没有多大价值。

总之，在第二次世界大战期间，尽管被法西斯德国和意大利团团包围，瑞士始终没有沦陷。究其原因固然是多方面的，但瑞士在强敌面前宁死不屈、做好抗击敌人的各种准备，无疑是一个不可忽视的因素。

在这之后的半个世纪，我去瑞士发现，瑞士人在享受和平时并没有放松对战争的警惕。

据有关资料，瑞士除常规部队外，一旦军事总动员，48小时之内可以立即组成一支60万人的强大正规军开赴前线。瑞士法律规定，凡20岁至50岁的健康男子都要服兵役，而且必须定期到兵营接受军训（女子可志愿参加军事辅助性工作）。接受军训的男子的军服、轻武器、弹药、防毒面具等装备，都要带回家自己保管。一旦接到动员令，每个人都知道自己的战斗岗位。瑞士军费达人均1万美元。

据称，平时，瑞士的主要交通要道（隧道、桥梁）下面都埋有炸药，一旦需要，即可炸毁，以阻止敌军入侵。它还建成规模宏大、结构复杂的地下防御体系，里面有医院和救护站、仓库、通信设施、发电供水系统、食品库等，一旦爆发战争，全国居民可以迅速进入地下。另外，在汝拉山区的山洞里有一座巨大的军火库，长达80千米，储藏大量军用燃料。西部山洞还储备了65万吨军用物资……

瑞士人自称他们的战略是"刺猬战略"！

在瑞士的火车站，你常常可以在周末看到许多年龄不同的军人，全副武装，与亲人告别，然后登上列车。他们就是服兵役的老百姓。

这是瑞士一道别致的风景。

附录

鲁迅的博物学情怀

[题记]

按《辞海》解释：博物，旧时总称动物、植物、矿物、生理等学科。"博物洽闻，通达古今"，这句引自《汉书》的典故，虽不能说明博物学的科学内涵，但至少提示我们，在自然科学各学科分工还不太精细的时期，博物学是一个研究大自然的范畴较广的学科。20世纪初或更早的时候，为了认识自然界，揭开大千世界的秘密，博物学很是风行，不仅出现了许多杰出的学者，也诞生了很多优秀的经典之作。那个时期的博物学，面对的是一个比较完美的、保持原始状态的自然界，它调动了人们亲近大自然的美好情怀，至今仍令人神往。

今天，博物学又在中国以及别的地方悄然兴起，这当然令人高兴。不过，那曾经生机勃勃充满原始活力的大地已大多不复存在，除了地球的"三极"和深海底，余下的是面目全非的人为景观，是劫后残存的苟延残喘的生命，此时的博物学多半已是夕阳下的晚歌了。这也是无可奈何的现实。

因此，回顾鲁迅先生的博物学情怀，多少也折射出那个并不遥远的时代，一个中国知识分子与大自然的亲近与深厚情感罢。

一提起鲁迅的大名，相信很多人马上会想到阿Q、孔乙己和祥林嫂，想到"横眉冷对千夫指，俯首甘为孺子牛"的诗句，想到那位精瘦的寸发怒竖、目光如炬、个头不高、身穿一袭棉袍的大先生在荒野彷徨、向沉沉黑夜呐喊的孤独身影。不管你是不是喜欢他，多少年来，中国的好几代人，是读过他的文章长大的，也无形地受到他的思想哪怕是只言片语的影响。鲁迅是杰出的作家、思想的前驱者，这大概也是无法否认的事实。

这是鲁迅作为一位伟人留给后人的真实的印象，这个结论大体上是没有多少异议的。

不过，这只是多数人对鲁迅的印象，至少我认为这不能代表鲁迅的全部。

如果我说鲁迅心系北极探险，对遥远的冰雪世界和生活在那里的北极熊神往不已；或者说他十分喜欢奇异的植物，他和年轻朋友一起，背着标本夹，翻山越岭，采集植物的枝叶、花和果实，然后制作植物标本；或者说他深入到地下矿井，观察岩层结构，进而描绘出中国最早的矿产分布图；或者说他密切关注科学探险，对于在中国西部沙漠戈壁跋涉的驼队和不畏劳苦的科学家充满敬意，期望他们把探险的经历和重大发现告之国人……

这些，你会相信，我说的是鲁迅吗？

不错，这也是同一个鲁迅，或者说是我心中的另一个鲁迅。

他是一个博物学家，视野开阔，思维敏锐，兴趣广泛，对自然科学许多领域都有独到的见解。

鲁迅与《地质学原理》

"有谁从小康人家而坠入困顿的么，我以为在这路途中，大概可以看见世人的真面目；我要到N进K学堂去了，仿佛是想走异路，逃异地，去寻求别样的人们。我的母亲没有法，办了八元的川资，说是由我的自便；然而伊哭了，这正是情理中的事，因为那时读书应试是正路，所谓学洋务，社会上便以为是一种走投无路的人，只得将灵魂卖给鬼子，要加倍的奚落而且排斥的，而况伊又看不见自己的儿子了。然而我也顾不得这些事，终于到N去进了K学堂了，在这学堂里，我才知道世上还有所谓格致，算学，地理，历史，绘图和体操。"

在《呐喊》自序中，鲁迅谈到自己的人生转折，是他（1898年春）"到N进K学堂"即入南京江南水师学堂，1899年，又改入江南陆师学堂附设的矿路学堂。在这所新式学堂读了整整4年，一直到1902年4月赴日留学。他在这里系统地学习了西方自然科学的课程，接受了达尔文的进化论，加上第三年往江苏句容县青龙山煤矿的地质考察，从理论到实践，打下了比较坚实的科学基础。

从熟读四书五经的旧式私塾转入传授西方科学技术的新式学堂，对于清末许多年轻学子，无疑是人生的重大转折，也是一场影响深远的思想革命。鲁迅同样接受了西方文明的洗礼，不仅"知道世上还有所谓格致，算学，地理，历史，绘图和体操"，而且开始用思考的眼光，观察神奇的自然界，开始了他的博物学的探索。

矿路学堂所用的教材，一是讲矿物学的，名为《金石识别》，作者是美国地质学家、矿物学家代那（1813—1895），中译本出版于1871年。另外一本讲地质学的，名为《地学浅说》，译自英国地质学家莱伊尔（1797—1875）的《地质学原理》，1871年由江南制造局翻译出版，共38卷。

莱伊尔的《地质学原理》在地质学发展史上有着非常重要的地位，因为当时关于地球的形成，一种观点是灾变论，即地球是由突发的灾难性事件形成的，这种观点往往导入《圣经》里的大洪水，使严肃的科学探索与宗教扯在一起。另一种是渐进论，认为地球的变迁是一贯的、缓慢的，都要经历漫长的时间。作为伦敦大学国王学院地质学教授的莱伊尔，是渐进论的代表人物，他的《地质学原理》于1830—1833年分3卷出版，在他生前出了12版，直到20世纪，书中的许多观点仍然受到地质学界的重视。达尔文当年乘小猎犬号环球航行携带的不多的书中，一本即是《地质学原理》。

达尔文曾经指出：《地质学原理》"最大的优点在于它改变了一个人的整个思想状况。"这话确实精辟地概括了这部经典作品的深远影响。

鲁迅系统地学习了莱伊尔的《地质学原理》，由于作为课本的《地学浅说》刻本不易得到，鲁迅精细地照样抄写了一部，印象更加深刻。他还采集了不少矿石标本，放在木匣子里，有铁矿石、铜矿石、石英石、三叶虫化石等。

另一本对鲁迅产生很大影响的书，是严复译著的《天演论》。该书取自赫胥黎的《进化论与伦理学》前两章，并在按语和序中加上自己的见解，于1895年（清光绪二十一年）译成，1898年正式出版。赫胥黎是英国博物学家，自称是达尔文进化学说最忠实的"斗犬"，他在《进化论与伦理学》中宣扬了达尔文关于地球生物演化过程的新思路，而严复在《天演论》中提炼出的物竞天择、生存竞争、优胜劣汰的思想，在当时中国知识界产生了巨大影响。

正是由于受到莱伊尔和达尔文进化论的潜移默化的影响，沐浴了西方文明之风的鲁迅，他的博物学情怀一开始就不单纯是对大自然的好奇，也不仅仅是对某些科学知识的兴趣，而是蕴涵着对自然界不断发展变化的深层思考：地球永远处在演化中，地层在变，岩石在变，动物植物也同样在变，那岩层中的生物化石即是死去的古老生命。生物变化的原因是生存竞争、优胜劣汰，以此类推，人类社会不也要变吗？哪个王朝不也是由兴而衰，最终走向灭亡？没有铁打的江山，世上没有活一万岁的皇帝！

这些与传统观念决裂的新思潮，由朦胧变得清晰，进而支配了鲁迅一生。

这也恰恰从一个新的角度诠释了培根的"知识就是力量"的哲学内涵。

鲁迅与科学探险

1902年，鲁迅东渡日本，成为一名清国公费留学生。他在东京弘文书院学日语，同时阅读各种报刊，汲取各种西方科学技术的最新信息。

这期间，有两个重大的科学事件引起他的关注：一是北极探险取得的新进展：1893年6月24日挪威探险家南森与同伴向北极点挺进，花了近2年时间，于1895年4月7日到达北纬86度14分，

1902年鲁迅东渡日本

离北极点仅235千米，这是当时人类距北极点最近的距离。当20世纪的曙光照耀着寒冷的北冰洋，向北极点进军的竞争更加激烈了。

另外一个重大科学发现，是1898年法国物理学家居里夫人和她的丈夫皮埃尔·居里，发现了放射性极强的新元素镭。 1903年，他们夫妇和另一位法国物理学家贝克勒耳共享了诺贝尔物理学奖。

这些重大的科学事件使鲁迅激动不已。他阅读了所有能找到的报刊，详细地

了解有关科学资料，奋笔直书，在很短时间内完成了一篇作品，题为《说镭》，发表在1903年10月东京留学生出版的《浙江潮》月刊第八期。值得一提的是，这篇全面介绍镭的发现和放射科学的论文，距居里夫妇发现镭仅5年，距他们获诺贝尔奖后仅半年。

这里附带提及一点：1903年可以说是鲁迅创作的爆发期。他相继发表了《中国地质略论》（《浙江潮》第八期），翻译了儒勒·凡尔纳的科学小说《月界旅行》（东京进化书社），以及另一部科学小说《地底旅行》（第一、二回刊登在《浙江潮》第十期，全书由南京启新书局1906年3月出版）。

1904年，鲁迅译过一部《北极探险记》，说明他对北极探险的关注。1934年5月15日，晚年的鲁迅致杨霁云信，还念念不忘年轻时的这部译作，也许他又回想起当年对北极探险的痴迷和向往："我因为向学科学，所以喜欢科学小说，但年轻时自作聪明，不肯直译，回想起来真是悔之已晚。那时又译过一部《北极探险记》，叙事用文言，对话用白话，托蒋观云先生绍介于商务印书馆，不料不但不收，编辑者还将我大骂一通，说是译法荒谬。后来寄来寄去，终于没有人要，而且稿子也不见了，这一部书，好像至今没有人捡去出版过。"根据信中"叙事用文言，对话用白话"一句可以看出《北极探险记》应是一部科学小说。不过，这本译著命运不佳，至今下落不明。因原稿遗失，原作及该书内容至今仍是一个有待发掘的课题。

不过，热爱大自然、对科学探险怀有浓厚兴趣的鲁迅，即便后期困守在孤岛般的上海，仍然以好奇的眼光尽可能地获取最新的信息。读他在1929年6月10日日记："夜同贤桢、三弟及广平往上海大戏院观《北极探险记》影片。（《北极探险记》由美国福克斯公司1928年出品，原名Lost in the Arctic）"又1936年4月15日致颜黎民信中写道："附记：其次是可以看看世界旅行记，藉此就知道各处的人情风俗和物产。我不知道你们看不看电影；我是看的，但不看什么'获美''得宝'之类，是看关于非洲和南北极之类的片子，因为我想自己将来未必到非洲或南北极去，只好在影片上得到一点见识了。"

这也恰恰是一个博物学家的情怀吧。

鲁迅对西北科学考查团的科学考察十分关心，显示了他的远大目光。

1927年至1935年，由中国科学家与瑞典探险家斯文·赫定合作组成的西北科学考察团（全称是"中国学术团体协会西北科学考查团"），在我国大西北开展了多学科的科学考查，是20世纪二三十年代我国最重要的科考活动，不仅成果丰硕，而且是我国第一次以我为主，与外国平等合作的科学考察。当时双方签订的19条协议，其中有"凡直接或间接对于中国国防国权上有关系之事物，一概不得考查""不得有任何借口，致毁损关于历史、美术等之建筑物""不得以私人名义购买古物等"；另外，协议还规定原则上不进行考古发掘工作，但遇有小规模的发掘，"得由中国团长同外国团长执行之"，并规定考古"收罗或采掘所得之物件"，"统须交与中国团长或其所委托之中国团员运归本会保存"，等等。这些条款，一改清末以来外国探险家、科学家在中国境内畅行无阻，任意发掘、考察，并将大量文物和动植物标本掠至国外的屈辱历史，成为以后外国人来华考察与我国签约的典范，其意义十分重大。

西北科学考查团组建时共有团员28人，其中中国团员10人、瑞典团员6人、丹麦团员1人、德国团员11人。后来又各增补团员5人，先后共计38人。为期8年多学科的科学考察，取得了不寻常的成绩，填补了许多学科的空白。例如，在包头的白云鄂博发现的大铁矿，在新疆准噶尔盆地发掘出7个新种的72具二齿兽、恐龙等爬行动物化石，对罗布泊的实地考察，在地图测绘、气象观测、地磁、动植物标本采集、人种学等方面都有不俗的成绩。人文科学领域也取得了引人瞩目的成绩：额济纳河流域发掘出上万枚古居延的汉简（即闻名于世的"居延汉简"），对古高昌国遗址、罗布泊北岸西汉烽火台遗址（土垠遗址）的考古发现，

西北科学考查团在北平西直门火车站出发时部分团员合影
（右三为徐旭生）

对罗布泊地区小河及楼兰古城等多处的考古发现，都是西北考古的巨大收获。

值得一提的是，鲁迅虽然无缘参与考察活动，但是鲁迅的两位朋友却是这次科学考察的关键人物。

一位是刘半农（1891—1934），又名刘复，北京大学教授、著名文学家、语言学家。他是当时成立的中国学术团体协会推举的常务理事，西北科学考查团名义上是中国学术团体协会组织的。双方签订的19条协议，倾注了刘半农的心血。

另一位就是负有全面责任的中方团长徐炳昶。

徐炳昶（1888—1976），字旭生，著名史学家，留学法国，在巴黎大学攻读西洋哲学。学成归国后，先后任北京大学哲学系教授、北京大学教务长、北京师范大学校长。1927年，徐旭生担任"中国西北科学考查团"的中方团长。他知识渊博、为人正直，赢得了全团中外队员的钦佩。

徐炳昶与鲁迅早就相识。鲁迅的《华盖集》收有《通讯》一文，即是鲁迅与徐炳昶往来的4封信，时间分别是1925年3月12日、3月29日（鲁迅致徐旭生），徐旭生致鲁迅信则是同年同月的16日和31日。这是徐旭生主编的《猛进》创刊不久鲁迅给他的信，信中提出针对中国的现状，"现在的办法，首先还得用那几年以前《新青年》上已经说过的'思想革命'……除此没有别的法。""但我希望于《猛进》的，也终于还是'思想革命'。"信中交流了对国民性的看法和办报刊的想法。

鲁迅经常被引用的一段名言，关于如何办通俗的科学杂志，便是出自给徐炳昶的信："单为在校的青年计，可看的书报实在太缺乏了。我觉得至少还该有一种通俗的科学杂志，要浅显而且有趣的。可惜中国现在的科学家不大做文章，有做的，也过于高深。现在要Brehm的讲动物生活，Fabre的讲昆虫故事似的有趣，并且插许多图画的……"这番言论，概括了鲁迅对于传播科学的看法，至今仍有很强的针对性。

1927年，徐旭生担任中国西北科学考查团的中方团长，与斯文·赫定率团出征，以及此前中国学术界维护国家主权的努力，这些频频见诸报端的消息，鲁迅肯定十分关注。

从《徐旭生西游日记》叙言中可以看到，当考查团从大西北回来后，《东方杂志》的编辑立即找到徐旭生，转达了鲁迅先生的约稿要求。徐旭生的叙言写道："东归以后，《东方杂志》的编辑曾由我的朋友鲁迅先生转请我将本团二十个月的经过及工作大略写出来，我当时答应了，可是迁延复迁延，直延到一年多，这篇东西还没有写出来，这是我十二分抱歉的。现在因我印行日记的方便，把这些东西补写出来，权当作日记的叙言，并且向鲁迅先生同《东方杂志》的编辑表示歉意。"可以看出鲁迅先生对于这次中外合作科学考察的高度重视。

他热切地希望徐旭生 "将本团二十个月的经过及工作大略写出来"，把考察中的见闻、科考的发现、取得的成果迅速地告诉国人，这无疑是一次最生动、有影响的科学传播。由此不难看出鲁迅先生的远见卓识。

徐旭生日记的叙言写了六个方面，即西北科学考查团的由来、西北科学考查团的团员、到额济纳河前分队的工作、额济纳河附近及西面大戈壁中的分队工作及其困难、入新疆后的困难及其工作之分配，以及此二十个月中工作的成绩，内容很详尽，但是这些文字仅是《徐旭生西游日记》（民国十九年九月初版，全三册，大北印刷所印制）的叙言，其影响力比鲁迅期待的发表在《东方杂志》上面，恐怕要差得多。

还有一件事与这次科学考察并无直接关系，而是由于斯文·赫定与刘半农从"不打不相识"，转而两人之间建立了相互信任的友谊，于是衍生出斯文·赫定与刘半农相商，拟提名鲁迅为诺贝尔文学奖候选人。

刘半农认为斯文·赫定的建议未尝不是好事，便托鲁迅的弟子台静农写信探询鲁迅的意见。鲁迅收到台静农1927年9月17日的来信，当即于9月25日回复了台静农，予以婉拒："九月十七日来信收到了。请你转致半农先生，我感谢他的好意，为我，为中国。但我很抱歉，我不愿意如此。"

鲁迅拒绝诺贝尔文学奖提名，也是近代文学史上闹得沸沸扬扬的一桩公案，恕不赘述。

鲁迅与植物学

鲁迅一生对博物学的热爱，还突出地表现在他对花花草草的钟爱，这似乎是与生俱来的天性，也是许多博物学者的共同爱好。从《从百草园到三味书屋》的散文中，鲁迅对童年的乐园充满诗意的回忆；他对《花镜》《广群芳谱》《南方草木状》《释草小记》等的痴迷；他带着浙江两级师范学堂的学生，到西湖附近的山丘湖畔采集标本，和三弟周建人一道到绍兴的会稽山采集标本……所有这些，生动地勾画出一个热爱大自然、对植物世界充满好奇的鲁迅的身影。如今在北京鲁迅博物馆陈列室，还保存了鲁迅亲手制作的植物标本；旧居的四合院内，鲁迅手植的丁香依然郁郁葱葱，这些无不是鲁迅博物学情怀的体现。

"在他生前的最后几年……还念念不忘要和我一起翻译法布尔的科学实验著作《昆虫记》，他本来有日文版的《昆虫记》，又托人到国外去买英文版的，给我翻译用。""在那时，因为可看的书报太少了，所以鲁迅想把它介绍进来。"晚年，周建人深情地回忆道。

周建人特别提到《进化与退化》这本著作的出版，是鲁迅经手的，"他就帮我选了八篇'不很专门，大家可看之作'，如：《沙漠的起源，长大，及其侵入华北》《中国营养和代谢作用的情形》等，集成一本小书，名《进化与退化》。鲁迅还写了《〈进化与退化〉小引》，透彻地点出"沙漠之逐渐南徙，营养之已难支持，都是中国人极重要、极切身的问题，倘不解决，所得的将是一个灭亡的结局。"

鲁迅的博物学情怀还可以从他的著译中体现出来。1926年7月至8月，鲁迅在齐寿山协助下，翻译了荷兰作家望·蔼覃（1860—1932）的长篇童话《小约翰》。为此写了一篇不短的《〈小约翰〉引言》和《动植物译名小记》，这两篇文章不仅讲述了翻译《小约翰》的由来，更重要的是，鉴于中国古代文献动植物名称与实物对照的模糊，尤其是植物、动物的中外译名如何统一、规范，提出了很殷切的希望。鲁迅列举了翻译《小约翰》时遇到的树木、昆虫、花草、禽鸟等外文名称，以及考证准确的中文译名的经过，指出："中国的旧名也太难。有许多字我就不认识，连字音也读不清；要知道它的形状，去查书，又往往不得要领……我想，将来如果有专心的生物学家，单是对于名目，除采取可用的旧名外，还须博访各处的俗名，择其较通行而合用者，定为正名，不足，又益以新制，则别的且不说，单是译书就便当得远了。"

1930年10月，鲁迅译日本刘米达夫的《药用植物》，先连载《自然界》同年10月、11月第五卷第九、十期和次年1月、2月的第六卷第一、二期。以后收入商务印书馆的《中学生自然研究丛书》（王云五、周建人主编），书名为《药用植物及其他》。该书出版9个月后（至1937年3月）已印了三版。

还有必要指出的是，鲁迅是我国近代最早提出自然保护这一概念的先行者，并且在当时的历史条件下做了一些开创性的工作。

自1912年起在教育部社会教育司任职期间，鲁迅曾发表《拟播布美术意见书》（载1913年2月《教育部编纂处月刊》第一卷第一册），文中特别强调自然保护（名曰"保存事业"）："当审察各地优美林野，加以保护，禁绝剪伐；或相度地势，辟为公园。其美丽之动植物亦然。"

对中国而言，这是很超前的自然保护的构想，并且将自然保护纳入美育教育的范畴。

与此同时，《拟播布美术意见书》还强调文物保护：凡著名的建筑如伽蓝宫殿"所当保存，无令毁坏"，"其他若史上著名之地，或名人故居，祠宇，坟墓等，亦当令地方议定，施以爱护，或加修饰，为国人观瞻游步之所。"此外，还提到碑碣、壁画及造像的保护，指出："近时假破除迷信为名，任意毁坏，当考核作手，指定保存。"这些已具备自然保护与文物保护法的雏形。

据1912年6月14日日记："与梅光羲、胡玉缙赴天坛及先农坛，考察其地能否改建公园。"可见鲁迅曾参与将旧日帝王坛庙变为人民共享的公园之事。先农坛于民国四年（1915年）被辟为先农公园，1918年改为城南公园。社稷坛于民国三年（1914年）辟为中央公园（1928年改称中山公园）。至于天坛辟为公园的时间是1918年。

北京近代公园的出现，成为现代城市一道美丽的景观，是与鲁迅等前辈的努力分不开的。

参考文献

[1] 鲁迅博物馆,鲁迅研究室.鲁迅年谱[M].北京:人民文学出版社,1981.

[2] 叶淑穗,杨燕丽.从鲁迅遗物认识鲁迅[M].北京:中国人民大学出版社,1999.

[3] 金涛,孟庆枢.鲁迅与自然科学[M].天津:天津科学技术出版社,1979.

[4] 席泽宗.科学编年史[M].上海:上海科技教育出版社,2011.

[5] 陈旭.先农坛史话[M].香港:香港银河出版社,2006.

[6] 陈雅丹.走向有水的罗布泊[M].北京:昆仑出版社,2005.

[7] 王忱.高尚者的墓志铭——首批中国科学家大西北考察实录(1927—1935)[M].北京:中国文联出版社,2005.

[8] 比尔·布莱森.万物简史[M].严维明,陈邕,译.南昌:接力出版社,2007.

周建人漫忆

绍兴周氏三兄弟，"大先生"周树人鲁迅先生，他的文学成就和深邃思想已是举世公认，加上钦定的圣人地位，有关他的研究超过古往今来的文人，这就不必多说。"二先生"周作人岂明先生，也是"五四"新文化运动的一员主将，但是一失足成千古恨，后半生过得也很是惨淡。不过三十年河西之后的今日，岂明先生的遗作又再次受到学界追捧，一版再版。生前老死不相往来的周氏二兄弟，如今成为文坛关注的热点之一，这也是当年蛰居八道湾的知堂老人无论如何也想不到的吧？至于周氏三兄弟中的老三周建人，相比起来似乎很是寂寞，其实无论是治学还是从政，周建人在哪方面都并不逊于两位兄长。再说周建人高寿，活了98岁，经历了晚清、民国、新中国，他本身就是一部生动的历史，只是这厚重的历史还没有引起学界足够的重视。我的这篇小文，就权且作为"抛砖引玉"的一块小石子吧。

（一）

近日翻检达尔文的《物种起源》，无意中发现这部商务印书馆列为"汉译世界学术名著丛书"的著作，三位译者都大名鼎鼎，而且说来也巧，我和他们还有一点小小的因缘，这且放在下面分别介绍。这三位译者依次是周建人、方宗熙和叶笃庄。正文最末尾注明"一九六八年十一月十日第一次修订毕，一九七七年三月廿日再修订毕"。值得注意的是，该书在正文后头，有一篇不长的"修订后记"，由叶笃

《物种起源》

庄执笔，是关于达尔文的《物种起源》在中国传播的重要史料，涉及《物种起源》翻译出版的始末。

"修订后记"谈到《物种起源》的翻译，先介绍了一点历史背景：新中国成立后，曾经出现学习达尔文进化论的高潮，在高校生物系、农学院以及中学普遍设立"达尔文主义"的课程。中学生考大学时，规定要考"达尔文主义"，可见当时的中国重视进化论教育的程度。此言不虚，我当年上中学就学了这门课。不过当年中国引进的是苏联模式的"达尔文主义"，即"所谓米丘林创造性的达尔文主义"，"他们认为，达尔文学说中存在错误和弱点，最主要的是达尔文把马尔萨斯的人口论应用于生物科学，承认生物界存在着'繁殖过剩'，并认为由繁殖过剩所引起的种内斗争是生物进化的主要动力。他们还批判了达尔文的渐进的进化观点和达尔文所谓其他唯心主义的错误。"于是，"一些不愿盲从的人自然而然地产生了读一读达尔文原著的要求，特别是希望读一读阐述达尔文全面观点的《物种起源》，看一看达尔文犯的唯心主义的错误是怎么一回事，"这就涉及《物种起源》的翻译出版了。据叶笃庄讲，当时我国只有1918年由马君武[①]用文言文翻译的《物种起源》，周建人也有一个译本，由香港三联书店出版，"但他谦虚地认为自己的译文还不尽善尽美，于是他约我，我又约当时在人民教育出版社编辑《达尔文主义基础》的方宗熙先生合作，共同重译《物种起源》。"这个重译本先是分三个分册（译完一部分，出版一个分册），由三联书店出版，1954年第一版，其后由三联书店转给商务印书馆，1963年重印，1981年又重印多次。

叶笃庄说，这个"试译本"原打算再版时修订，"由于连续不断的政治运动，这个愿意始终未得实现"。这件事一拖再拖，"周老于去世前曾在《北京晚报》（1983年3月）发表文章说：'我们数人合译的达尔文著《物种起源》，最近又由商务印书馆重新印刷发行了。但在我译的部分有不妥处。我因年迈，已无力重新校订……但我总觉得心里不安。'一位九十多岁的老人在去世前回顾自己一生时，发出这样的感叹，其心情是可以理解的。宗熙1984年去美国讲

---

①马君武（1881—1940），中国近代学者、赴德留学获工学博士学位第一人，教育家、广西大学创建者及首任校长。他翻译的《物种起源》定名为《物种原始》，被列为商务印书馆"新文化丛书"之一。

学前，我曾在北京见到他，他也念念不忘修订这部伟大作品的译文，不料他回国后就溘然长逝了。现在，译者三人中留下尚在人间的只有我一个人了；而我也年逾七十，日薄西山了。"不过值得庆幸的是，叶笃庄先生"用了一年时间，对照原著并参阅日文译本对译本进行了一次修订。"终于使《物种起源》有了比较完善的中文译本。我手头这本《物种起源》注明1995年6月第一版，译者是周建人、方宗熙、叶笃庄，另加"修订者叶笃庄"。

这就是《物种起源》中文译本翻译出版前后的小史。

《物种起源》对人类思想和科学事业均产生了深远影响。2013年10月，英国《新科学家》杂志公布了最具国际影响力的十大科普书籍评选结果，该书排名第一，并被评价为"有史以来最重要的思想"。 由此也可以看出，周建人对《物种起源》的译介及达尔文进化论在中国的传播有重大贡献。

借此机会，也有必要介绍一下《物种起源》的另外两位译者，他们同样是功不可没的。

方宗熙（1912—1985），福建省云霄人，1936年毕业于厦门大学，留校任生物系助教。后来因时局动荡，先后在家乡云霄中学、印尼苏门答腊巨港中学、新加坡华侨中学任教师，一度失业在山区种菜度日。1947年秋，赴英国伦敦大学研究人类遗传学，获遗传学博士学位。1950年6月赴加拿大多伦多大学做研究工作。

1951年2月方宗熙回国，在出版总署任编审，同年7月调任人民教育出版社生物学编辑室主任。就在这个时期，他与周建人、叶笃庄合译了《物种起源》，还有《动物和植物家养下的变异》等书（周建人时任出版总署副署长）。

方宗熙的学术生涯是离开北京以后开始的。1953年，应山东大学副校长童第周之邀，方宗熙到山东大学生物系任教授。1958年10月，山大由青岛迁往济南，他则留在青岛筹建山东海洋学院生物系。1959年3月，山东海洋学院建立后，他先后任该院教研室主任、系主任及副院长。

方宗熙一生的事业是在青岛完成的。据互联网上的信息，他的科学成就主要是对海带遗传育种的研究，"成果主要有：①海带常规育种和有关遗传研究，培育出'海青一、二、三号'海带新品种，并推广了海带常规育种的原理和方法；②海带单倍体遗传研究，选育出性状优良的'单海一号'新品种；③对海带杂种优势的研究获得成功，培育出高产、高碘、抗病性强的杂交种——'单杂10号'；④对裙带菜、紫菜的遗传研究；⑤与美国西伊里诺大学马德修教授合作进行了应用植物微核技术检测环境污染物的研究，在全国建立了检测环境污染的遗传学方法。"他是一位杰出的遗传学家。

值得一提的是，方宗熙还是我国著名的科普作家，担任过中国科普作家协会副理事长，先后撰写出版了有关生命、遗传、育种、遗传工程等方面的科普读物。按照方宗熙先生的经历，在科普领域的有关会议上，我应该与他有过多次接触，但是时过境迁，已经没有太深的印象了。

叶笃庄

另一位翻译家叶笃庄，不仅完成了《物种起源》的修订，而且以毕生精力翻译达尔文全部著作在我国出版，做出了巨大贡献，但是比起周建人、方宗熙，他的一生历经磨难，十分坎坷。

叶笃庄（1914—2000），安徽怀宁人，14岁入天津南开中学。1933年入金陵大学农学院农艺系，1934年自费东渡日本，考入日本东京帝国大学农实科。1937年暑假归国后，积极投身革命，他的经历颇有传奇色彩：他曾在八路军129师386旅政治部任敌军工作干事，参加过七亘村和黄崖底等战役。后来因身体原因转入晋东南军政干部学校任政治教官。1944年在昆明加入中国民主同盟，1945年与曾昭抡等组织民盟北平市支部，担任民盟北平市支部执行委员，从事民主运动，为迎接北平的解放做了许多工作。与此同时，从1946年起到北平解放，叶笃庄先在国民党资源委员会华北经济所任研究员，后在北平农事试验场任副研究员兼农业经济研究室主任。这样的历史背景，注定了以后将给他带来很大的麻烦。

新中国成立后，叶笃庄出任华北农业科学研究所编译委员会主任，全身心地投入到农业科技翻译工作之中。1951年他组织翻译、审校了《米丘林选集》

《米丘林全集》《赫胥黎自传》等。这之后，受周建人委托，与方宗熙重译《物种起源》，据说周建人是通过吴晗找到叶笃庄的。正是这次机遇，使叶笃庄走上了翻译达尔文著作的艰辛之路。

1957年中国农业科学院成立，叶笃庄被聘为研究员。在此后不久的"反右"运动中，叶笃庄不仅被划为"极右分子"，开除公职，而且以"反革命罪"于1958年被逮捕，判刑10年。详情不得而知，查不到有关这桩冤案的文字档案，不知道叶笃庄当年蒙受了哪些苦难，也不知道他被关在哪个监狱里服刑。在互联网上这一段蒙难史全是空白。直到1968年，他本该刑满释放，岂料正遇上"文化大革命"，于是"留场就业"。1968—1976年，在白湖农场就业。1976年安排在安徽省怀远县荆山湖渔场，为二级渔工，直到1978年。这是整整20年。

2010年6月方实的文章《怀念我的哥哥叶笃义》中写道"我们是一个有十几个兄弟姐妹的、非常和谐的大家庭。在这个大家庭里，他行三，我行九。"叶笃庄也是他们弟兄中的一个，文章主要写叶笃义，也有一段涉及叶笃庄："叶笃庄是搞农业的专家，他很早就参加了民盟，曾被选为中央委员，1957年也被划为'右派'。随后又被抓进了北京的一所监狱。我当时很不解，因为'右派'一般是不关进监狱的。1962年6月，他被从监狱放出来，我就去看他，问抓他的原因，他不敢讲。过了一段时间我又去看望他，他才说：'抓我的原因是说我是美国特务。我被放出来时，监管人员对我讲，你出去不向别人说你的案情，就没有事了。所以我不敢说。'他告诉我，他被定为'美特'是两件事：一是1945年他在民盟时曾受周新民（当时是民盟的一位负责人，是一个老的地下党员，新中国成立后曾任长春市市长）的指示，到美国驻中国的军队中当翻译。再一件事是，1946年，叶笃庄到北平，国民党高树勋部在晋冀鲁豫地区起义了，民盟就想在这支部队里建立支部。正好有一个美国进步记者要到晋冀鲁豫采访，民盟就让他以给这个记者做翻译的名义，到那里去建立民盟支部。当时徐冰在北平军调部任我方代表。叶笃庄在北平与徐冰相识，经请示徐冰，徐冰同意，并给刘伯承、邓小平发了电报，刘邓接见了叶笃庄和这位美国记者。我听后说：这两件事都有党内高级干部作证明人，不会成什么问题的。

我当时就想通过新华社的党组织去找周新民和徐冰来做证明。但是，八届十中全会开过后，阶级斗争这根弦又绷紧了，叶笃庄在出狱一个月后，又被法院收监，而且立即开庭，以'美特'罪名判处10年徒刑。'文化大革命'前他被安置在安徽的一个劳改农场作渔工，不料想1968年又被押解到北京，关进秦城监狱，主要是要他交代和徐冰的特务关系。"

如今，有一首流行歌曲《时间都去哪儿了》，叶笃庄的遭遇也算得上是一个很有代表性的事例吧。

1978年，中国农业科学院党组认定叶笃庄"右派"是错划，予以改正，恢复了叶笃庄的政治名誉，恢复四级研究员，恢复公职。1979年8月北京市高级人民法院再审查明叶笃庄原判以反革命罪论处不妥，应予纠正，宣告无罪。

互联网上还记录了叶笃庄念念不忘翻译达尔文著作的几件感人的事：

1957年"反右"停职反省期间，他利用反省的时间，居然译完了达尔文的巨著《动物和植物在家养下的变异》下卷，约33万字，以小女叶晓的名字出版。

另外，1958年入狱后，征得狱方同意，他让家人寄来《人类的由来及性选择》原著、日文译本、马君武的旧译本，以及赫胥黎《短论集》原著和郑易里《英汉大辞典》，叶笃庄开始了艰难的翻译历程。没有稿纸，他就用蝇头小楷把译文写在日文译本的行间，笔尖用秃了，就在水泥地面磨尖了再用。就这样，花了两年多时间终于完成了这部著作的翻译工作。他把译稿暂存在天津的哥哥家中。不料"文化大革命"扫"四旧"，译稿难逃付之一炬的命运。他又从姐姐家里取回存放的原著，重新再译。1982年科学出版社决定出版此书。

叶笃庄以顽强的毅力克服病痛的折磨，倾注毕生心血完成的《达尔文进化论全集》共13卷15册，经过近十年的努力，终于在1998年由科学出版社全部出齐。另有3本达尔文著名译著在台湾商务印书馆出版。自20世纪50年代末，叶笃庄蒙冤受屈，历经磨难，直至84岁高龄才完成了近500万字的巨著《达尔文进化论全集》的翻译、修订和校定，并摘要完成30万字精华本《达尔文读本》的编撰工作，使进化论名著在中国完整、系统地面世。

1999年，一个风和日丽的秋日，我从供职的科学普及出版社步行到马路对面的中国农业科学院大院，由南门入内向东拐，在一片单调无特色的宿舍楼群中，一幢白色的楼被高高的铁栅栏围起，房子比周围的老宿舍规格较高，但总觉得有点像是监狱。经打听，这是农科院的高知楼，我要拜访的叶笃庄先生就住在这儿三楼一个单元。

我来拜访叶老的目的是向他借一本书，达尔文著的《贝格尔舰环球航行记》，这是《达尔文进化论全集》中的一册，由于该书印数少，我又急着查找其中的资料，经朋友介绍，于是就近去找叶老求教，也顺便探望心仪已久的大翻译家。

我所见到的叶老已届84岁高龄，身材颀长，腰板硬朗，穿一件白衬衫，花白的头发梳剪得体，衣着整洁，言谈举止一看就是一位很有修养的老学者，但年事已高，有些消瘦，脸色苍白，因此我不敢多打扰，开门见山说明来意。客厅里除了几把椅子外，也没有什么摆设。老人坐在我对面一张高背椅子上，我瞥见他背后的白墙上挂着一幅条幅，是李锐的一首七言诗，内容是赞颂叶老身陷囹圄坚持翻译的执着和追求。我本想由这首诗请叶老谈一谈他的经历，转念一想，这是一个过于沉痛的话题，不能随随便便触动它，于是话到嘴边又咽回去了。

我这次拜会叶老没有深谈，因为面对这位命运多舛的老人，你哪怕只谈达尔文，谈翻译的甘苦，都无法避开那些辛酸的往事和不堪回首的屈辱岁月。想到我自己马上也要退休了，从此将远离那纷纷扰扰的大舞台，我也丧失了当年访谈名人的勇气。一个星期后，我把借的书送回。在我走下楼梯时，那寂寞的房门轻轻掩上了。我知道，那不仅是一扇普通的门，一扇历史之门在我身后关上了。

转年，我听说叶老离开了这个世界……

（二）

1976年12月15日，收到周建人的秘书冯仰澄赠送的《回忆鲁迅》，这本书是上海人民出版社1976年9月出版的，也许是因为书中的多数文章是秘书代笔，

《回忆鲁迅》

同时也有很多那个时代"穿靴戴帽"的废话，周建人对这本书似乎并不满意，因此给我的这本书周建人没有题字。不过，今天看来，如果剔除那些附加的语录和应时的政治口号（那是当时所有文章都需装饰的"革命花絮"），我们从《回忆鲁迅》的许多文章中，可以真切地了解周建人从踏入社会的青年时代就热衷于科学传播事业，而且他的这些开拓性的科学普及创作活动，始终得到了鲁迅的支持与鼓励，就这一点来说，这在中国科普史上也是值得浓墨重彩地写上一笔的。

周建人本来也有机会入学深造的。由于父亲早亡，两位兄长到南京路矿学堂上学，不久东渡日本。他看到母亲孤苦一人在家，这个孝子终于没有再出去上学，选择自学成才。后来他在绍兴多所小学、女校任教师、校长，钻研植物生物学科，撰成《会稽山采物记》等。

1919年，周建人迁居北京；1920年入北京大学旁听攻读哲学。他次年至上海，任上海商务印书馆编译所编辑，前后23年，潜心研究生物学，并从事著译工作，他在《东方杂志》《妇女杂志》《自然科学杂志》上发表文章，普及科学知识是其中一个重要话题。1923年应瞿秋白邀请，他在上海大学讲授进化论，并先后在神州大学、上海暨南大学、安徽大学任教授。抗战胜利后，周建人任生活·新知书店编辑。这期间他担任中小学动植物教科书、自然科学小丛书的编辑。由他编写的教科书生动活泼、图文并茂，曾长时间为全国中小学所采用，对于普及科学知识起了重要作用。

在编辑之余，他写了许多科普小品。他和同时代的贾祖璋先生有类似经历，完全是自学成才的科普作家。

周建人热心科学普及，固然是他本人兴趣使然，长期坚持不懈、刻苦自学的结果。不过值得一提的是，周建人取得的成绩，与鲁迅的热情鼓励与支持是分不开的。在中国科普史上，这是一位大作家和一位科普作家兄弟俩书写的友情佳话。

鲁迅生于1881年，比周建人大7岁，对于小时候兄弟结伴而游的往事，周建人直到晚年仍记忆犹新："在绍兴，鲁迅继续做采制植物标本的工作。有几次，他约我一起，出城六七里，到大禹陵后面的会稽山采集。有一次，先在一座小山上采了两种植物，后来又攀上陡峭的山崖，采到一株叫'一叶兰'的稀见植物。还有一次，我们一起到镇塘殿观海潮，潮过雨霁，鲁迅见芦荡中有野菰，正开着紫花，他就踏进泥塘，采了几株，皮肤也让芦叶划破了。鲁迅有一篇《辛亥游录》，记的就是这两件事。"（第50页）[1]

鲁迅一生对自然科学的热爱多年来深深地影响了周建人，兄弟俩在这方面有许多共同话题。鲁迅早期的著作和翻译作品内容还是以自然科学的居多，如1898年的《蒔花杂志》，1903年的《说镭》《中国地质略论》，与人合编《中国矿产志》、译《月界旅行》《地底旅行》，1904年译《北极探险记》，1907年作《人之历史》《科学史教篇》，1930年译《药用植物》等。"在他生前的最后几年……还念念不忘要和我一起翻译法布尔的科学实验著作《昆虫记》，他本来有日文版的《昆虫记》，又托人到国外去买英文版的，给我翻译用。""在那时，因为可看的书报太少了，所以鲁迅想把它介绍进来。"周建人深情地回忆道。

"解放前有一段时间，我搞生物学研究，鲁迅给了我许多帮助。他在日本留学时，送给我解剖显微镜、解剖刀等解剖工具，还送给我一本当时德国著名植物学家的教科书。到上海以后，又多次给我买动物学方面的书。当时，我常翻译一些有关科技的文章，在报刊上发表。这些文章，鲁迅每每阅读，而且在见面时加以评论，鼓励我坚持下去。译得多了，鲁迅就鼓励我编辑出版，以期对普及科学知识有所裨益。"（第54页）[1]

周建人特别提到《进化与退化》这本科普著作的出版，是鲁迅经手的，可见鲁迅对科学普及重视的程度。"他就帮我选了八篇'不很专门，大家可看之作'，如：《沙漠的起源，长大，及其侵入华北》《中国营养和代谢作用的情形》等，集成一本小书，名《进化与退化》。（当然，从现在的科学发展看，内容已有点陈旧了）鲁迅还给这本书写了《〈进化与退化〉小引》，透彻地点出"沙漠之逐渐南徙，营养之已难支持，都是中国人极重要、极切身的问题，倘不解决，所得的将是一个灭亡的结局。"（第70页）[1]

①周建人著《进化与退化》，1930年7月光华书局出版。鲁迅《〈进化与退化〉小引》收入《二心集》。

很惭愧，我读周建人的书不多，周建人的科普作品有《进化与退化》《花鸟鱼虫及其他》《科学杂谈》《论优生学与种族歧视》《哺乳动物图谱》《田野与杂草》等；主要译作除了三人合译的《物种起源》外，还有《吸血节足动物》《生物进化论》《原形体》《生物学与人生问题》《优生学》《赫胥黎传》《生物进化浅说》等。

这些书，现在已经很难见到了。

如果能够精选若干代表作，出版一本《周建人科普著译集》，对于研究中国科普史，研究周建人科普创作的特色以及在中国科学传播史上的地位，我以为都是有所裨益的。

（三）

我和周建人仅见过一面。

那是1983年5月间，国内某地发生殴打教师的恶性事件，详情因时间太久记不得了，反正这件事引起了中央领导同志的关注，于是以文教为特色的《光明日报》作为一个重大案例开展了系列报道，除了刊发记者现场采访事件的前前后后外，也在北京组稿，邀请社会各界知名人士发表谈话，以造声势，扩大影响。这当然是一件有价值的新闻事件，对于保护教师合法权益，维护学校教学秩序等都是必要的。

我当时是该报记者。正是在这个背景下，采访周建人先生的任务便由我来担当了。

当年，采访周建人也不容易，他老人家是全国人大常委会副委员长，党和国家领导人。幸好我以前就和周建人有联系，因此给他的秘书冯仰澄同志打电话，我和冯秘书算是比较熟悉，说明采访意图，冯秘书请示后回电话，说周建人同意接受我的采访，事情就这样定下来了。

到了约定的日子，我早早地赶到北京西城离新街口不远的护国寺大街。这儿名为大街，实际上只是比较宽的一条东西向的胡同。不过，这条大街有一处人民剧场，中国京剧院的演出地，因而很有名气；另外，护国寺的小吃在北京也很有名，街上饭馆、小吃店也多。

周建人的寓所就在这条热闹的街上，一处很寻常的四合院，坐北朝南，入大门有不大的院子，刚从长长的冬日苏醒过来的花木新枝吐绿，浴着融融的春光，令人耳目一新。冯秘书迎出来，一再交代说，周建人年事已高，视力很差，有一只眼睛视网膜脱落，希望采访时间不要太长，不要让老人累着了。

也许因为是个难得的晴朗而又温暖的日子，所以我对周建人的采访就在院子里进行。事先摆好一张很旧的藤椅，秘书搀扶着周建人从屋子里走出。老人精神矍铄，腰板挺直，手持扶拐，缓步走来，坐在藤椅上，那张磨得发亮的旧藤椅，扶手破损之处用白塑料绳捆绑加固，给我印象很深。在周氏三兄弟中，周建人和鲁迅长得模样十分相似，矮矮的个头，方正的脸膛，浓眉隆鼻，有一撮显眼的短髭，除了脸上的老年斑外，似乎看不出他已是95岁高龄了。

那天，周建人身穿一套黑灰色呢子中山装，很旧的衣服。老人身居高位，衣着如此朴素，这也是令我感到很惊讶的。我坐在一张木头椅子上，面对着慈眉善目的老人。他说话有浓重的绍兴口音，声音不高，抑扬顿挫，但我的脑子里始终难以摆脱一个挥之不去的错觉，我面对的似乎是活着的鲁迅，那样平易近人，那样和蔼可亲。

周建人对我的采访意图十分清楚，寒暄几句，采访便正式开始。

首先，他对这一起殴打教师的恶性事件表示十分气愤，他说这几天看报纸，十分关注事件调查的进展，特别指出：在粉碎"四人帮"已经多年的今日，全社会都在提倡"尊师重教"，发生这类事件是不能容忍的。而且，类似的事件近年来已经发生多起，影响十分恶劣。

周建人接着很动感情地说起自己早年的经历，"我年轻时就当过多年的小学教员，在老家的僧立小学、绍兴小学、明道女校和成章女校，都当过'孩子王'，我那时年纪也不大。"周建人说："所以我对小学老师的生活是有亲身体会的，他们的工作很繁重，但薪水低，待遇低，生活很清苦，全社会应该关心他们。"

周建人是中国民主促进会的创始人，曾任民进中央主席，所以他接着又谈到"民进"作为八个民主党派之一，它的成员有相当一部分就是教师，"民

附录

进"作为代表广大教师的民主党派，理所当然关注这一事件，也希望党和政府认真处理这一事件，以落实对广大教师的政策，这对于调动广大教师的积极性是非常必要的。

我很感谢周建人接受我的采访，有关这次采访的报道，很快就在《光明日报》发表了（具体日期不记得了）。我当时心里还有很多话，想借机当面请教周建人：他和鲁迅、周作人的童年回忆，他本人的翻译和科普创作活动，鲁迅的死和日本医生，等等，可是想起冯秘书一再叮嘱，话到嘴边又咽回去了。于是，我的犹豫使我永远失去了一次良机。

聊可告慰的是，在采访结束时，应我的要求，周建人同意和我合影，于是留下了一张有历史价值的照片。

在这次采访之前，我与周建人还有过几次间接的交往，这里也顺便提一下。大约在20世纪70年代中期，广西玉林地区文化局一位朋友来信说，当地打算在桂平县金田村立一块碑，以纪念太平天国起义，作为历史遗迹加以保护，希望我能帮忙找一位知名人士题写几个字。为此我请我的同事、《光明日报》资深记者黎丁先生帮忙，找郭老（郭沫若）题字。郭老是著名历史学家，大

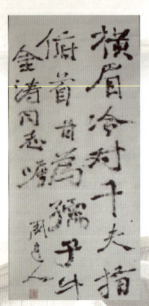

周建人墨宝

书法家，当然很合适。不料过了几天，黎丁先生告诉我，郭老的秘书回电话说："郭老最近身体不太好，手发抖，写不了了……"于是只好作罢，并将结果告诉了广西的朋友。

不料，他们仍不罢休，提出在人大常委会副委员长当中，周建人也很合适，他的字也很好，能否求周建人题字。于是我便给周建人的秘书打了电话，这一次意外的顺利，不久周建人的墨宝就由中直机关的内部交通转来，是写在宣纸上的三个遒劲有力的大字"金田村"，落款是"周建人×年×月×日"。我很高兴，立即寄往广西玉林，刻石勒碑去了。

也就在这之后不久，周建人也赠我一纸墨宝，这便是鲁迅先生著名的诗句："横眉冷对千夫指，俯首

甘为孺子牛。"这幅珍贵的墨宝至今仍挂在我书房案头，时时提醒我。

最近，因为写这篇回忆文字，翻箱倒柜，居然找出周建人一封信，信写在一页普通的白纸上，墨水字迹已经褪色，勉强辨认，全文如下：

编辑同志：

思想科学初探一文如可用，末了请代加一句："怀念老友陈建功博士一文中，往时三次应改为二次。"为荷。

又，该文稿如不适用，请退回，为荷。

致

敬礼

周建人启
五月十六日

这封信的落款没有具明年份，但信中提到"怀念老友陈建功博士"这句话，提供了一点线索：查陈建功先生乃浙江绍兴人，生于1893年，著名数学家，中国科学院学部委员，曾任浙江大学、复旦大学、杭州大学教授，他长期担任杭州大学副校长、中国数学会副理事长和浙江数学会理事长，浙江省科学技术协会主席，全国人民代表大会代表，九三学社中央委员，1971年4月11日逝世于杭州。由此推断，周建人这封信写于1971年是比较合理的。

至于这封信为何在我手中，估计是当年周建人让他的秘书转给我，让我去办理。至于《思想科学初探》一文是否见报，详细内容如何，如今没有印象了。

林可胜，历史不会忘记的名字

关于林可胜，在海峡两岸知道的人大概很少了，长期以来他在人们的视线中消失。在一些与他的生平有关的纪念活动中，由于这样那样的忌惮，他的名字被有意或者无意地抹掉了，似乎历史是可以任人拆掉又重新编织的一件过时的毛衣。

然而时间是最公正的，随着偏见的雾霾逐渐消散，许多历史人物的真实面目终于浮现出来，从而获得公正的符合实际的评价。同样，林可胜这个被遗忘的名字，将会在中国现代科学史上重新闪耀。而且更加重要的是，在中国人民反抗日本法西斯的全民抗战中，林可胜的功绩将永垂青史。

我最早听到林可胜这个名字，还是在同严济慈先生的一席谈话中。

20世纪80年代末至90年代，我为写严老的传记，在他的寓所进行了多次访谈。在谈到抗战期间许多难忘的经历时，这位爱国的老科学家激动不已，尽管是几十年前的往事，严老仍然记忆犹新。

1937年严济慈到法国出席法国物理学会理事会。由于严济慈在物理学研究领域的出色成就，1935年他被法国物理学会推选为理事，这是他第一次出席法国物理学会理事会。此外，还有几个会议是必须参加的：他的导师、法国科学院院士、巴黎大学著名物理学家夏尔·法布里教授退休的庆祝会；作为李石曾（北平研究院院长）的助手出席国际文化合作会议……不料，他刚到巴黎一个星期，震惊中外的"七七事变"爆发了。开完了几个会，严济慈打算立即回国，每天打听开往中国的船期，筹划回国的日程。当时许多法国朋友劝他留下，把家眷接到法国来。他们说："你现在回去干什么呢？"严济慈拒绝了法国友人的好意，执意要回到祖国。

1938年，严济慈踏上返国的漫长旅程，从巴黎前往马赛，中途经过里昂。《里昂进步报》记者前来采访，要他就中国的抗战形势发表看法。严济慈表示：中国绝不会灭亡的。中国人民的抗战是正义的事业。不管战争要持续多久，情况多么险恶，最后的胜利必将属于中国人民，他说："作为我个人来说，我将和四万万同胞同赴国难。我虽一介书生，不能到前方出力，但我要和千千万万中国的读书人一起，为神圣的抗战奉献绵薄之力。"

严济慈在香港上岸，决定把北平研究院物理研究所（严是所长）搬迁到云南，又让仍在北平的妻子带全家老小南下，然后一家人坐船到安南的海防，再坐火车由老街到昆明。

他们在昆明北郊的黑龙潭龙泉观安顿下来，但北平研究院的仪器、书籍，有的无法搬运，有的在逃难中丢失，物理所搬是搬来了，也无法做研究。而且，形势

中国邮政发行的严济慈纪念邮票

的剧变也不容许他们从事纯粹的科学实验，严酷的战争促使他们投身于战时的需要，于是他们这些文弱书生毫不犹豫地服从战争的召唤，立即以行动为祖国的神圣抗战奉献自己的全部智慧。凡是抗战需要的，他都乐于承担。当时敌机频繁空袭大后方，防空警报器的自动控制系统遂成为亟待解决的问题，就在这时，军政部兵工署一位署长来找严济慈，他是湖南人，曾留学德国，他提出要物理所做一批显微镜和军用无线电收发报机。附近一家中央无线电厂也要求提供大批光学玻璃和无线电通信用的压电水晶振荡器，供后方电台使用。严济慈听说这些项目关系到我军的技术装备和千百万同胞的生命，立即接受了这些仪器的生产任务。这种石英片（即水晶）由于有固定的振动频率，可以带动所有的警报器同时鸣起防空警报；也因为有固定的振动频率，防止了各电台间的互相干扰。

严济慈在昆明招了一些中学毕业的年轻人作学徒，培训他们。他也和大家一起磨玻璃，磨镜头，制作石英振荡片。在几年的时间里，他们研磨镜头，认

真装配，严格检测，一共生产了1000多片稳定波频用的优质水晶振荡片，并为驻昆明的美军和驻印度的英国皇家空军研制了急需的水晶振荡片；制造了500架放大1400倍的显微镜，还有 50套缩微胶片放大显影器，300多套步兵用五角测距镜和望远镜，供我军和英国驻印度军队，以及前方和后方的医院、学校使用。这是我国第一批自己制造的光学仪器，以前都要进口。更重要的是，他们因此培养了一批光学仪器和精密仪器制造的骨干。抗战胜利后，这批人到了东北、西安、上海，还有十多人到了北京等地办光学研究所，并成为骨干。

1943年3月，英国著名科学家李约瑟（《中国科学技术史》的作者，时为剑桥大学生物化学系副教授）在北平研究院代理院长李书华陪同下，曾到黑龙潭物理所访问，在他的著作《战时中国之科学》（徐贤恭、刘建康译，上海中华书局，1947年）中，介绍了严济慈在抗战期间指导物理所从事军需品制造的情形，称赞物理所"完全转向了战时的工作"。李约瑟访问了大后方的许多大学和科研机构后，在接受《新华日报》记者采访时说："中国科学家在战前最乡僻而毫无科学便利的地方，从事实验室建造与工作，表现了坚毅与英勇的决心，时时使余惊讶。"（《李约瑟与中国古代文明图典》，王钱国忠、钟守华主编，科学出版社，2005年）

1943年11月，严济慈因"发明磨制晶体新法对国防科学颇有贡献"，经国防科学技术策进会推荐而受到国民政府奖励。

1946年，抗战胜利后，由于对抗日战争的贡献，严济慈获得国民政府颁发的三等景星勋章……

谈到这里，严老提到了一个陌生的名字，这个名字就是林可胜。

严老说："当时国民政府给我和林可胜大夫颁发勋章，没有举行什么仪式，只是报上发了消息。"他接着又补充道："林可胜大夫是协和医学院的。他通过美国医学界同行和美军的医生，为解决抗战急需的药品做了很大贡献……"这是我第一次听到林可胜的名字和极其简短的介绍。

不知道当年获此殊荣的是否还有其他的科学家，但90高龄的严老对林可胜在抗战期间的功绩十分敬佩，留下很深的印象。这固然也是惺惺相惜的缘故，因为他们都是在同一时期，离开了自己的实验室，把全部智慧和力量投入全民抗击日本法西斯的神圣事业。是战争召唤了他们，给了他们施展才华的另一个人生舞台。

严济慈多年后仍然记得林可胜的名字，还有一个重要原因。这就是严老知道林可胜不仅是一位伟大的爱国者，还是一位杰出的科学家。严济慈是物理学家，林可胜是生理学家，1948年5月25日，严济慈和林可胜同时当选为第一届中央研究院院士，首批中研院院士共81人，经民主推选产生，其中数理组院士28人，生物组院士25人，人文组院士28人。严济慈为数理组，林可胜归生物组。有人评论说，在首批中研院院士这81人中，随便哪一个名字，都是当时中国学术界最出色的人才。这是恰如其分的。

林可胜

严老说："（1948年）9月下旬，中央研究院在南京开院士会，我从北平到天津坐船到南京，会议期间，蒋介石在总统府请大家吃饭。到总统府时，前面是几部小车，我们这些院士坐大卡车，我们在车上开玩笑说'大人坐小车，小人坐大车'。"

在这次院士会上，严老与林可胜之间交流的详情当年没有细谈，但这是他们最后的晤面，因为严济慈开完院士会即回昆明，旋即于1949年2月回到北京，而林可胜在同一年5月去了美国。

林可胜是怎样的人，他的辉煌一生详情如何？是我深感兴趣的。

1937年7月7日，卢沟桥的炮声震撼着北平，中国人民抗击日本侵略者的神圣战争终于全面爆发了。此时，林可胜正在欧洲，他和严济慈一样，立即日夜兼程返回祖国。回到北平后，他把协和生理系的事务作了妥善的交代。

林可胜和许多人一样感受到战争的召唤，思考着下一步该怎么办？对于战争这个恶魔，它的惨烈和残酷，林可胜一点儿也不陌生，那不是从电影或书本中间接获知的皮毛印象，他曾经和战争打过很长的交道，在血雨腥风中，在和受伤士兵的亲密接触中，感受过战争的氛围。

早在1914年夏天，第一次世界大战爆发时，林可胜就是现役英军准尉，作为一名外科军医，在英国朴茨茅斯附近、在法国南部从事战地救护训练。那时他不到20岁。现在，战火就在祖国的大地燃烧，同胞正在遭受苦难，而千千万万英勇的将士正在浴血奋战，每天都有人在流血，都有人受伤，作为一个中国医生，他别无选择，他要为抗战贡献一份力量。

林可胜，祖籍福建省海澄县。1897年10月生于新加坡。他出生于崇尚科学的华侨之家，其父林文庆，毕业于英国爱丁堡大学，获内科学士和外科硕士学位，回新加坡后边行医边从事社会活动，曾创办新加坡第一所女子学校——中华女校，后结识孙中山先生，担任其机要秘书和随行医生（一度担任南京临时政府内务部卫生司司长），1921年出任厦门大学首任校长。林可胜的母亲黄端琼是著名老同盟会会员黄乃裳之女，是最早留学美国的中国女学生之一，任教于新加坡中华女校。另外，值得一提的是，林可胜的姨父伍连德医师是我国现代医学的奠基人之一，也是我国现代检疫与防疫事业的先驱，中华医学会的创始人，1910—1911年，他临危受命，负责组织扑灭在东北暴发的肺鼠疫大流行。1911年4月，由伍连德主持的"万国鼠疫研究会"国际医学学术会议在沈阳召开，他因此在1935年成为中国第一位诺贝尔医学或生理学奖的候选人。

林可胜8岁时被送往英国苏格兰，读完中学后即考进父亲的母校爱丁堡大学。1914年夏天，第一次世界大战爆发，因他有英国国籍须服兵役，被分配在英国南部朴茨茅斯附近的印军医院当外科助理医生（另有一说法，他奉派法国南部，任英印军准尉，从事新兵战地救护训练）。战后他仍回爱丁堡大学，1917—1918年担任生理学大师谢弗的助教，并连续在学刊上发表论文，深得谢弗赏识。1919年以优异成绩连续获得医学内科学士和外科学士的学位，被破格聘为生理学讲师，担任组织学课程教学，继续随谢弗从事生理学研究。1920年获得哲学博士学位，被聘为高级讲师。1923年当选为英国皇家学会会员。

为了回国创业，并希望广开视野，增进学识，1922年林可胜致函美国洛克菲勒基金会驻华医社盼能获得资助，前往美国与欧洲大陆游学，得到驻华医社的批准，并希望他能前往该社设立在北京的协和医学院任职一年，以代理该院生理系主任克鲁克山克的职务，后者须休假一年。正是这个机遇，改变了林可胜的一生，也对中国的生理学研究产生了深远的影响。1923年，林可胜先到德国，后以美国洛克菲勒基金会研究员之衔，赴芝加哥大学在著名生理学家卡尔迎教授门下从事消化生理研究，一年后游学结束，又获母校爱丁堡大学颁授的科学博士学位。

1925年，林可胜回到祖国，应聘任北京协和医学院生理学客座教授兼系主任，1927年成为协和第一位华人教授。原先驻华医社只是希望林可胜在协和代职一年，然而由于他的出色业绩，自1925年至1937年，他任职协和生理系整整12年。这个时期，他的成就主要是带出了一支高水平的科研团队，在生理学领域取得了第一流的研究成果，为中国生理学奠定了基础。

林可胜到任后，与他系合作开设了新的课程，又先后吸收了对科研有兴趣的学生如柳安昌、卢致德、冯德培、侯祥川、林树模等人一同开展研究，林可胜的主要研究工作是胃肠道生理和神经生理。他精于动物外科手术，做了许多有关胃的生理学研究，其中一项重要发现是进食脂肪时，可抑制家犬胃的蠕动和分泌，从而判定这是一种化学作用，当脂肪通过小肠时，会刺激小肠分泌一种抑制胃的激素，林可胜命名为"肠抑胃素"。参与这项研究的有冯德培、侯祥川、柳安昌和小隆雄（日本学者）等。

他的另一项重要成果是在循环生理方面，对心、血管中枢生理作用的阐明，位于延脑的心、血管中枢，有加压区和减压区。他与陈梅伯、王世浚、易见龙等发现，加压区不仅与升高血压有关，实际上是一副交感神经中枢，具有各种副交感神经的作用。

林可胜是中国早期能开展高水平科学研究的为数极少的科学家之一。他的研究成果位居国际同类成果前沿，代表当时世界最高水准。

林可胜在协和期间培养了一批生理学的业务尖子，他主持的协和生理学系，教学科研均居各系之冠。他吸引了大批对生理学有浓厚兴趣的本科生和研究生到协和。为了解决其他医学院和生物系的生理学师资，他首创"进修生"制，招收全国英才。由于他的言传身教，他的助手和进修生日后很多人成为知名的生理学家。

林可胜对中国科技发展很多方面起了很重要作用。他创办了英文的《中国生理学杂志》，是中国生命科学研究的唯一杂志，内容涵盖了生命科学多个领域，质量之高，在中国自然科学学术刊物中首屈一指。

林可胜也曾任过中华医学会会长。

然而，面对日本帝国主义的侵略，林可胜义无反顾地与他钟爱的学术研究生涯告别，投身于抗战的洪流中去。根据第一次世界大战前后近四年的从军经历，他深知自己的岗位该在什么地方。他知道，个人的力量毕竟有限，他必须动员更多的同行和他的学生们，一起参与进来。他还要充分利用自己在学术界的影响和社交网络，甚至他的华侨身份，争取海外侨胞和西方社会各界为中国的抗战出钱出力。

林可胜是个说干就干的人，安排好协和的事务，他躲过日军监视，逃出北平，把子女护送到新加坡，安顿好家事后，立即经香港赴南京参加抗战，应国民政府卫生部部长之邀出任中国红十字会总干事。随后他只身回到武汉，组织中国红十字总会救护总队，由他担任总队长，在他的感召下，立即响应者有700多人，协和南下医护人员几乎全部参加。经过一番组建，救护总队计有9大队，84个小队（后扩充为123小队），每小队15至20人，分为救护队、医疗队、X光队、防疫队和环境卫生队等，担负起辅助军医和战区防疫的任务，成为抗战一支重要的力量。

鉴于战争的持久性和医护人员的紧缺，林可胜先后在长沙和贵阳图云关创设救护总站，举办战时卫生人员训练所和训练示范病房，以培养战地医护人员，此外，还附设药品及医疗器械制造厂。当时的卫生人员训练所，实际上集中了医学包括基础医学在内各方面的专门人才，规模之大，人才之众，远远超过国内任何一所医学院，前后训练近2万人，救护总站先后派遣了100多个救护队分赴各战区，并在5个战区设立分站，有力地支持了抗战。

抗战初期，前线由于缺医少药，伤兵得不到及时的医护，往往轻伤转重，重伤致死，严重影响了士气和战斗力。自救护总站在前线设立战地医院后，情况大有改进。伤兵运到后，及时加以医治，轻伤者痊愈后即重返战场，重伤员则经过紧急处置后，转移到后方医院。

由于林可胜的国际声望，中国红十字总会救护总队成立伊始，得到国际进步团体、个人以及爱国华侨的广泛支持，获得大批捐款、捐赠的药品和医疗器械。林可胜每年1至2次亲赴美国募捐，在他执掌中国红十字总会救护总队6年期间，据统计共募得6500万美元，平均每年1000万美元，以当时汇率计，这是一个非同小可的数字（1937年中国与美国的第一笔贷款协议，即桐油借款为2500万美元）。

著名爱国华侨领袖陈嘉庚在1940年率领南洋华侨慰劳团回国慰问，亲眼目睹林可胜的敬业精神和非凡业绩，深受感动，极表赞许，当即主动应承逐月由南侨总会捐助救护总站。

救护总站始终得到宋庆龄领导的保卫中国同盟的大力支援和帮助。当年，有一位德国人王安娜，她是中共地下党员王炳南（曾任周恩来政治秘书、新中国成立后历任驻波兰大使、外交部副部长、对外友协会长）的妻子，也是奉宋庆龄之命与救护总站联系的特殊人物。王安娜经常对红十字会的工作和伤病员及难民情况作出书面报告，及时对外报道宣传，扩大了中国红十字总会救护

抗战时期的林可胜

总队的影响，并协助将募得的大量捐款、医药物品和物资转交。王安娜在她的回忆录《嫁给革命的中国》（李良健、李希贤校译，生活·读书·新知三联书店，2009年）中，比较详细地回顾了对林可胜的印象，以及中国红十字总会的工作：

"……到达长沙，我们访问红十字会办事处，受到林可胜博士的热烈欢迎。林博士是位年轻的看来精力充沛的医生。他是新加坡出生的华侨，著名的科学家。他在英国的爱丁堡留学，取得好几个学位后回国，战争开始时他是北京大学（误，应为协和医学院）的教授。战争爆发后，他立刻抛弃优越的职位和科学家的生活，向政府要求参加抗战服务工作。我们在林博士处遇到的军部卫生部部长卢致德博士，也是一位与林一样选择了这条道路的人。我们倾听这两位医生的谈话，听他们谈到工作的内容和困难。我们在交谈时，也不知喝了多少杯茶，那纠缠不休的蚊子，用圆蒲扇驱去又来，令人不胜其扰。

"……到了1938年夏天，中国全军仍只有275所野战医院，共计22.3万张病床。而且，这些野战医院——我亲自看过的——大多数只不过是肮脏的洞穴；衣衫褴褛的伤病员，大都只能睡在木板上或泥地上，连疟疾蔓延地区不可缺少的蚊帐也没有。为了补医生和护士的不足，林博士在长沙办起红十字学校，培养了几百名青年男女，分成小组把他们分配到前线去。'这个学校最初培养的几批医疗小组，'林博士自豪地说，'在前线都表现得很出色。令人遗憾的是，他们有的已经牺牲，有的负了伤，损失不小啊！'

"1938年夏天，已有58个红十字队活跃在各个战区。后来，我常常与这些红十字队见面。在许多地方，他们的工作，他们那种献身精神，在各种困难面前都不屈服的乐观主义精神，使我惊叹不已。"

王安娜后来再一次见到林可胜，那是在贵州了。

"贵州省的省会贵阳市与我们经过的几个小县城并无不同，只是面积较大。战前，贵阳市只有8万人，由于难民流入，人口增加了2倍。后来虽然只受过一次空袭，但贵阳市竟有三分之一成为废墟。红十字会的大本营设在市外的山

《嫁给革命的中国》

林之中，不怕日军轰炸。林可胜博士自豪地让我看新建的茅草顶房子，这些房子便是红十字会总部、医务人员训练班、军用医院和手术室。红十字会的人都相信，日军大概不会来到这个深僻的地方。输送到前线的卫生队，都在这里接受训练，并从这里派出。

"1939年，16名欧洲医生参加了中国红十字会的工作。我们称他们为'西班牙医生团'，实际上连一个西班牙人也没有。他们来自欧洲中部各国，在西班牙内战期间曾为西班牙共和国而战，西班牙语是他们共通的语言。现在挪威的红十字会派他们来为保卫中国同盟工作。这些医生在中国的生活费用也由挪威红十字会负担。这16名医生没有一个人进入八路军控制的地区。因为1939年以后，国民党逐渐加紧封锁，红十字会的运输队要进入八路军地区已完全不可能。林博士把这个'西班牙医生团'的几名医生派往在前线的几支国民党部队里，另外几名则留在总部，任命他们为学校的教官。我担任联络工作，任务是给他们送书报，把他们的报告交给保卫中国同盟或交给为支援他们而献金献物的外国组织。每当从前线回来时，他们便到我在重庆的家稍事休息，和我谈心。他们非常不安，极为苦恼，这倒不是因为生活和工作条件过于原始，而是因为国民党政府各个部门的贪污腐化越来越厉害。这一点，军队也不例外。"

许多跟随林可胜多年的战时医务人员，都不会忘记林可胜身先士卒、严格自律的作风。

1940年夏天，林可胜亲自率领七八个医师深入到湘北战区考察。当时许多地区不通公路，全靠步行。盛夏烈日下，他时常光着上身，头包白布，赤脚穿着草鞋，走在队伍前头。每天午饭后，他就在村子里找个长凳躺着歇息。他训练自己该睡就睡，要醒即醒，始终保持旺盛的精力。每到宿营地，他总是自己动手铺床，挂蚊帐，反对带勤务员。他们步行了70天，回到贵阳后，根据沿途所见所闻，针对中国农村脏乱差的环境状况，拟订了一个"水与污物管制计划"，推广到各战区，要求各战区从管好环境卫生、水源的清洁、污物的处理入手，切实减少军队的传染病。这一计划的实施，对改善广大官兵的健康状况，增强部队的战斗力，起到了积极的作用，也为改变中国乡村不重视环境卫生的陋习提供了科学的范本。

林可胜对受伤官兵怀有深厚的感情，在他身上，时刻体现出救死扶伤的责任感。许多医护人员还记得一件感人至深的故事：有一年圣诞节傍晚，从前线转来一大批伤兵，救护总站的工作人员因时间已晚，推说病房已满，不予收容。伤兵们只好瑟缩地躺在训练医院门口。时近半夜，林可胜得知这一情况后，立即下山视察，当场大发脾气，命令立即停止欢庆圣诞的晚会，全体医护及事务人员紧急集合，打开训练示范病房，安置好全部伤兵，并煮粥给他们吃，一直忙到第二天黎明。

然而正当林可胜的声望如日中天时，他却遭到解职处分。"原因约略有二：其一，红十字会救护总队及训练所潜藏大批共党分子；其二，红十字会的庞大资源为小人觊觎。"（见《中国生理学之父——林可胜》，张之杰著，《科学史小识》，台湾风景文化公司，2007年）不过主要的原因，是林可胜认为对国共两党所辖的战区应该一视同仁，红十字会的物资不仅应该发给国民党军队，也应该发给共产党军队，在他的眼中，国家利益高于一切。王安娜的回忆录中也曾提到她前往山西五台山地区，访问了白求恩大夫领导的国际和平医院，白求恩和她谈起缺少药品和医疗器械的情形。林可胜抛开党派之见，公正的办事作风，不可避免地招来国民党顽固派的非难，并对他的政治背景产生怀疑。

1942年夏天，卸去中国红十字会总干事和救护总队总队长之职的林可胜远走昆明，一直到1944年，林可胜奉命随中国远征军前往缅甸，出任中缅印战区司令官史迪威将军的医药总监。这期间，由于战况紧张，他不辞劳苦，经常每日工作达16小时，他因此多次得到中国政府的嘉奖，以及英、美政府的授勋。

抗日战争胜利后，林可胜还做了一些很重要的工作，把各军医学校和战时卫生人员训练所调整改组为国防医学院，他出任院长，创立军医中心教育制度，培训中国自己的军医，同时还负责筹建中央研究院医学研究所。

1948年，林可胜当选为中央研究院院士。同年蒋介石拟委任他为国民政府卫生部部长，他坚辞不就。

经历了抗战的磨难，本该大展宏图之际，面临的却是全面内战的爆发和复杂的人事纠纷，而后者恰是他最不擅长的。于是在历史转折的关头，林可胜既没有随蒋介石去台，也没有留在大陆，1949年5月去了美国。他的心情是复杂而苦涩的。

林可胜的后半生又继续回到课堂和实验室，先后任伊利诺大学生理研究客座教授，克雷顿大学医学院生理学与药理学教授兼系主任。1952年后又受聘于印第安纳州迈尔斯实验所，负责生理学药理研究工作及医学科学研究指导，直到1967年退休。1952—1967年在迈尔斯实验所，他对于疼痛及止痛机制做了比较深入的研究，先后发表十多篇论文，具有重要的理论意义和实用价值。1942年，林可胜当选为美国科学院外籍院士，1955年为美国科学院院士。世界各地不少研究机构和学术团体聘请他为成员。1961年香港大学授予他科学博士名誉学位。

1969年7月8日，林可胜因患食道癌在牙买加的金斯顿逝世，终年72岁。

林可胜的一生，可圈可点之处很多，无论是对科学的贡献，还是抗战期间的业绩，以及他的人格魅力和崇高的精神境界，这篇短文所能表达的肯定挂一漏万，我诚挚地希望能看到更加翔实的传记。在本文即将结束之际，再补充一件不得不说的小事：

在红十字会工作期间，对物资的发放，对捐款与赠品，林可胜要求有关部门和财会人员必须严格管理，廉洁奉公，一笔笔列有清单，以备查看，一丝不苟。与此同时，林可胜本人更是以身作则，洁身自爱，一尘不染。这位曾经经手几千万美元的红十字会会长，两袖清风，离开祖国赴美时却因为没有路费，只好变卖全部家当，最后就连朋友送的几双新袜子也卖掉了。

江州五记

春游濂溪墓

清明时节，几天大雨之后，云开日朗，我回故乡为慈亲扫墓，顺便乘此风清日丽、桃红柳绿之际，前往一处名叫十里铺的山野，瞻仰了著名的宋代理学家周敦颐的墓园。

周敦颐墓，俗称濂溪墓，位于江西省九江市（古称江州）郊区，小时候，学校组织春游即是首选之地。这里位于庐山脚下，山岭逶迤，树木葱郁，溪流萦绕，丘陵之间是一片片水田旱地，点缀着农家的茅舍瓦屋。印象最深的是村中挺立一棵枝叶繁茂的老树，远远望去，树冠外形酷似一只引项张望、活泼调皮的猴子，人们都亲切地叫它"猴子树"，以致它是什么树也忘了打听了。只要远远地看见高高耸峙的猴子树，我们就扯起嗓子情不自禁地欢呼起来——当年春游是徒步，走十几里路并不轻松——不像现在有公交车，往来十分快捷。

岁月匆匆，几十年间，这一带已是江山易改，面目全非，不仅猴子树没了，也没有了往日的村庄田畴（是不是因为修复墓园而拆迁，不得而知）。如今，只是在公路一侧，一座孤零零的墓园躺在山坡，前方小广场中央，立有一尊顶天立地、颇为雄哉伟哉的白色巨石雕像，那即是周先生的雕像。

据说"十年动乱"期间，周敦颐墓地面建筑遭到破坏，但地下墓穴保存完好。新修的墓园很是壮观，门前有座条石牌坊，上书"宋元公周濂溪墓园"。园门为黑瓦覆顶、两侧立有防火墙的民居式建筑，进门不大的院落有石桥一座，横卧圆形池塘之上，池中浮萍点点，形同昔日"太学"的辟雍，石桥东西两翼，各有一幢歇山顶的古建，现为展示墓主人生平及其后裔的展室。过石桥，山势突峻，依山而筑的步道向上延伸，很是宽敞，左右皆有汉白玉石栏。

仰望高处，可见半山筑有东西两间亭子，而在几十级台阶最上端，即是高踞山坡高处的墓地，背倚繁茂的竹木山林，鸟声啁啾，山风拂面，甚是幽静。

从这里俯瞰，墓园风水极佳，面朝翠色沉静的庐山，丘岗重重，宛若屏风，背倚绿意盎然的山林，据说当年山脚有一条清澈的濂溪，从庐山的千峰万壑奔来，但视线之内已难觅踪迹。墓地有两通石碑值得一提，一通是周敦颐的《太极图说》石刻，另外一通则是流传千古的美文《爱莲说》的石刻。

周敦颐（1017—1073），北宋哲学家，道州营道（今湖南道县）人，当过多年地方官吏，为官清廉，执法洗冤，"胸怀洒落，如光风霁月"（黄庭坚语）。他是宋代理学开山祖师，二程（北宋著名理学家程颢和程颐兄弟）皆是其弟子，著有《太极图说》和《易通》，对后世理学发展有很大影响。他根据老子的"道生一，一生二，二生三，三生万物"的理论，进而总结出"无极而太极"的宇宙构成说，"太极一动一静，产生阴阳万物，万物生生而变化无穷焉，惟人也得其秀而最灵。"人类的生成和万物一样，因为受了"无极之真，二五之精"，因而具有高于万物的思考和语言等智力。

周敦颐墓石牌坊

周敦颐的传世之作，对后世影响最大的，在我看来，并不是他的理学著作，而是仅仅百余字的《爱莲说》：

> 水陆草木之花，可爱者甚蕃。晋陶渊明独爱菊。自李唐来，世人甚爱牡丹。予独爱莲之出淤泥而不染，濯清涟而不妖，中通外直，不蔓不枝，香远益清，亭亭净植，可远观而不可亵玩焉。

《爱莲说》石刻

予谓菊，花之隐逸者也；牡丹，花之富贵者也；莲，花之君子者也。

噫！菊之爱，陶后鲜有闻。莲之爱，同予者何人？牡丹之爱，宜乎众矣！

《爱莲说》状物抒怀，寄寓了作者追求道德的至高境界，也为天下仕子提出了修身立命的道德规范。"出淤泥而不染，濯清涟而不妖"，周敦颐的这句名言，与范仲淹在《岳阳楼记》中的"先天下之忧而忧，后天下之乐而乐"一样，几百年来早已成为中国读书人心中的道德准则，影响深远。虽然看似寻常，但是在物欲横流、官场腐败、道德沦丧的世间，能够自觉地身体力行、始终不渝，并不是人人可以做到的。在今天看来，这可贵的道德自律更是知识界固守道德底线、横眉冷对歪风邪气的心灵城堡了。

由此想到，周敦颐墓园虽是精心修建，功德无量，以周氏的本意和他倡导的思想，我的感觉是过度奢华了。那高大雄伟的巨石雕像与他本人并不相称；正在建造的形同现代体育馆的展厅，更是画蛇添足。设计师其实只要动点脑子，在原先墓地下面挖一方池塘，遍植荷花，池塘岸边，安放一尊真人大小的雕像，周先生恐怕会更加心安，更加欢喜的。

当然，除了马后炮外，我也不能多说什么。

我很怀念那高挺的猴子树以及十里铺的农家和田地……

琵琶亭

琵琶亭里忆诗翁

浩浩荡荡的长江滚滚东去，一座钢铁的大桥凌空飞越，在此远离九江老城的江边，新建了一处以唐代大诗人白居易的千古绝唱《琵琶行》为意境的园囿，这即是我返乡寻访的一处景色宜人的绝妙的所在——琵琶亭。

九江，古之江州（又称浔阳、柴桑），虽是小城，历史淀积颇为丰厚。古往今来，许多名人在这里生活过，饮过长江水，沐浴过庐山云雾，畅饮过江州的糯米酒，在磨光的石板路上留下无数的脚印。更加难得的是，在他们人生失意的日子，江州的茅舍草棚为他们遮挡了风雨，浔阳的父老乡亲给他们以难得的温暖和照应，也因为如此，诗人难忘在江州避难的日子，书写了很多不朽的诗篇，这是江州的骄傲，更是极其宝贵的无形的文化遗产。其中自然少不了白居易的名字。

白居易，唐代宗大历七年（772年）出生。贞元十六年（800年）中进士，十九年春，授秘书省校书郎。元和元年（806年），罢校书郎，登"才识兼茂明于体用科"，授县尉。元和二年回朝任职，十一月授翰林学士，次年任左拾遗。五年，改京兆府户曹参军，仍充翰林学士，草拟诏书，参与国政。815年，宰相武元衡遇刺身亡，因率先上疏请急捕刺杀武元衡凶手，被认为是"越职言事"（妄议朝政），被贬江州（今九江）司马。时年43岁。

刘海粟题写的 "琵琶亭"金字匾额

琵琶亭是一处依唐代建筑风格建起的园囿，入门迎面，庭院正中，矗立一尊汉白玉白居易塑像。园中主体建筑，高踞于花岗岩平台上，为一座高约20米古色古香的亭子，双层重檐，檐下悬挂刘海粟题写的 "琵琶亭"三个字的金字匾额，两旁有石阶可上，登亭台，北望长江滚滚东逝，南眺庐山云烟渺茫。庭院两旁，建有左右对称碑廊，镶嵌着历代诗人的题咏碑刻。碑廊曲折，穿行绿荫之间，游人可在此歇足，一边欣赏碑林的书法诗文。另有几幢殿堂分散于园的两翼，建筑厚重简捷，有唐代遗风，现辟为陈列室。

我从亭子下来，穿过碑廊，走到树木繁茂的庭院，绕过一座假山，忽见庭院深深的幽静角落，竟然隐藏着一处极美、极富诗意的所在。这里竟是园中画龙点睛之笔，假山叠石围起一个小小的空间，竟是"琵琶行"的主题构筑的一组雕塑群：这组雕塑群只有一位主角，便是坐在船头、低首抚琵琶的女子，船头周围是密丛丛的荻草，似乎被江风吹得瑟瑟作响。雕塑的作者在创作时留下很大的想象空间，让船体往前面延伸，两面是镂空的船舱式样，似乎江州司马和他送行的客人正是在此处聆听美妙的乐曲，然而空舱无人，只有千年后的游客在此盘桓了。

此时，我仿佛因时空转换，回到千年以前的唐朝，回到"枫叶荻花秋瑟瑟"的浔阳江头，这似梦非梦的幻境隐隐约约，看得不太清楚，但是那琵琶弹奏的玎琤乐曲却似乎清晰可闻。

《琵琶行》这首七言长诗共六百一十六言，比起短小的五言七律，可以算得上一首气势磅礴的交响乐了。依我之浅见，全诗可分为四个乐章：第一乐章为序曲，随着舞台大幕徐徐拉开。灯光聚焦在故事发生地，"浔阳江头"，依次将环境、时间、人物逐一介绍，最终从"忽闻水上琵琶声"到"千呼万唤始出来"，把主角——"犹抱琵琶半遮面"的女子推上前台。

第二乐章是整个交响乐的主题所在，由琵琶独奏演绎了精妙绝伦、人间难得一听的仙乐。这一乐章是纯音乐的诗化，是艺术的重塑，也是美的升华，突出地体现了诗人对音乐超凡脱俗的领悟，由此交响乐掀起第一次也是唯一的高潮。

紧接着的第三乐章是抒情的慢板，气氛是舒缓的，略带一点忧郁。整个乐意表达了歌女的身世，然而叙述往事并非平铺直叙，而是波澜起伏，时而神采飞扬，时而掩面而泣，也间或慷慨激昂。"今年欢笑复明年，秋月春风等闲度"。这位当年红遍京城的歌妓谈起往日的风情，是何等地忘情，又是何等地炫耀啊！真乃如见其人，如闻其声。然而岁月嗟叹，时光无情，门前冷落，只剩下"夜深忽梦少年事，梦啼妆泪红阑干"。一场红颜春梦而已。

第四乐章也是尾声，轻轻的一声叹息，久久的心灵震撼，汇成了诗人对自身遭际的无限感慨，和对人生浮沉得失的思考。"同是天涯沦落人，相逢何必曾相识！"于是在此春江花朝秋月夜，众人举杯邀明月，又奏响一曲琵琶新曲，随风而去。

在这首交响乐的第二乐章，音乐的旋律代之以诗化的语言。众所周知，在各种艺术形式中，音乐是最抽象的，很难用语言加以诠释，只能意会不可言传，然而白居易却选择了以极富音乐感的诗歌来摹写音乐，以各种比喻来形容音乐的千变万化以及旋律的飞转翻腾上下舒张，以抑扬顿挫的韵律切换，描画出音乐的美妙，从而抒发人物内心深处的丰富情感，和"相逢何必曾相识"的百感交集。在中国古典诗歌以及各种文学作品中，用形象化的语言摹写抽象的飘逸的音乐，当推白居易的《琵琶行》，这是独一无二的千古绝唱。由此，也可看出诗人对音乐的造诣之深和对旋律的感悟：

……

转轴拨弦三两声，未成曲调先有情。
弦弦掩抑声声思，似诉平生不得志。
低眉信手续续弹，说尽心中无限事。
轻拢慢捻抹复挑，初为霓裳后六幺。
大弦嘈嘈如急雨，小弦切切如私语。
嘈嘈切切错杂弹，大珠小珠落玉盘。
间关莺语花底滑，幽咽泉流冰下难。
冰泉冷涩弦凝绝，凝绝不通声暂歇。
别有幽愁暗恨生，此时无声胜有声。
银瓶乍破水浆迸，铁骑突出刀枪鸣。
曲终收拨当心画，四弦一声如裂帛。
东船西舫悄无言，唯见江心秋月白。

……

写到这里，不禁想起60多年前我在距此不远的九江二中念高中，正是尊敬的李淳兰老师教国文课，教我背诵《琵琶行》。此情此景，历历在目。想起远去的恩师，不由泪湿青衫……

烟水亭里说古今

烟水亭并非一座亭子，严格地说，它是湖中一个小岛，也许是人工垒筑而成。早些年它被湖水包围，孤悬湖中，虽然离岸很近，却要坐小划子才能上去。所以多年以来，也只是隔湖相望。这次回乡方知，烟水亭已是开放的景点，修筑了很美观的九曲桥，当然进去参观，收费不菲（门票竟然是北京景山公园的10倍）。

烟水亭实际上是湖中一个小巧玲珑的江南园林，这湖名为甘棠湖，西边以一道长堤与毗邻的南门湖相连，垂柳护岸的长堤上有一座石桥，湖水是相通的。原先，在并不遥远的年月，这城里的一对姊妹湖的活水，上游接纳了来自庐山千山万壑的诸多泉流，湖水清清，鱼虾繁衍，荷塘月色，好一派生机！

当地父老口口相传，烟水亭曾是三国东吴大将、水军都督周瑜的点将台故址。东吴的海军（即水师）藏身于甘棠湖中，并在此操练。我小的时候，九江城里尚有督府巷、小乔巷的存在，指的是周瑜的大都督府第以及以他的妻子小乔命名的里巷，真真假假，无从判定。由于众所周知的原因，历史上许多有名的古城早已灰飞烟灭，仿佛历史的快车飞驰而去，带走了远逝的古城，只有古老的地名遗落下来，供后人凭吊罢了。

烟水亭点将台

过九曲桥入烟水亭，别有一番景致，以传统的粉墙环抱的方寸之地，几乎将所有空间都充分加以利用。依南北中轴线，布设了几幢庄重的殿堂，最前方朝南，是突出湖面的开敞平台，面对波平如镜的湖水以及远天耸立的巍巍庐山，气势很是不凡。平台上筑有亭阁，周围饰有雕栏，亭檐之上竖有飞扬的旌旗，以显示周瑜点将台的建筑功能。

在中轴线两翼，点缀一座闲亭和几处僧寮瓦舍，掩映于繁花杂树之中，但见不到僧尼，也无佛像。殿堂陈列的均为九江历史与近代开埠的照片，并有介绍三国赤壁之战的图片陈列，唯一的座像是一尊周瑜的金色戎装雕像。从不多的陈列看来，烟水亭强调的仍然是东吴操练水军的所在，是它的军事价值。虽然也有传说唐代诗人白居易始建亭湖中，取其《琵琶行》诗句"别时茫茫江浸月"，称"浸月亭"。宋代理学家周敦颐又在湖堤上另建一亭，取"山头水色薄笼烟"诗句，名"烟水亭"。但两亭皆毁，这些传说不过是美丽的民间文学罢了。

元和十年（815年），唐代大诗人白居易因妄议朝政惹恼了皇上，降级外放为江州司马，直至元和十四年（819年）调任忠州刺史（今重庆忠县），在江州呆了长长的四年。江州司马是个有职无权的闲官，心情郁闷的诗人只能寄情于山水间，或跋涉于山道访幽寻胜，或盘桓于古刹与老僧谈禅，或枯坐于草堂品茗听雨，或徘徊月下与三两知己开怀畅饮……除了千古绝唱的《琵琶行》，诗人还为江州留下了许多不朽之作，这是极其珍贵的文化遗产。

> ……
> 我从去年辞帝京，谪居卧病浔阳城。
> 浔阳地僻无音乐，终岁不闻丝竹声。
> 住近湓城地低湿，黄芦苦竹绕宅生。
> 其间旦暮闻何物？杜鹃啼血猿哀鸣。
> 春江花朝秋月夜，往往取酒还独倾。
> 岂无山歌与村笛？呕哑嘲哳难为听。
> ……

看来，这位出生在黄河流域的北方汉子，对于长江边上的江州，从天气、潮湿的住地、陌生的植物、动物，甚至民间音乐都很不适应。元和十年冬天，刚到江州不久，遇上了百年不遇的寒冬，大雪纷飞，湖水冰冻（正常年景湖水是不结冰的），白居易写下了《放旅雁》，也同时将这一极端天气记录在案。

> 九江十年冬大雪，江水生冰树枝折。
> 百鸟无食东西飞，中有旅雁声最饥。
> 雪中啄草冰上宿，翅冷腾空飞动迟。
> 江童持网捕将去，手携入市生卖之。
> ……

元和十二年（817年），白居易在香炉峰下建置草堂，"五架三间新草堂，石阶桂柱竹编墙。南檐纳日冬天暖，北户迎风夏月凉……"诗人似乎决定在江州长久地安居了。

草堂位于庐山山麓石门涧附近，石门涧有一条上山的羊肠小道，诗人往返于庐山千峰万壑飞瀑流泉更是方便。元和十二年四月十九日，白居易游庐山大林寺，写下了著名的《大林寺桃花》："人间四月芳菲尽，山寺桃花始盛开。长恨春归无觅处，不知转入此中来。"

这首《大林寺桃花》和《琵琶行》一样，是白居易在江州留下的最重要的作品（庐山长期隶属九江）。《大林寺桃花》的价值在于它包含的科学内涵，以诗的语言描述大自然的一种规律性现象：由于山地海拔高度的升高，气温随之降低，各种气象因素也相应变化，因此生长在山地的植物也呈现随高度而发生的变化。如今，现代自然科学已经揭示出：随着海拔高度的上升，从山麓到山顶年平均气温逐渐降低，每升高1000米，温度平均下降6℃，导致生长季节逐渐缩短。同时随着降水量增加，风速加大，辐射增强，土壤也发生相应变化。种种因素综合作用下，植被表现为条带状更替，这就是山地植被的垂直地带性（温度递减率也并非固定不变，据林之光先生告知，我国各地山地的温度递减率存在冬夏季的明显差异）。

山地植被的垂直地带性随纬度不同和山麓自然条件的差异，表现为多种多样的植被类型和动物种群，这是我们这个星球上富有特色的自然现象之一。

《大林寺桃花》就是地球垂直地带性最生动、最直观、最朴素的艺术化表述！它来自诗人敏锐的观察、缜密的思考，以及用通俗的诗句揭示深邃的自然规律的艺术概括力。仅仅用了28个汉字，将人们千百年来司空见惯却熟视无睹的气候变化规律一言道破，指出季节会因山势升高而推迟，这是天才的发现！是白居易对自然科学的一大贡献。

不知科技史著作对此有无评说，但是谁能忽视它的价值呢！江州为此也感到自豪啊！

不识庐山真面目

　　凡是到过九江的人都会欣喜地发现，在这座小城的任何地方，抬头就能看见庐山清丽婀娜的身影（今天高楼崛起，挡住视线，另当别论）。我小的时候，无论阴晴昏晓，还是春夏秋冬，庐山的巍巍山峰总是精心装扮，以俏丽的姿容出现在人们面前：或是庄重静穆，浴着灿烂的霞光；或是变幻成一座座孤岛，在漫天云雾中出没；有时干脆躲在扑朔迷离的云海里，忽隐忽现。天气晴好的夜晚，可以依稀窥见山巅牯岭街上的灯火，是那样地神秘，令人遐想不已。总而言之，几千年来，庐山已经深深地融入当地人的生活，甚至成为生活中不可缺少的组成部分。我们童年美好的记忆，几乎没有一个人是与庐山无关的。这也是人与自然相依为命的一个非常有趣的现象吧。

远眺庐山

　　与此相似，当一个外乡人偶尔来到庐山，在此落脚，时间不用多久，庐山也将在他们心中留下深深的记忆。至于那些名人，庐山更加会永久地记住他们的名字。

　　话说1084年（宋元丰七年）六月，大文豪苏轼从黄州到汝州去，路过江州，他先在鄱阳湖边的湖口实地考察了石钟山，写下了著名的《石钟山记》，继而前往神驰已久的庐山。

　　说起1084年（宋元丰七年），在苏轼一生中是个重要的年份。元丰三年（1080年）正月，因"乌台诗案"罗织的罪名（乌台乃御史台的别称，是关押要犯的监狱），苏轼被人诬陷，身陷牢狱，受尽折磨，险些丧命。这是赵宋王朝一次震动朝野的文字狱，也是中国历史上经常演出、版本各异的内耗之一，详情就不想费笔墨了。（在罗织罪名、诬陷苏轼的许多官员中，有一位大名鼎鼎的人物不能不提，他就是《梦溪笔谈》的作者沈括，这位科学家同时也是专爱打小报告的官场小人，他的卑鄙行径，有兴趣的读者不妨参看刘小川著、上海文艺出版社出版的《品中国文人》）。

所幸还有不少主持正义、不畏死、不怕受牵连的朝野人士多方营救，这场冤案的当事人苏轼最终免于一死，降级外放，以团练副史发配到湖北黄州（今湖北黄冈），他的遭遇比起唐代大诗人白居易外放江州还要惨得多。江州司马，有职无权，是个闲差，但生活一点没有问题。可是苏轼外放黄州，团练副史有名无实，实际上是流放，不仅失去人身自由，还要自谋生路，否则一家老小要活活饿死。幸好黄州太守徐君猷对苏轼十分崇敬，将城东一块约五十亩荒地拨给苏轼耕种，解决了一家老小的衣食。这块被苏轼开垦的土地即是东坡，从此东坡成为中国文学史光彩夺目的一个特殊符号。

苏轼不仅以东坡自称，也以此象征在逆境中永远保持豁达向上、乐观豪放、热爱生活的性情。他永不向权贵低头，任何困苦也无法将他折服，他那笑傲人生的诗篇使一切宵小为之寝食不安。正是在黄州五年的磨难中，苏东坡的文学成就达到了前所未有的巅峰。《念奴娇》"大江东去，浪淘尽，千古风流人物……"《前赤壁赋》《后赤壁赋》，千年之后，读来仍然震撼心灵，扣人心弦。他的《寒食帖》成为我国书法艺术的珍品，他的绘画艺术达到新的高度。

1084年（宋元丰七年），宋神宗又想起了苏轼，下旨复起苏轼授汝州团练副使，苏东坡也不能免俗，又勾起对未来的美好憧憬吧！

他的心情是欢愉的，毕竟离开了流放五年、不堪回首的黄州，他在《石钟山记》中称："元丰七年六月丁丑余自齐安（即宋之黄州）舟行适临汝，而长子迈将赴饶之德兴尉，送之至湖口，因得观所谓石钟者。"苏东坡从黄州乘船到汝州去，适逢长子苏迈被授德兴县尉（相当于县公安局长），苏东坡送他到湖口，顺便探访了位于鄱阳湖入口处的石钟山。湖口与江州甚近，水陆交通便利。这篇《石钟山记》也很有名，多年前我去湖口，也是因为读了《石钟山记》，慕名而至。

苏东坡在庐山盘桓了十几天，有一件事深深感动了大文豪：当这位脚蹬芒鞋，手持青竹杖，杖头挂着一百个铜钱以便随时沽酒的长者出现在山道上，突然被人认出来了。他就是名动中华的大诗人，为民请命、得罪了皇上的苏子瞻大人！顿时，他的出现引起山中僧俗的围观，像今天的追星族奔走相告，喜不自禁。人们不仅喜欢他的诗，仰慕他的诗才，更加敬重他的人品，敬佩他的心里始终装着天下苍生。人民没有忘记他，人民依然怀念他。

　　这番情景也使东坡先生百感交集。在遭遇了种种诬陷迫害和磨难后，他看到了最纯朴、最难得的世道人心，还有什么比这更令人欣慰啊！苏东坡《记游庐山》一文中写道：

　　　　仆初入庐山，山谷奇秀，平生所未见，殆应接不暇，遂发意不欲作诗。已而见山中僧俗，皆云苏子瞻来矣。不觉作一绝云："芒鞋青竹杖，自挂百钱游。可怪深山里，人人识故侯。"既自哂前言之谬，又复作两绝云："青山若无素（如果我与青山没有深交），偃蹇（傲然耸立）不相亲。要识庐山面，他年是故人（往年已是故交）。"又云："自昔忆清赏，初游杳霭间（幽深云霭间）。如今不是梦，真个是庐山。"……

　　苏东坡这次在庐山的时间不短，相对而言，诗写得不多。"往来山南地十馀日，以为胜绝，不可胜谈。择其尤者，莫如漱玉亭、三峡桥，故作此二诗。"这即是通常收入诗集中的《庐山二胜》，一为《开先漱玉亭》，另一为《栖贤三峡桥》。但是苏东坡咏庐山诗流传最广，成为千古绝唱的，却是他在东林寺高僧陪伴下同游西林寺留下的一首七绝《题西林壁》："横看成岭侧成峰，到处看山了不同（也有的版本为"远近高低各不同"或"远近看山总不同"）。不识庐山真面目，只缘身在此山中。"苏东坡自称，"余庐山诗尽于此矣"（这首小诗将他对庐山的印象全都概括其中了）。

　　其实，这首诗是苏东坡经历了人生的大变故后，对世间万事万物的哲学思考，是他思想更加成熟的一次飞跃。任何事物和现象都不是固定不变的，随着观察角度的变换，都会产生视觉的巨大差异，这正是世界如此错综复杂的原理。大诗人聪慧之心，提炼出宇宙万物多样性的奥秘，以及人的认识的局限性，是文学对哲学的深层思考。

正是在庐山秀美胜绝的山川之中，苏东坡悟出了"不识庐山真面目"的真谛，他的思想跃升到一个新的境界，更加开阔，更加深邃。他对前人的诗篇会心一笑，也因而领悟诗的创作必须更加深化，艺术切忌表面化的临摹。从此见山不是山，见水不是水，连过去的种种也另眼相看了。

要真正地认识庐山，看来必须跳出庐山之外啊！

"前月浮梁买茶去"

九江，沿着长江延伸的滨江大道，以前都是商贾云集的码头。在我的记忆里，那一带江水拍岸的岸边，停泊着大小不一的趸船，那些船只永不航行，随江水涨落而升降，是供过往船只靠岸的过渡物。趸船连接或长或短的跳板，讲究一点的是钢铁的栈桥，那就是乘客上下船的通道。此外，船上装载的货物，以前都是由挑夫背驮肩扛，吃力地在晃悠悠的跳板上行走。每当卸货上货时，挑夫的"杭哟杭哟"的号子声不绝于耳，再看看他们满脸汗水以及青筋暴突的小腿，是我小时候最不忍看见的社会现实。如今，大多被迅捷的传送带取而代之了。

时过境迁，如今码头一带已经看不到昔日嘈杂忙乱的景象，堆满货物横

九江码头雕塑

冲直撞的排子车也不见了，代之以整洁的街道，浓绿的梧桐和路旁小巧的花坛。最为新奇的是在昔日码头对面，一块方寸之地矗立着石头雕琢的牌坊，上书"米市"与"茶市"字样，牌坊的前后摆放着真人大小的仿铜雕像，造型各异，形态逼真，有嘴里叼着雪茄的洋行老板，有在一旁记账的账房先生，更为突出的是一组挑夫，有的搬运沉甸甸的茶叶箱，有的推着一袋袋大米，那是久已消失的当年码头的缩影。

这一组历史画面的雕塑群，浓缩了百年前一段不可忘却的历史。时间定格在1858年（清咸丰八年），第二次鸦片战争期间英国与清政府签订的中英天津条约，将九江与其他八个城市列为通商口岸，允许外国人在此任意租地盖房，设领馆、建医院、学校及仓库货栈等。按照传统的教科书的说法，这些都是强加在中国人民头上的不平等条约，给中国带来无尽的灾难，这无疑是非常正确的。不过也必须正视这样的历史现实，正是从1858年为起点，西洋文明之风猛烈地冲击这个封闭的内地小城，一场悄然而至的变革在这里发生。

你如果留意观察，在九江历史的座钟上，1858年是一个醒目的不容忽视的时刻，此后：

1867年，美国基督教卫理公会创办同文中学。

1873年，美国基督教美以美会创办儒励女子中学。

1873年，轮船招商局九江分局设立，共有4座码头，3座仓库，容积12000多吨，大型趸船2艘，开中国近代民族航运之先河。

1893年，美国基督教美以美会创办生命活水医院。

1896年，设立九江一等邮局，九江成为全国第一批开办"大清邮局"的城市之一。

1901年（清光绪二十七年），美国芝加哥医生但福德捐款建立但福德医院，以妇科、儿科为主，并创办护士学校。

1907年，南浔铁路（南昌至九江）开工，1916年全线通车。

在此期间，各国的领馆、洋行、银行、商会、教堂、租界纷纷出现。

在谈及九江的历史进程时，还不能不提到庐山发生的巨大变化。1895年（清光绪二十一年），英国传教士李德立在庐山东谷一带租地营建别墅，自此开启了庐山现代化建设的进程。一直到20世纪40年代，这个林壑优美、气候宜人的庐山腹地——牯岭的峡谷山峦中，有规划地营建了千余幢西式别墅群，荟萃了哥特式、巴洛克式、卷廊式等建筑风格，被誉为"万国建筑艺术博物馆"。别墅群的建成，使庐山一跃而为长江中游著名的避暑胜地，中国近现代史的许多重大事件和众多历史人物，在这里留下了他们的身影。

这一切，又是和九江成为"三大茶市"之一（江西九江、福建福州、湖北汉口）和"四大米市"之一（江西九江、江苏无锡、安徽芜湖、湖南长沙或湖北沙市）息息相关。

谈到"三大茶市"之一的九江，研究中国茶文化绕不开一个饶有兴趣的问题，即这里的茶来自何地。在我的记忆里，九江本地似乎并没有多少茶园。我小时候住在老家——安徽皖南，那里是著名的茶叶之乡，屯绿、祁红、太平猴魁、六安瓜片、黄山毛峰，都是当地出产的名茶。祖父母那时在九江居住，每当新茶上市的春天，母亲都要买些新茶邮寄给祖父母，这件事我印象很深。因此联想起全国著名的茶市，九江作为茶叶的集散地，不论是内销还是外贸，它的触角必将是伸向广大的产茶区，这是毫无疑问的。

唐代大诗人白居易客居江州时写下的《琵琶行》，提供了有趣的线索。这首长诗中弹琵琶的女子，据她相告：她本京城长安人，曾在教坊弹琵琶，暮去朝来颜色故，老大嫁作商人妇。后来她随丈夫来到江州，丈夫是做茶叶生意的，"商人重利轻别离，前月浮梁买茶去"。闲谈时无意之中一句话，经白居易记入诗中，透露了当年茶叶原产地，为解开千古之谜提供了十分重要的线索。

位于江西东北部景德镇市下属的浮梁，如今只是名不见经卷的一个小县。可是往事越千年，这座古城身世显赫，号称"中国瓷都"的景德镇当年不过是浮梁下属的一个小镇，这真是应了"三十年河东，三十年河西"那句古话了。打开地图，你会惊讶地发现，浮梁与安徽南部的休宁、祁门、歙州、宣州相邻。如今从浮梁至安徽休宁有一条青石板、麻条石铺就的古道，依然蜿蜒于崇山峻岭，长约115华里，大道途中立有指路石碑，上书"徽州大路转弯"的大字。当年大道人来车往，络绎不绝，沿途旅店茶亭，人马喧嚣，一派繁忙。你可以想象，这条穿山越岭的黄金大道正是古代的茶叶运输线。除了安徽皖南茶区大宗茶叶，由此源源不断输往浮梁；浮梁本地由于气候湿润，四季云遮雾罩，土壤酸碱度适中，也出产著名的浮梁茶。尤其是邻近安徽的五华山属黄山余脉，层峦叠嶂，古木参天，山溪岩泉，四时不绝，这一带更是江西海拔最高的绝佳茶园，古代即以贡茶"仙芝""嫩蕊"而闻名，近代出产的珍品有"浮瑶仙芝""瑶里崖玉"等名茶。

浮梁茶始于晋汉，兴于唐。"宋时浮梁，茶行有数十家之多，户户门庭，车马络绎不绝，生意之盛，可谓极矣！"（《饶州志》）。"是唐之茶商，多在浮梁也。"（南宋朱翌《猗觉寮杂记》）。"浮梁每岁出茶七百万驮，税十五万贯。"（《元和郡县图志》）。从古代典籍中的零星记载，多少可以窥见浮梁茶业之兴盛。白居易的"浮梁买茶去"，绝非空穴来风啊。

当年茶叶集中在浮梁，由船舶将茶经鄱阳湖运往江洲，再入长江转扬州，经大运河抵河南洛阳、汴州，乃至长安销售。

写到这里，似乎可以落下句号了。但是有件大事不可不提，这就是浮梁成为著名的茶市时，另一项对外贸易的拳头产品也名闻世界，这就是中国的瓷器。需要指出的是，制作瓷器的原料高岭土，得名于开发最早、质量最佳的高岭——浮梁的瑶里镇高岭村。这里是中国瓷器之母，早在11世纪，高岭村就成为世界闻名的高岭土产地。今天遐迩闻名的瓷都景德镇，当初只是浮梁下属的一镇。浮梁的高岭土孕育了景德镇瓷业的兴起，这是肯定无疑的。

1869年，德国著名地质学家李希霍芬（F.v.Richthofen，1833—1905）亲自来高岭考察后，正式将高岭的瓷土命名为高岭石（kaolinite），成为世界通用的制瓷原料的专用术语。当然，我们也知道，李希霍芬也是"丝绸之路"的命名者。

在古代丝绸之路（无论是陆上丝绸之路或者海上丝绸之路）上，从中国出发的商旅和航船，运载最多的货物主要是丝绸、茶叶和瓷器，浮梁就贡献了其中的两项！

浮梁的历史功绩是不可磨灭的。

后 记

朋友，你听说过大马哈鱼迴游的事儿吗？

每年，当秋天的脚步在北方的大地和海洋奔跑的时候，那深绿色海水一天天冷起来的当儿，海里会出现一片黑压压的鱼群。它们像是蓝天上飘来的一团团乌云，不慌不忙，挤挤挨挨，移动着，向着一个很明确的方向前行。这样过了十天半个月，或者更长一点时间，鱼群终于千里迢迢游到了大海的岸边。

这时鱼群显得十分兴奋，也许是因为天气暖和多了，加上它们前边有一条大河的河口，绿色的清亮的河水源源不断奔向大海，鱼群似乎嗅到了熟悉的气味，听见了久违的召唤，于是它们喧哗着，奋力地划动身上的鳍片，像划桨一样争先恐后地游向那宽宽敞开的河口，贪婪地饱饮那清凉的、有点甜味的河水。这像蜜一样的河水，像久违的母亲的乳汁，它们一个个都醉了，晕了……

从大海游向河流上游的迴游，是大马哈鱼一生最后一次悲壮的拼搏。

听鱼类学家说，大马哈鱼的迴游，实际上是一次死亡之旅。

它们都是成熟的鱼儿。它们的童年是在河流的上游度过的，在那个长满水草的、浅浅的像摇篮一样温暖的水洼里，它们诞生了，而且和成千上万的兄弟姐妹一块儿度过无忧无虑的幸福时光。当春风吹绿山林、山花盛开的时节，它们离开了故乡，顺流而下，开始了一次奔向大海的远行。

那时它们个个浑身充满朝气。当它们欢快地跃过急流险滩，从高高的陡坎跳入河水的漩涡中，它们是多么快活，多么欣喜！尤其是从河流下游的出海口，游向辽阔的大海，那一刹那，咸咸的海水，白花花的波浪，以及无边无际的大海的壮阔，都使它们心醉神迷，激动万分。它们在北方的大洋里追逐着浪花，与融化的冰块嬉戏，迎击着寒冷的潮汐，忘情地在海洋中送走了一个个长长的温暖的白天，送走了一个个迷人的寒冷的夜晚。那遥远的故乡和遥远的童年，几乎被它们遗忘在波涛深处了……

忽地有一天，所有的大马哈鱼不约而同地听见了一个声音，或者是一个暗号，一个无法抗拒的命令。不论是雄鱼还是雌鱼，这个命令都是必须马上执行的，它们必须离开欢乐的海洋，离开饵料丰富的渔场，以最快速度回到遥远的故乡，回到童年度过的那条古老的河流的上游，对，就是当初它们出生的地方，那里有温暖的水洼，有茂盛的水草和一些粗粝的石块……谁都不知道是谁发出的信号，也几乎没有一尾大马哈鱼对此表示怀疑，据说这是几百万年前大马哈鱼祖先留下的遗言，代代相传，牢牢地埋藏在每个生命的基因里。于是，好像在秋天的脚步的催促下，大马哈鱼调转方向，急急忙忙启程，目标一致，朝着很远很远的南方，那是魂牵梦萦的故土的方向，不停地游去。

　　虽然沿途看不见路标，也没有向导指引，它们经常遇到无比猛烈的风暴，还不止一次碰上了劈头盖脑的浪涌，可是什么也不能使它们退却，也挡不住它们的前进，就像运动场上的马拉松选手，它们心里只有一个执着的、顽固的念头，那就是无论如何，即便拼上性命，也要游到终点。它们记起来了，那是河流的上游，那里河水很浅，清澈的、温暖的河水填满了那个神秘的水洼，那里是生命诞生的地方。

　　当大马哈鱼你推我搡，拥挤着，几乎是排着长队从海中拥进大河时，没过多久，所有的大马哈鱼都绝望地发现，回到故乡的路竟然是这样危险，埋伏着重重杀机！

　　它们原来以为这条长长的河流是快乐的，富有诗意的。当初，它们离开故土奔向大海时，不是亲身体验过美妙的顺流而下的惬意吗，那从急流险滩奔流而下的旅行不是像乘滑梯一样充满刺激吗？在它们的记忆里，那不过是一场游戏，是难忘的一次次水上运动，它们的笑声和欢快的叫喊，至今还在岸边的山岩间回荡，这有什么奇怪吗？它们想象，这最后的返回故乡的旅程，说不定也是非常愉悦的旅行，难道不是重温一次幸福的时光吗？

　　可惜的是，情况完全相反，和当初轻松地顺流而下不同，这一次是艰难的逆流而上！那些急流险滩，那些河道上的陡崖绝壁，那些令人生畏的瀑布和漩流，不再是有趣的游乐场，而是一道道生死攸关的鬼门关。每一尾大马哈鱼都必须小心翼翼地鼓足勇气，看准合适的方向，抓住激流飞泻的有利时机，像鲤鱼跳龙门

343

一样，一鼓作气，拼死冲刺，而且成败在此一举。有的大马哈鱼顺利地飞跃而上，有的却一而再、再而三败退下来，还有的重重地摔下，遍体鳞伤，奄奄一息，永远也无法回到河流的上游了。

更加可怕的是，在这个弱肉强食的世界，就在大马哈鱼迴游的路上，早已埋伏了无数的敌人：饥肠辘辘的黑熊、狡猾的狐狸、凶恶的狼以及许多说不出名字的鸟兽，它们早就等待在河边，有的甚至迫不及待地盘桓在急流里。它们焦灼的目光紧紧地盯着河水，一旦发现游来的大马哈鱼，立即扑上前去。结果可想而知，许多大马哈鱼千辛万苦回到故乡的河，还没有到达上游的出生地，半道上就成为别人的盘中餐了。

真正经过长途跋涉，能够回到故乡的，只是其中的一部分。它们历经艰辛，忍饥挨饿，大大消耗体力，不过比起许许多多中途死去的兄弟姐妹，它们毕竟是幸运的。当它们找到温暖的水洼，栖息在水草包裹的安宁的小空间，它们真正感受到家的安逸和幸福。尽管它们意识到，生命对于它们已经来日不多，它们需要赶紧完成最后的使命，抓紧时间，完成毕生繁衍后代的任务。

当这一切结束了，在新的黎明到来前，大马哈鱼相继安详地死去。小鱼孵化而出，浴着新的一天的阳光。神奇的生命的轮回又一次开始了。

如今，我也是一尾老迈的正在迴游的大马哈鱼，一尾从大海游向大河的大马哈鱼。

我和许多相识和多半不相识的同伴，正在奋力地游在这条生命之河的波浪中。

这是漫长且艰难的旅程。只要还有一口气，还有一点力气，我们就会不遗余力地朝上游游去。哪管它前面是急流险滩，飞瀑陡崖，还是凶神恶煞的黑瞎子拦在半道上（那伴随老之将至的许多疾病和意外，对于我们的伤害，比起大自然设下的障碍或者虎豹熊黑，丝毫也不逊色啊！）。

我憧憬着大河上游的故乡，那生命的摇篮对我而言是神秘的、朦胧的、模糊的，却又是不可抗拒的。不过，比起大马哈鱼的最后的生命之旅，我还有一点优越之处：虽然我不能再去那遥远的大洋，去寻访梦里寻它千百度的冰雪大地；也不能再去那烈日炙烤的大漠戈壁，重温我的青春年华度过的无忧岁月，但是我在生命之旅的最后日子，却意外地找到一片安宁的绿色世界，那就是我的一个小小的书的树林，它就在我的住地，在我的不断扩张的小书房里。在我的快乐的晚年，我徜徉在书的小树林里（它绝对是个小树林，太小太小！），呼吸着从古代吹来的风，沐浴着从遥远的东南西北飘落的雨，我偶尔遇见一两位充满智慧的古代圣贤先哲，与他们交谈几句；有的时候，我会越过时空，去拜访那些仰慕已久的作家和思想家，求得他们指点迷津。

更多的时候，我是独自与自己的心灵对话，与古人对话，与历史对话。这是一生最幸福的时刻。

"我读故我在""我写故我在"，我把这些年在书的小树林徘徊思考的点滴体会，略加整理，先是刊于报端（《中国科学报》副刊），又承科学普及出版社不弃，结集出版，这便是2013年出版的《林下书香》，以及这本即将奉献给各位的《书林漫步》，欢迎大家评说校正。

在此，谨向《中国科学报》副刊主编李芸、科学普及出版社编审吕鸣表示真诚的谢意。

金 涛

2018年6月13日